Alexander Salvisberg

Soft Skills auf dem Arbeitsmarkt: Bedeutung und Wandel

Alexander Salvisberg

Soft Skills auf dem Arbeitsmarkt: Bedeutung und Wandel

Seismo

Publiziert mit Unterstützung des Schweizerischen Nationalfonds zur Förderung der wissenschaftlichen Forschung.

Die vorliegende Arbeit wurde von der Philosophischen Fakultät der Universität Zürich im Wintersemester 2005/06 auf Antrag von Prof. Dr. Marlis Buchmann als Dissertation angenommen.

Bibliografische Information der Deutschen Nationalbibliothek

Die Deutsche Nationalbibliothek verzeichnet diese Publikation in der Deutschen Nationalbibliografie; detaillierte bibliografische Daten sind im Internet über http://dnb.ddb.de abrufbar.

ISBN 978-3-03777-082-5

Zähringerstrasse 26, CH-8001 Zürich
E-Mail: buch@seismoverlag.ch
http://www.seismoverlag.ch

ISBN 978-3-03777-082-5

Umschlag: Markus Traber, St. Gallen
Druck: Ediprim AG, Biel

Inhaltsverzeichnis

1 Einleitung 7

1.1 „Mit Soft Skills mehr erreichen" 8

1.2 Inhaltsübersicht 12

2 Soft Skills in der Arbeitswelt 18

2.1 Arbeitsmarktliche Qualifikationen und persönliche Kompetenzen 18

2.1.1 Qualifikationen als Bewertungskriterien auf dem Arbeitsmarkt 19

2.1.2 Schlüsselqualifikationen im Kontext von Berufsbildung und Arbeitsmarkt 29

2.2 Die Systematisierung von Kompetenzen 35

2.2.1 Kompetenzen im individuellen und sozialen Kontext 35

2.2.2 Kompetenzbereiche und die Kategorisierung von Fähigkeiten 42

2.3 Wie wichtig sind Soft Skills in der Praxis? – Empirische Perspektiven 47

2.3.1 Unternehmensbefragungen: Welche Fähigkeiten verlangen Arbeitgeber? 47

2.3.2 Arbeitsmarkterfolg: Zahlen sich Soft Skills aus? 51

2.3.3 Stelleninserate: Welche Soft Skills werden gesucht? 56

2.3.4 Zusammenfassung: Bedeutung und Determinanten von Soft Skill-Anforderungen 58

3 Wandel der Arbeitswelt 64

3.1 Die postindustrielle Gesellschaft und der Umbau der Wirtschaftsstruktur 64

3.1.1 Der postindustrielle Strukturwandel 65

3.1.2 Postindustrielle Qualifikationsanforderungen 74

3.1.3 Der berufsstrukturelle Wandel in der Schweiz 77

3.2 Die postfordistische Wirtschaft und der Umbau der Arbeitsplätze 81

3.2.1 Das postfordistische Organisationsparadigma 81

3.2.2 Komplexifizierung der Berufsrollen und Wandel der Qualifikationsanforderungen 94

3.2.3 Die Bedeutung der neuen Organisationsprinzipien in der Praxis 97

4 Soft Skills in Stelleninseraten 1950–2006: Empirische Analyse 109

4.1 Daten und Methode 110

4.1.1 Stelleninserate als sozialwissenschaftliche Quelle 111

4.1.2 Analytisches Modell und Operationalisierung der Variablen 114

4.1.3 Statistische Analyse 135

4.2 Ergebnisse 139

4.2.1 Langfristige Entwicklung der Qualifikationsnachfrage 140

4.2.2 Trenderklärung für statische und dynamische Soft Skills 143

4.2.3 Trendverläufe der differenzierten Soft Skill-Kategorien 148

4.2.4 Stellenspezifische Soft Skill-Profile 162

4.2.5 Modellschätzung und beobachtete Werte 191

5 Zusammenfassung und Folgerungen 194

5.1 Zusammenfassung der Ergebnisse 195

5.1.1 Dynamik des Wandels 195

5.1.2 Differenzierung der Soft Skill-Anforderungen heute 202

5.2 Diskussion und Anregungen 205

5.2.1 Arbeitsmarktforschung 205

5.2.2 Ungleichheitsforschung 210

5.2.3 Bildungspolitik 212

Literaturverzeichnis 216

Anhang 237

1 Einleitung

Eine Auseinandersetzung mit dem schillernden Begriff der „Soft Skills" beginnt am besten mit dem populären Argument, das etwa so lautet: *In der zeitgenössischen Arbeitswelt genügen Schulwissen und Fachkompetenz immer weniger, um den komplexer werdenden und sich zunehmend schneller wandelnden Anforderungen gerecht zu werden. Fachunspezifische Fähigkeiten, soziale Kompetenzen und persönliche Stärken gewinnen an Bedeutung. Sie sind in steigendem Mass entscheidend für den individuellen Erfolg auf dem Arbeitsmarkt und müssen deshalb gezielt gefördert werden.*

Eine derartige Feststellung oder Behauptung wirft zahlreiche Fragen auf. Für das Individuum stellt sich das Problem der Unsicherheit bezüglich der Identifizierung der entscheidenden Fähigkeiten und wie diese nötigenfalls erworben werden können. Aus psychologischer und pädagogischer Perspektive stellt sich die Frage nach der Erfassung und Vermittlung derartiger Kompetenzen. Darüber hinaus ist aber eine sowohl gesellschaftlich, als auch sozialwissenschaftlich zentrale Thematik angesprochen. In unserer modernen Arbeitsgesellschaft ist mit der Frage nach den Kriterien des Zugangs zu berufliche Positionen zugleich die Frage nach der Zuordnung von gesellschaftlichem Status und individuellen Lebenschancen gestellt. Von welchen Kriterien diese Zuordnung abhängt und wie sich dieser Zusammenhang über die Zeit ändert, ist nicht nur sozialhistorisch und arbeitsmarktsoziologisch von Interesse, sondern ist gleichzeitig von Bedeutung für die Erklärung arbeitsmarktvermittelter sozialer Ungleichheit und letztlich auch bildungspolitisch relevant.

Wer sich allerdings aus wissenschaftlicher Warte mit Soft Skills, Schlüsselqualifikationen oder fachunspezifischen Kompetenzen beschäftigt, stellt fest, dass die mit diesen Stichworten verbundenen Vorstellungen zwar ausgesprochen *populär* sind, aber substantiell *schwer fassbar* und inhaltlich *vage* bleiben. Unter der Oberfläche finden sich in Theorie und Empirie mindestens so viele Lücken wie begründete Erkenntnisse. Die vorliegende Arbeit soll diese Forschungslücke aus einer *sozialwissenschaftlichen Arbeitsmarktperspektive* ein Stück weit schliessen. In theoretischer Hinsicht dadurch, dass eine stringente Begrifflichkeit und fundierte Kategorienbildung vorgeschlagen wird und empirisch durch eine detaillierte Analyse von Häufigkeit und Bestimmungsgrössen der arbeitsmarktlichen Soft Skill-Anforderungen im Zeitvergleich. Zu diesem Zweck werden fast 40'000 Stelleninserate analysiert, die im Rahmen des Stellenmarkt-Monitors Schweiz für die Jahre 1950 bis 2006 erhobenen wurden.

1.1 „Mit Soft Skills mehr erreichen"

Seit der Begriff der *Schlüsselqualifikationen* Mitte der 1970er Jahre vom deutschen Arbeitsmarktforscher Dieter Mertens (1974) eingeführt wurde, hat er eine eindrückliche Karriere hinter sich. Dies bezeugt nicht nur die umfangreiche Fachliteratur, die zu diesem Thema entstanden ist. Davon abgeleitete Konzepte haben Eingang gefunden in pädagogische Zielformulierungen und prägen die bildungspolitische Diskussion auf breiter Basis. Kaum eine Bildungsorganisation, die nicht unterstreicht, dass in ihren Curricula neben dem Fachwissen auch den Schlüsselqualifikationen oder Soft Skills besonderes Gewicht beigemessen wird. In Kindergarten, Schule, Berufsausbildung und Weiterbildung scheint sich die Überzeugung durchzusetzen, dass Bildung nicht allein auf die Vermittlung fachlicher Fähigkeiten zielen sollte und es notwendig ist, zusätzlich persönliche, fachunspezifische Kompetenzen zu fördern. Auch die Hochschulen wollen sich dem nicht verschliessen. Mit der Einführung von Bachelor- und Masterstudiengängen sollen Studierende auch anrechenbare Studienleistungen im Bereich der Soft Skills erwerben. Der vielleicht eindrücklichste Hinweis auf die Popularität des Themas ist ein Blick in den wuchernden Dschungel der Ratgeberliteratur. Dutzende von einschlägigen Publikationen versprechen beruflichen und persönlichen Erfolg dank der Förderung entsprechender Fähigkeiten: „Erfolgsfaktor Schlüsselqualifikationen" – „Schlüsselqualifikationen: Erfolgsorientierte Strategien zur Verbesserung der Handlungskompetenz" – „Karrierefaktor Soft Skills: Trainieren Sie Ihre Schlüsselqualifikationen" – „Leadership by Soft Skills" – „Top im Job mit Soft Skills" – „Mit Soft Skills mehr erreichen" – „Soft Skills für Young Professionals: Alles, was Sie für Ihre Karriere brauchen" lauten einige der neueren deutschsprachigen Titel. Ebenfalls ein Erfolgsfaktor ist die Popularität von Soft Skills offenbar für die zahlreichen Anbieter von Kursen und Trainingsprogrammen in diesem Bereich.

In der *wissenschaftlichen Diskussion* wurde das Konzept der Schlüsselqualifikationen breit aufgenommen und in verschiedener Richtung weiter entwickelt. Ein Blick in die Fachbeiträge und Debatten der letzten Jahre zeigt allerdings, dass von einem allgemeinen *Konsens* nur im Ansatz gesprochen werden kann. Breit vertreten ist die These der

Aufwertung fachunspezifischer persönlicher Qualitäten in der Arbeitswelt angesichts eines beschleunigten gesellschaftlichen und wirtschaftlichen Wandels. Über diese Gemeinsamkeit hinaus dominieren partikuläre Perspektiven, die sich kaum um eine gemeinsame Sprache oder eine konsistente theoretische Fundierung bemühen. Dieses Theoriedefizit ist einer der Gründe für die Vielzahl unterschiedlicher Kategorisierungsvorschläge, die sich in der Literatur finden lassen, sowie die teilweise beliebig anmutenden Listen von wünschenswerten persönlichen Eigenschaften und Fähigkeiten. So kommt Herbert Beck (1995: 13) bei seiner Literatursichtung zum Schluss, dass: „fast jeder etwas anderes unter Schlüsselqualifikationen (versteht), weil sie häufig sehr allgemein und grundsätzlich diskutiert werden, so dass auf diesem grossen Feld nahezu alles Platz haben kann."

Parallel zu diesem *Theoriedefizit* ist aber auch ein *Empiriedefizit* festzustellen. So liegt meines Wissens keine wissenschaftliche Studie vor, welche die Grundthese der sich verändernden Soft Skill-Anforderungen im Zeitvergleich empirisch überprüft und mit Inhalt füllt. Entsprechend bestehen nur sehr rudimentäre Vorstellungen darüber, welche Mechanismen des viel zitierten Wandels nun für die Aufwertung welcher Soft Skill-Anforderungen verantwortlich sind. Doch auch für die Beantwortung der Frage, für wen welche Arten von Soft Skills in welchem Arbeitszusammenhang tatsächlich von Bedeutung sind, gibt es lediglich bruchstückhaft empirisch gestützte Hinweise. Allerdings existiert eine ganze Anzahl von Querschnittstudien, welche wichtige Behauptungen plausibel erscheinen lassen. So werden Arbeitgeber nach ihren Forderungen an die Mitarbeiter gefragt oder es wird untersucht, welche persönlichen Eigenschaften sich auf dem Arbeitsmarkt längerfristig besonders auszahlen. Auf der Grundlage dieser Einzelbefunde lässt sich indessen kaum ein kohärentes Gesamtbild zeichnen. Ein Syntheseversuch scheitert letztlich an den oben genannten Theoriedefiziten: Weil die einzelnen Studien mit ganz unterschiedlichen Konzepten und Operationalisierungen arbeiten – und diese oft nicht einmal transparent machen – sind die Ergebnisse kaum miteinander vergleichbar. Hypothesen über die vermuteten Mechanismen des Wandels sind damit schon gar nicht zu prüfen.

Es sind also weder die solide theoretische Grundlage, noch die überzeugende empirische Evidenz, welche die Erfolgsgeschichte von Soft Skills und vergleichbarer Konzepte ausmachen. Es ist viel eher – dies sei hier wenigstens als These formuliert – der *normative Gehalt*, welcher ausschlaggebend ist. Der bei Dieter Mertens arbeitsmarktpolitisch begründete Appell zur Förderung fachunspezifischer Kompetenzen wurde in der pädagogischen Diskussion zwar kontrovers diskutiert und in der Folge auch inhaltlich ausgeweitet, fiel hier aber grundsätzlich auf fruchtbaren Boden. Es eröffnete sich damit eine Möglichkeit, die vom emanzipativen Bildungsideal der 1960er Jahre geprägte Forderung einer *ganzheitlichen Persönlichkeitsbildung* neu zu begründen. Und tatsächlich zeigen die persönlichkeitsbildenden Bildungsinhalte, wie sie etwa Heinrich Roth (1971) fordert, auffallende Parallelen zu den in der Nachfolge von Mertens formulierten Kompetenzkatalogen. Es sind nun aber nicht mehr bloss einige Idealisten, die darauf verweisen, dass Menschenbildung – auch über die gesellschaftliche Elite hinaus – mehr sein soll als das Vermitteln von fachlichen Fähigkeiten, Einsatzwillen und Gehorsam, wie sie traditionellerweise in Zeugnisnoten für Leistung, Fleiss und Betragen bewertet werden. Der Anstoss zur Aufwertung von Kompetenzen wie Kreativität und eigenständigem Denken, Kommunikationsfähigkeit und Initiative oder Teamfähigkeit und Flexibilität wird entsprechend bereitwillig aufgenommen.

In der Logik des Wirtschaftssystems geht es natürlich nicht um das Ziel ganzheitlicher Persönlichkeitsentwicklung, sondern um die umfassende Nutzung des menschlichen Leistungspotentials im Arbeitsalltag. Die Propagierung von Schlüsselqualifikationen und Soft Skills zielt hier letztlich darauf „die produktiven Potenzen des individuellen Selbstdarstellungsinteresses rationalistisch einzufangen und verfügbar zu machen“ (Baethge 1994: 255). Das kulturelle Leitbild des heutigen Arbeitnehmers beschreibt diesen ja nicht als einen sich und seiner Arbeit entfremdeten Befehlsempfänger, sondern als möglichst autonomes Handlungs- und Entscheidungszentrum. Gerade die Forderung, auch als Lohnempfänger nicht nur *gehorchend auszuführen*, sondern *eigenverantwortlich zu gestalten*, ermöglicht die Neudefinition der Berufsrolle. Das Ideal ist der „Intrapreneur“ (Pinchot 1985) oder gar „Arbeitskraftunternehmer“ (Voss & Pongratz 1998). Dieser gleicht eher einem selbstständigen Unternehmer, als einem „Lohnsklaven“ traditioneller Prägung. Angestellte sollen durch die Ausweitung des Tätigkeitsspektrums und des Verantwortungsbereichs nicht nur einen leistungsfördernden Motivationsschub erleben, sondern insbesondere durch die erhöhte Selbststeuerungszumutung auf die Kontingenzen des Marktumfeldes wesentlich flexibler reagieren, als dies in einer Befehlsempfängerrolle möglich ist. Voraussetzung dafür sind deutlich über das rein fachliche hinaus gehende einschlägige Kompetenzen und persönliche Tugenden.

Die Neudefinition der Berufsrolle und die damit notwendige Aufwertung von Soft Skills verheissen die Aufweichung des alten Widerspruchs zwischen dem Anspruch auf persönliche Entwicklung und ökonomischem Verwertungsinteresse: Von verbesserter Kommunikation, grösserer Kreativität, mehr Dynamik und erweiterter Selbstverantwortung im Arbeitsalltag dürften letztlich sowohl das arbeitende Individuum, als auch der Arbeitgeber profitieren. Dieser gewissermassen „mainstreammässigen" Einschätzung stehen allerdings auf beiden Seiten des politischen Spektrums *ideologiekritische Positionen* gegenüber. Die in (neo)marxistischer Tradition argumentierende Seite verweist dabei auf die mit dem Reden um die Aufwertung von Soft Skills einhergehende Verschleierung der innerhalb des Systems nicht überwindbaren Kluft in Bezug auf Interessen und Macht zwischen Unternehmern und abhängigen Arbeitnehmern. Auf der anderen Seite befürchtet das konservative Lager in der Folge der Aufwertung von Soft Skills in Schule und Arbeitswelt eine Verwässerung des Leistungsprinzips und damit letztlich das Ende der für die Effizienz des Wirtschaftssystems überlebenswichtigen Leistungsmoral. Jenseits dieser Radikalkritiken bleiben Soft Skills aber ein populäres Thema, wenn auch sowohl die Begrifflichkeiten als auch die behaupteten Wandlungstendenzen und die implizit angesprochenen Mechanismen vorerst vage bleiben.

Für unsere Untersuchung akzeptieren wir das Argument grosser und wachsender Bedeutung von Soft Skills in der Arbeitswelt als *forschungsleitende Hypothese*. Dabei gehen wir davon aus, dass sich die einzelnen Elemente dieses Arguments durchaus mit substantiellem Inhalt füllen und damit einer empirischen Analyse zugänglich machen lassen. Die zu klärenden Fragen beziehen sich folglich darauf:

- was Soft Skills sind und wie sie von anderen Qualifikationselementen abzugrenzen sind;
- welche Bedeutung Soft Skills auf dem Arbeitsmarkt haben und welche Unterschiede dabei zwischen verschiedenen Gruppen von Arbeitnehmern auszumachen sind;
- wie sich die Nachfrage nach Soft Skills langfristig verändert und
- welche Mechanismen für diesen Wandel verantwortlich sind.

Die vorliegende Studie versteht sich als ein Beitrag zur Klärung dieser Fragen aus einer *sozialwissenschaftlichen Arbeitsmarktperspektive*. Es sind drei Elemente, die miteinander verknüpft dazu beitragen sollen: Erstens zielt der *theoretische Beitrag* auf die Klärung der verwendeten Begriffe und Konzepte sowie die Benennung der Bestimmungsgrössen der Soft Skill-Nachfrage und der Mechanismen des langfristigen Wandels auf dem Arbeitsmarkt. Zweitens dient die Zusammenfassung *vorliegender empirischer Studien* der Plausibilisierung, Relativierung und Ergänzung dieser theoretischen Überlegungen. Drittens werden in einer *eigenen Untersuchung* die aus den vorangegangenen Überlegungen abgeleiteten Erwartungen an empirischem Material überprüft.

1.2 Inhaltsübersicht

Neben dem Einleitungskapitel umfasst die vorliegende Schrift vier Kapitel. Kapitel 2 und 3 sind dem theoretischen Zugang und der Zusammenfassung einschlägiger Studien gewidmet, Kapitel 4 präsentiert die eigene empirische Untersuchung zum langfristigen Wandel in der arbeitsmarktlichen Nachfrage nach Soft Skills und Kapitel 5 fasst schliesslich die Erkenntnisse zusammen und formuliert Anregungen für die sozialwissenschaftliche Forschung und die Bildungspolitik.

Im Detail behandelt Kapitel 2 unter dem Titel *Soft Skills in der Arbeitswelt* vier Anliegen: Erstens werden Soft Skills im Kontext des *Arbeitsmarktgeschehens* verortet. Dazu werden diese persönlichen Stärken und Eigenschaften als *Qualifikationen* und damit als Bewertungskriterien auf dem Arbeitsmarkt interpretiert. Solche Bewertungskriterien dienen den Arbeitgebern dazu, Stellenbewerber zu rangieren. Wer in dieser Rangfolge weiter vorne steht – d. h. in Bezug auf die Bewertungskriterien relativ zu den anderen Bewerbern besser abschneidet – hat grössere Chancen, eine Stelle zu erhalten. Zu beachten ist dabei der Umstand, dass sich die relevanten Qualifikationen nicht kurzerhand aus den technisch-objektiven Anforderungen an die auszuübende Tätigkeit ergeben. Viel eher sind diese Anforderungen das Resultat eines *sozialen Konstruktionsprozesses*, in welchen verschiedene Faktoren einfliessen. Trotz gewisser Vorbehalte wird für die vorliegende Untersuchung die Arbeitshypothese vertreten, dass Soft Skills tatsächlich *substantiell* von Bedeutung sind. Das heisst auch, dass Soft Skills uns im Folgenden nicht lediglich als *Selektionskriterien* interessieren, sondern als *persönliche Kompetenzen* im Kontext der mit einer bestimmten *Berufsrolle* verknüpften Anforderungen.

Zweitens werden in Kapitel 2 die wichtigen Elemente der bisherigen *wissenschaftlichen Diskussion* zum Thema zusammengefasst. Ein zentraler Beitrag dazu ist die Debatte um *Schlüsselqualifikationen*, die über den pädagogischen Hauptschauplatz hinaus von Bedeutung ist. Ein Blick in synthetisierende Studien im internationalen Kontext zeigt, dass die Frage nach der Definition und Förderung von Soft Skills weit herum grosse Aktualität geniesst. Während über Fach- und Landesgrenzen hinweg kaum ein gemeinsamer Theoriebezug auszumachen ist, wird die Einschätzung der grossen und wachsenden Wichtigkeit allgemein geteilt. Dabei wird – im Sinne unserer Arbeitshypothese – durchgehend der substantielle Gehalt von Soft Skills betont und damit der direkte Bezug zum *arbeits- und lebensweltlichen Handlungskontext* unterstrichen.

Drittens widmen wir uns der Ausarbeitung eines *theoretischen Fundaments* für die Systematisierung und Kategorisierung von Soft Skills. In der Forschung besteht diesbezüglich wenig Einigkeit, wohl aber liegen einige Ansätze vor, deren Anregungen aufgenommen werden. Als Theorierahmen wird ein auf dem Persönlichkeitsmodell von Roth (1971) aufbauendes und durch Elemente der Habermas'schen Handlungstheorie (1988) ergänztes System von aufeinander bezogenen Kompetenzen vorgeschlagen. Dieses Modell erlaubt es, Kriterien für Unterscheidung von Kompetenzbereichen und die Kategorisierung einzelner Soft Skills festzulegen. Ein Vergleich verschiedener Ansätze zur Kategorisierung von Kompetenzbereichen belegt die Kompatibilität des gewählten Modells.

Viertens schliesslich fragen wir nach der *empirische Evidenz*, welche die immer wieder formulierte Behauptung der grossen Wichtigkeit von Soft Skills in der Arbeitswelt untermauert. Dabei gibt es drei verschieden geartete Ansätze: Erstens versuchen Befragungen von Unternehmen eine Antwort darauf zu finden, welche Fähigkeiten die Arbeitgeber von ihren Angestellten erwarten, respektive welche Fähigkeiten sie am stärksten vermissen. Zweitens untersuchen psychologisch ausgerichtete Studien, welche persönlichen Stärken ausschlaggebend sind für den individuellen Arbeitsmarkterfolg. Und drittens besteht die Möglichkeit, aufgrund der Qualifikationsanforderungen in Stelleninseraten die auf dem Arbeitsmarkt besonders nachgefragten Soft Skills auszumachen. Trotz der Vielzahl von Einzelbefunden fallen in einer Gesamtsicht zuerst die Schwächen der vorliegenden Forschung auf. Insbesondere bezüglich der Frage, von welchen Gruppen von Arbeitnehmern eigentlich was erwartet wird, gibt es kaum so etwas wie gesicherte Erkenntnisse. Dasselbe gilt in Bezug auf den längerfristigen Wandel. Immerhin weisen alle Studien darauf hin, dass den Soft Skills auf dem Arbeitsmarkt eine vergleichbare Bedeutung zukommt, wie der formalen Ausbildung und dass Art und Umfang der geforderten Soft Skills nach Tätigkeitsbereich und Position variieren. Vor dem Hintergrund der empirischen Befunde und der theoretischen Überlegungen werden abschliessend mögliche Determinanten von Soft Skill-Anforderungen zusammengestellt, deren Bedeutung später in Kapitel 4 überprüft wird.

Kapitel 3 widmet sich dem *Wandel in der Arbeitswelt* in den letzten 50 Jahren und die sich daraus ergebenden Entwicklungen für die Qualifikationsnachfrage. Dazu werden zwei Perspektiven unterschieden:

Im ersten Teil wird ausgehend von der These der postindustriellen Gesellschaft der *Wandel der Wirtschaftsstruktur* in den hochentwickelten Ländern dargestellt. Dabei sind drei Haupttrends zu beobachten: Erstens der mit der Deindustrialisierung einhergehende Verlust unterdurchschnittlich qualifizierter Stellen in der inländischen Industrie. Zweitens die als Folge der „Kostenkrankheit" stark zurückgehende Nachfrage nach Hilfspersonal im Bereich gebundener Dienstleistungen und drittens die durch die veränderte Nachfragestruktur getriebene Expansion produktionsbezogener und sozialer Dienstleistungen. In der Folge verändert sich das Qualifikationsgefüge auf dem Arbeitsmarkt: Einerseits steigen die durchschnittlichen Anforderungen an die formale Ausbildung deutlich an. Andererseits führt die anhaltende Aufwertung von informationsverarbeitenden und kommunikationsintensiven Tätigkeiten aber auch zu Verschiebungen bei den arbeitsrelevanten Soft Skills. Vor dem Hintergrund der seit 1950 zu beobachtenden Veränderungen in der Berufsstruktur der Schweiz ist zu erwarten, dass sich allein schon daraus starke Auswirkungen auf die durchschnittlichen Soft Skill-Anforderungen ergeben – selbst dann, wenn innerhalb der einzelnen Tätigkeitsbereiche alles beim Alten bleiben würde.

Im zweiten Schritt geht es dann um die Veränderungen an den Arbeitsplätzen selbst. Im Zuge der wirtschaftlichen Entwicklung ändert sich nicht nur das, *was* getan wird, sondern auch die Art und Weise, *wie* etwas getan wird. Angesprochen ist damit der *Umbau der Arbeitsplätze* unter den Zeichen organisationeller und technologischer Neuerungen. Die als *systemische Rationalisierung* zusammengefassten Massnahmen zur Flexibilisierung der Organisation bleiben nicht ohne Auswirkungen auf die Anforderungen an die Mitarbeiter: Die horizontale und vertikale Ausweitung des Aufgaben- und Verantwortungsspektrums führt zu einer

Komplexifizierung der Berufsrolle. Mit der Aufweichung des fordistisch-tayloristischen Organisationsparadigmas verliert der statische Modus individueller Kompetenzrealisierung an Bedeutung. In dessen Zentrum stand die Tugend des Erlernens und Befolgens vorgegebener Regeln. Im neuen, dynamischen Modus geht es demgegenüber verstärkt um die Bewältigung von immer wieder wechselnden Problemstellungen, ohne dass dazu auf bereits fertige Lösungen zurückgegriffen werden könnte.

Nach dieser zugespitzten Beschreibung der idealtypisch gefassten postfordistischen Arbeitssituation relativiert ein Blick auf die empirische Forschung die Bedeutung der *neuen Organisationsprinzipien in der Praxis.* Entgegen den oft geäusserten Erwartungen lässt sich ein tief greifender Umbruch in den Formen der Arbeits- und Betriebsorganisation empirisch nicht nachweisen. Zwar werden einzelne neue Praktiken vielerorts eingeführt, diese werden aber kaum je zu einem umfassend neuen Organisationsstil zusammengefasst. Auch in innovativen Unternehmen ist zudem meist nur eine Minderheit der Angestellten tatsächlich von wesentlichen Neuerungen betroffen. Arbeitsplatzstudien zeigen, dass mit der Einführung post-tayloristischer Organisationsformen und neuer Technologien keineswegs immer – und schon gar nicht zwangsläufig – ein grösserer Gestaltungs- und Entscheidungsspielraum für die Mitarbeiter und Mitarbeiterinnen entsteht. Viel eher als eine inhaltliche Aufwertung erleben viele Angestellte mit den eingeführten Neuerungen lediglich eine *Verdichtung* der Arbeit, womit auch noch die letzten Freiräume im Arbeitsalltag wegrationalisiert werden. Vor diesem Hintergrund ist die oben formulierte These der allgemeinen Aufwertung dynamischer Kompetenzen stark zu relativieren. In den Vordergrund rückt dagegen die Frage, welche Gruppen von Arbeitskräften in welcher Art und Weise von den Neuerungen betroffen sind und wie sich diese Neuerungen auf die Qualifikationsanforderungen auswirken. Im Gegensatz zur Frage nach den Anforderungen an die formale Ausbildung, liegen zum Zusammenhang von Arbeitsorganisation, Technologie und Soft Skills bislang nur sehr bescheidene empirische Erkenntnisse vor.

In Kapitel 4 werden die in den beiden vorangehenden Kapitel gemachten Überlegungen zusammengefügt und bilden den Ausgangspunkt für die eigene *Untersuchung zur Bedeutung und dem Bedeutungswandel von Soft Skills auf dem Arbeitsmarkt.* In der *Querschnittsbetrachtung* geht es dabei um die Frage der Determinanten von Soft Skills und insbesondere darum, von welchen Gruppen von Arbeitnehmern welche

Art von Soft Skills erwartet werden. In der *Längsschnittperspektive* geht es darum, wie sich die Soft Skill-Anforderungen auf dem Arbeitsmarkt langfristig verändern. Und die *Kombination* der beiden Perspektiven zielt schliesslich auf die Erklärung dieses Anforderungswandels durch die erwähnten Bestimmungsgrössen des strukturellen und organisationellen Wandels.

Die Datengrundlage für das Forschungsvorhaben bildet eine repräsentative Stichprobe von Stelleninseraten, die in den Jahren 1950 bis 2006 in der Deutschschweizer Presse erschienen sind. Die meisten Stelleninserate enthalten differenzierte Angaben über den inserierenden Betrieb, die ausgeschriebene Stelle sowie die Voraussetzungen in Bezug auf Qualifikationen und Person, die ein Stellenbewerber erfüllen sollte. Die inhaltsanalytische Erfassung der Soft Skill-Anforderungen sowie der betriebs- und berufsspezifischen Angaben in den Inseratetexten erlaubt eine quantifizierende Beschreibung der Nachfrageentwicklung und statistische Analyse der Zusammenhänge. Diese Analyse zeigt, dass sich die These der grossen und steigenden Wichtigkeit von Soft Skill-Anforderungen auf dem Arbeitsmarkt eindrücklich bestätigt. Herausragend ist insbesondere der überaus steile Anstieg der Qualifikationsanforderungen seit den 191990er Jahren des 20. Jahrhunderts. Dabei ersetzen Soft Skills keineswegs die Hard Skills: viel eher beobachten wir eine Kumulierung der Anforderungen. Verantwortlich für die langfristige Entwicklung sind sowohl der strukturelle Wandel, als auch die Verbreitung von Computerarbeit sowie – in geringerem Mass – die Einführung organisationeller Neuerungen. Im Gegensatz zu den im Zusammenhang mit der Postfordismusthese postulierten Erwartungen, wachsen damit aber nicht nur die Anforderungen im modernen, dynamischen Bereich. Auch traditionelle, statische Soft Skills, welche die Einordnung in einen vorgegebenen Handlungsrahmen betonen, gewinnen stark an Bedeutung. Von einem allgemeinen Abbau der Fremdbestimmung kann also trotz der stark zunehmenden Forderung nach dynamischen Selbststeuerungskompetenzen keine Rede sein. Generell wird im Arbeitsalltag immer umfassender auf die Persönlichkeitsressourcen der Beschäftigten zugegriffen. Die breiten Anforderungen im Bereich der Soft Skills sind damit Ausdruck der Widersprüchlichkeit des zeitgenössischen Arbeitszusammenhangs, welcher dem individuellen Selbstdarstellungsinteresse mehr Raum zugesteht, dieses aber gleichzeitig zweckrational einfordert und anbindet. Deutlich sind die qualitativen und quantitativen Differenzen zwischen einzelnen Arbeitnehmergruppen bezüglich der verlangten Soft Skills. Die Art des mit einer beruflichen Rolle verbundenen Weltbezugs und die Kontingenz des Arbeitszusammenhangs erweisen sich dabei als bestimmende Grössen.

Im abschliessenden Kapitel 5 werden die Resultate der Längs- und Querschnittanalysen zusammengefasst und Anregungen für die sozialwissenschaftliche Forschung und die Bildungspolitik diskutiert. Ausgehend von unseren Befunden zielen diese Anregungen auf die *Aufwertung von Soft Skills*: Erstens als Forschungsgegenstand in der Arbeitsmarktforschung, wo insbesondere detaillierte Untersuchungen über die Komplementarität von Hard Skills, Soft Skills, Technikausstattung und Arbeitsorganisation von Interesse wären. Zweitens in der Ungleichheitsforschung, wo idealerweise persönlichen Kompetenzen im Bereich der Soft Skills zusätzlich zu den klassischen Determinanten wie Ausbildung, Herkunft und Geschlecht zu berücksichtigen sind. Und drittens als Forderung an die Bildungspolitik nach einer Integration differenzierter Soft Skills in Ausbildungsgänge jeder Stufe als Schritt zur Verbesserung der arbeitsmarktlichen Chancengleichheit im 21. Jahrhundert.

2 Soft Skills in der Arbeitswelt

In Arbeitswelt und Bildung geniessen heute „weiche Fähigkeiten“ eine immense Beachtung: Gängige Begriffe wie Soft Skills, Schlüsselqualifikationen, extrafunktionale Fertigkeiten, Charakterqualitäten, persönliche Stärken, Arbeitstugenden oder emotionale Intelligenz verweisen darauf. Ein Blick in Theorie und Praxis, in Fachbeiträge und populäre Ratgeber, in bildungspolitische Zielformulierungen und Lehrpläne vom Kindergarten bis zur Hochschule bestätigen den Eindruck. Dabei herrscht weit herum Einigkeit, dass diese Faktoren im Zuge der Formierung unserer hochmodernen Arbeitswelt deutlich an Wichtigkeit gewonnen haben. Eine genauere Betrachtung zeigt allerdings, dass dabei weder in Bezug auf die Begrifflichkeit noch auf den theoretischen Hintergrund Konsens besteht. Die einschlägige Diskussion zeichnet sich darüber hinaus durch einen eher dürftigen empirischen Bezug aus. Die Frage, *welche* persönlichen Qualifikationen *für wen* in welchem Zusammenhang wirklich arbeitsmarktrelevant sind und wie sich dies langfristig *ändert,* wird in der Regel lediglich kursorisch abgehandelt, aber kaum je an Daten erhärtet. Diese konzeptionellen und empirischen Schwächen sollen nun nicht dazu verleiten, das Kind mit dem Bade auszuschütten und die ganze Diskussion als letztendlich inhaltsleere Modewelle abzutun. Viel eher verweisen diese Mankos auf einen grösseren Klärungsbedarf, auf den im Folgenden eingegangen wird.

Im ersten Teil dieses Kapitels wird der theoretische Rahmen für die Diskussion um Qualifikationen und Kompetenzen auf dem Arbeitsmarkt umrissen. Der zweite Teil stellt ein entsprechendes Modell für die Definition und Systematisierung der Kompetenzbereiche vor. Schliesslich wird im dritten Abschnitt nach der vorliegenden empirischen Evidenz bezüglich Bedeutung und Bedeutungswandel von Soft Skills auf dem Arbeitsmarkt gefragt.

2.1 Arbeitsmarktliche Qualifikationen und persönliche Kompetenzen

Als Grundlage für die weitere Diskussion fragen wir zunächst nach der Funktion von Qualifikationen auf dem Arbeitsmarkt und deren zentralen *Bestimmungsgrössen*. Anschliessend folgen eine Zusammenfassung der Fachdiskussion zum Thema *Schlüsselqualifikationen* und verwandter Konzepte sowie eine Analyse von Gemeinsamkeiten und Unterschieden in dieser Vielzahl von Ansätzen und Begrifflichkeiten.

2.1.1 Qualifikationen als Bewertungskriterien auf dem Arbeitsmarkt

Auf dem Arbeitsmarkt treffen Individuen, die ihre Arbeitskraft anbieten auf die entsprechende Nachfrage der Arbeitgeber. Stellensuchende mit ihren Voraussetzungen und Ansprüchen stehen einer Auswahl von Stellen mit unterschiedlichen Anforderungen und Gegenleistungen gegenüber. Beide Seiten haben dabei Vorstellungen über ihre Wunschstelle resp. die Idealbesetzung. Thurow (1969, 1975) benutzt dazu die Metapher von „Warteschlangen": In einer *Job Queue* rangieren die Arbeitskräfte vorhandene Stellen nach ihrer Attraktivität, während umgekehrt die Arbeitgeber entsprechend ihrer Präferenzen Typen potentieller Arbeitnehmer für eine bestimmte Art von Stelle in einer *Labor Queue* einordnen. Das Zusammenspiel der beiden Bewertungen bestimmt schliesslich die Allokation von Arbeitnehmern und Stellen auf dem Arbeitsmarkt.

a) Typen arbeitsmarktlicher Bewertungskriterien

Für die Rangierung der Arbeitskräfte in der Labor Queue sind eine Reihe von unterschiedlich gewichtigen Kriterien ausschlaggebend. Dabei können Befähigungskriterien, Zuschreibungskriterien und Zusatzkriterien unterschieden werden (Abbildung 2.1). *Befähigungskriterien* beziehen sich auf die *Kenntnisse, Fähigkeiten, Fertigkeiten, Einstellungen und Werthaltungen*, über die eine Person als Voraussetzung für die Ausübung ihrer beruflichen Tätigkeit und gegebenenfalls als Grundlage für eine ausreichende Breite in der beruflichen Einsetzbarkeit verfügen soll (vgl. Beck 1995). Diese Grössen werden im Hinblick auf ihre arbeitsmarktliche Verwertbarkeit meist unter dem Begriff der *beruflichen Qualifikation* zusammengefasst. „Qualifikation" soll damit weder an der Persönlichkeit und ihrem Kennen, Können und Wollen festgemacht werden (was mit dem Begriff der *Handlungskompetenz* umschrieben werden kann), noch von den effektiv auszuführenden Aufgaben und dem funktional erforderlichen *Arbeitsvermögen* her verstanden werden, sondern viel eher aus einer *Arbeitsmarktperspektive*, wo sich beide Aspekte des Qualifikationsbegriffs begegnen: Vermutete individuelle Handlungskompetenzen und zugeschriebene Eigenschaften werden im Hinblick auf eine zu besetzende Stelle eingeschätzt und damit zu *Bewertungskriterien* in Bezug auf die Rangierung in der Labor Queue (zum Qualifikationsbegriff vgl. auch Wenger 1991). Dabei kommt keiner Qualifikation ein absoluter Wert zu. Qualifikationen umschreiben lediglich die arbeitsmarktliche Einschätzung eines Potentials und dienen als Kriterien für die Festlegung der *relativen* Position in der Arbeitskräfteschlange (vgl. auch Sørensen 1977).

Abbildung 2.1: Arbeitsmarktrelevante Bewertungskriterien

Befähigungskriterien				
	Hard Skills	formale Qualifikationen	–	Schulbildung
			–	Berufsbildung
			–	Weiterbildung
			–	Spezialbildung
			–	informelle Ausbildung, Erfahrung
	Soft Skills	informelle Qualifikationen	–	Begabungen
			–	Persönlichkeitseigenschaften
			–	Arbeitstugenden
			–	Motive und Werthaltungen
Zuschreibungskriterien		Geschlecht, Alter, Nationalität, Herkunft		
Zusatzkriterien		zeitliche und räumliche Verfügbarkeit, Körperkraft, Aussehen usw.		

Formale Qualifikationen sind mit einer zertifizierten Ausbildung verknüpft und entsprechend standardisiert. Schulzeugnisse, Fähigkeitsausweise, Weiterbildungszertifikate etc. versprechen dem potentiellen Arbeitgeber das Vorhandensein gewisser Kenntnisse und Fähigkeiten und ersparen ihm so die aufwändige individuelle Prüfung jedes Stellenbewerbers. Darüber hinaus gelten die formalen Bildungserfolge als Indikator für die künftige Lernfähigkeit, den Einsatzwillen und andere schwieriger zu erfassende Qualitäten. Formale Qualifikationen sind so das wichtigste Signal, das den Arbeitgeber die Eignung und damit die relative Produktivität eines künftigen Angestellten abschätzen lässt.[1] In

1 Die Produktivität eines Arbeitsnehmers wird in erster Linie von seiner Position definiert und nur innerhalb des dadurch vorgegebener Rahmens von individuellen Qualitäten (Thurow 1975). Darüber hinaus lässt sich angesichts des komplexen Interaktionszusammenhangs gerade in grösseren Unternehmen der Beitrag einer einzel-nen Position zum Gesamtergebnis kaum je ermitteln (Offe 1970: 11 ff.). Signaling-Theorien verweisen darauf, dass die Beziehung zwischen Bildungstitel, Handlungskompetenz und Produktivität lediglich eine relativ grobe Vermutung darstellt und das entscheidende, weil sichtbare, Kriterium nicht die Kompetenz oder gar die – kaum bestimmbare – Produktivität ist, sondern der formale Titel (Spence 1973).

der Schweiz mit ihrem dualen Berufsbildungssystem haben die staatlich anerkannten Berufslehren eine herausragende Bedeutung für den Arbeitsmarkt. Ohne entsprechendes Zertifikat ist ein berufsspezifischer Teilarbeitsmarkt oft nicht zugänglich. Auf der individuellen Ebene ist der erreichte Bildungsabschluss ein entscheidender Faktor für das in der Arbeitswelt erzielbare Einkommen und den mit einer bestimmten Berufstätigkeit verbundenen sozialen Status (Stamm, et al. 2000).

Neben den formalen Qualifikationen gibt es auch arbeitsmarktrelevante *informelle Qualifikationen*. Informell darum, weil diese Befähigungen nicht durch einen standardisierten Ausbildungsgang erworben und entsprechend zertifiziert sind. Es handelt sich dabei einerseits um informell erworbene *sachliche Kenntnisse und Fähigkeiten*, die etwa „on the job" oder im Selbststudium erlernt werden. Dazu gehören beispielsweise Sprach- oder Computerkenntnisse, sofern sie nicht mit einer anerkannten Prüfung bestätigt sind. Neben diesen nicht zertifizierten Sachkenntnissen spielen aber auch *Persönlichkeitseigenschaften, individuelle Begabungen, Tugenden und Werthaltungen* eine grosse Rolle als Qualifikationen auf dem Arbeitsmarkt. Diese Befähigungen sind wesentlich schwieriger zu erfassen und zu vergleichen als Sachkenntnisse. Damit stellt sich für den Arbeitgeber die Frage nach entsprechenden aussagekräftigen „Signalen", die nicht zuletzt in biographischen Merkmalen gesucht werden (Hohn & Windolf 1988). Als Sammelbegriff hat sich der Terminus *Soft Skills* eingebürgert, in Abgrenzung zu den grundsätzlich objektivierbaren *Hard Skills*. Während es sich bei den Hard Skills in der Regel entweder um Grundkenntnisse (Schulstoff) oder berufsspezifische Fähigkeiten (Berufsausbildung) handelt, sind die Soft Skills in ihrer Mehrzahl fachunspezifisch, d. h. sie können für eine Vielzahl unterschiedlichster beruflicher Tätigkeiten als Bewertungskriterium herangezogen werden.[2]

Bei einer Darstellung der relevanten Bewertungskriterien auf dem Arbeitsmarkt darf nicht unerwähnt bleiben, dass die grundsätzlich erwerbbaren Befähigungskriterien nicht allein ausschlaggebend sind für

---

2 Der Begriff der Soft Skills wird in der wissenschaftlichen Diskussion zwar gelegentlich verwendet (z.B. Moss & Tilly 1996; Duncan & Dunifon 1998), ist aber weniger durch eine bestimmte Theorietradition geprägt als verwandte Begriffe wie etwa jener der Schlüsselqualifikationen. Im populärwissenschaftlichen Bereich und in der Personal- und Laufbahnberatung – gerade im deutschsprachigen Raum – ist die Bezeichnung ausgesprochen verbreitet (vgl. etwa Deutscher Manager-Verband 2003).

die Rangierung eines potentiellen Arbeitnehmers in der Labor Queue. Mit *zugeschriebenen Merkmalen* sind hier Eigenschaften zusammengefasst, die sich auf vermeintlich präsozial verankerte und vom Individuum nicht zu beeinflussende Grössen beziehen. Dazu gehören etwa Geschlecht (Heintz, et al. 1997; Salvisberg 2004), Alter (Pohl 1975; Höpflinger & Stuckelberger 1999) oder Ethnizität (Szydlik 1996; Farago, Hunold & Kuhn 1996). Dass solchen Kriterien empirisch eine grosse Bedeutung zukommt, wird ökonomisch mit Unterschieden in der erwarteten Produktivität zwischen einzelnen Arbeitnehmergruppen begründet. Stereotype Einschätzungen gelten als kostengünstige, wenn auch nur näherungsweise verlässliche Indikatoren für die individuelle Produktivität (Phelps 1972; Arrow 1973). Statistische Diskriminierung[3] ersetzt die aufwändige Prüfung der faktischen individuellen Eignung und gilt so lange als effizient, als dass die entscheidungsrelevanten Vorurteile nicht allzu sehr von der Wirklichkeit abweichen. In dieser Perspektive haben Zuschreibungskriterien keine eigenständige Bedeutung, sondern dienen lediglich als *Näherungswerte* für schwer zu erfassende Befähigungskriterien. Während dies angesichts der mehr oder weniger beschränkten Aussagekraft von formalen Bildungszertifikaten ein Stück weit auch für die Hard Skills gilt, sind diese Kriterien insbesondere für die Abschätzung der Soft Skills von zentraler Bedeutung. So kann etwa die Erwartung, dass jemand über gewisse Persönlichkeitseigenschaften verfügt, mit der familiären und sozialen Herkunft begründet werden. Der Habitus ist ja weniger eine individuelle Leistung, als viel eher Ausdruck der sozialen Verortung (Bourdieu 1987). Dies gilt etwa auch bei der Zuordnung charakteristischer persönlicher Stärken nach Geschlecht oder Ethnizität.[4] Die Beharrlichkeit, mit der sich die zugeschriebenen Merkmale trotz den ausbildungsmässigen Angleichungen der einzelnen Arbeitnehmergruppen als relevant für die Allokation von Positionen im Arbeitsmarkt behaupten, dürfte demnach in den Unterschieden bezüglich der erwarteten Soft Skills begründet sein.

3 Statistische Diskriminierung bedeutet, dass ein Individuum nicht aufgrund eigener Chrakteristiken bewertet wird, sondern anhand von Durchschnittswerten der Gruppe, zu der jemand gehört (Thurow 1975:172).

4 Eine amerikanische Studie zeigt etwa, dass Arbeitgeber dazu tendieren Schwarzen Stellenbewerbern generell einen Mangel an wichtigen Soft Skills in den Bereichen Motivation und Interaktion zu unterstellen (Moss & Tilly 1996).

Schliesslich sei darauf hingewiesen, dass unabhängig von individueller Befähigung und zugeschriebenen Merkmalen *zusätzliche Kriterien* auf dem Arbeitsmarkt eine wichtige Rolle spielen, so etwa die zeitliche und räumliche Verfügbarkeit oder körperliche Eigenschaften. In der Praxis lassen sich die hier schematisch unterschiedenen Bewertungskriterien oft nicht klar auseinander halten. So hat beispielsweise die zeitliche Verfügbarkeit nicht nur einen objektiven Aspekt (wenn jemand andere fixe Verpflichtungen hat), sondern auch einen motivationalen (wenn es um die Bereitschaft geht, kurzfristig einzuspringen, Überstunden zu leisten etc.). Aber auch formale Qualifikationen werden oft als Signale für informelle Stärken interpretiert, indem etwa eine gewisse Leistungsbereitschaft, Durchhaltevermögen und Motivationsfähigkeit als Voraussetzung zur Erreichung eines Bildungsabschlusses gelten. Selbst das Aussehen wird als Indikator für gewisse Persönlichkeitseigenschaften gelesen. So werden etwa „Menschen mit einem attraktiven Gesicht auch für erfolgreicher, zufriedener, sympathischer, intelligenter, zugänglicher, geselliger, ehrlicher, fleissiger und kreativer gehalten“ (Braun, et al. 2001: 44).

b) Funktionale Erfordernisse und institutioneller Kontext

Unsere Darstellung der Bewertungskriterien auf dem Arbeitsmarkt geht letztlich davon aus, dass die Qualifikationsanforderungen einen sachlichen Hintergrund haben. Ein Softwarespezialist muss – um seine Arbeit überhaupt ausführen zu können – über die entsprechenden Kenntnisse und eventuell einschlägige Erfahrung verfügen, ein Arzt ein medizinisches Studium abgeschlossen haben und eine Serviertochter zumindest freundlich und umgänglich sein, soll sie die Gäste nicht verscheuchen. Diese an sich plausible Erklärung der arbeitsmarktlichen Kriterien greift allerdings zu kurz. Qualifikationsanforderungen ergeben sich nur zum Teil unmittelbar aus den für die Ausführung einer beruflichen Tätigkeit notwendigen Fertigkeiten und Kenntnisse. Die verlangten Qualifikationen sind viel eher das Resultat eines *sozialen Konstruktionsprozesses*, in den die objektiv-technischen Erfordernisse als keineswegs einziger Faktor einfliessen. Es darf also nicht direkt von den Bewertungskriterien der Arbeitgeber auf die funktionalen Erfordernisse des Arbeitsplatzes geschlossen werden. Dies gilt nicht nur bei den Soft Skills, sondern auch in Bezug auf die formale Ausbildung, wo die sachlich gegebenen Arbeitsplatzanforderungen oft eher schwach mit den jeweiligen Qualifikationskriterien verknüpft sind (Collins 1979).

Mit Cohen & Pfeffer (1986) können vier Perspektiven zur Erklärung der Qualifikationsanforderungen unterschieden werden:

- Die technische Perspektive: Hier prägen die effektiven funktionalen Tätigkeitsanforderungen die Anstellungskriterien.
- Die Kontroll-Perspektive: Hier gelten Ausbildungsabschlüsse als Indikator für die generelle Zuverlässigkeit und Loyalität eines Bewerbers und für dessen Bereitschaft, sich in vorgegebene Norm- und Wertsysteme einzufügen. Damit kommt der formalen Ausbildung die Funktion eines kulturellen Selektionsmechanismus zu (vgl. auch Collins 1979).
- Die institutionelle Perspektive: Hier werden Ausbildungsanforderungen in erster Linie dadurch erklärt, dass diese den normativen Erwartungen der Organisations-Umwelt entsprechen. Eine solche Anstellungspraxis schafft der Organisation Legitimität gegenüber potentiellen und gegenwärtigen Mitarbeitern, Geschäftspartnern und Kunden sowie der Öffentlichkeit allgemein (Meyer & Rowan 1977). Als ein Beispiel dafür kann etwa der Umstand gewertet werden, dass ein höheres Niveau formaler Ausbildung – unabhängig von effektiv sachlichen Anforderungen – geeignet erscheint, die mit einer leitenden Position verbundenen Autoritätsansprüche zu festigen (vgl. Geser 1983: 475).
- Die politische Perspektive: Hier sind die gestellten Anforderungen auch ein Resultat der Interessen unterschiedlicher Akteure in einer Organisation. So sichern sich etwa Personalabteilungen ihre Definitionsmacht und damit ihre betriebliche Funktion durch die Setzung von Selektionskriterien, die den Ansprüchen einer als modern erachteten Personalpolitik gerecht werden.

Die empirische Evidenz für diese verschiedenen Erklärungsperspektiven erweist sich allerdings als gering und entsprechende Untersuchungen sind ausgesprochen rar. Die Studie von Cohen & Pfeffer (1986), die sich auf eine für die Erhebungsregion repräsentative Firmenbefragung aus der zweiten Hälfte der 1960er Jahre in den USA bezieht, bestätigt zwar die Erwartung, dass nicht bloss berufsspezifische, sondern auch firmenspezifische Anstellungskriterien bestehen. Dabei zeigt sich jedoch keine Evidenz für die Kontroll- oder institutionelle Erklärungsperspektive, wohl aber für eine technisch und politisch begründete Selektivität der Anstellungspraxis, wobei nach wie vor ein Grossteil der

Varianz unerklärt bleibt. Die technisch-organisatorisch vorgegebenen Arbeitsplatzanforderungen sind also durchaus mitverantwortlich für die Anstellungskriterien, ohne jedoch allein ausschlaggebend zu sein. Insbesondere das Vorhandensein eines professionalisierten Human Ressource Managements scheint die betrieblichen Qualifikationsanforderungen zusätzlich zu steigern.

An der *Oberfläche des Arbeitsmarktgeschehens* spielt es dabei eine geringe Rolle, wie die Bewertungskriterien begründet werden. Informationen darüber, *von wem welche Qualifikationen* verlangt werden, sind für Stellensuchende unabhängig vom Erklärungszusammenhang von Bedeutung. Für die *analytische Frage*, die nach den dahinterliegenden Wirkungskräften fragt, spielt es allerdings eine entscheidende Rolle, ob Soft Skill-Anforderungen eine substantielle Grundlage haben. Ist das nicht der Fall, hat eine Analyse nach dem *institutionellen und organisationspolitischen Kontext* zu fragen, in welchem Forderungen nach Soft Skills gestellt werden. Wird hingegen die funktionale Begründung von Soft Skill-Forderungen akzeptiert, steht im Zentrum des Interesses die Frage nach den mit Soft Skills effektiv verknüpften *individuellen Kompetenzen* und der Relevanz dieser Kompetenzen für die *auszuführenden Tätigkeiten*. In der Praxis dürften beide Perspektiven relevant sein. Wie bei der formalen Ausbildung soll hier davon ausgegangen werden, dass der funktionale Arbeitszusammenhang eine wichtige Rolle spielt, dass dieser aber für die Erklärung der verlangten Qualifikationen nicht hinreicht und zu einem unbekannten Ausmass auch politisch-institutionelle Faktoren eine Rolle spielen. Das Interesse unserer Forschung fokussiert aber auf den *substantiellen Gehalt* der Forderung nach Soft Skills. Die damit verknüpfte Arbeitshypothese lautet, dass *Soft Skills tatsächlich sachlich von Bedeutung sind.* Diese Annahme ist im Kontext der vorliegenden Forschung nicht zu belegen, allerdings stützen theoretische und empirische Argumente, wie sie in den folgenden Abschnitten dieses Kapitels dargelegt werden, deren Plausibilität.

Für die Analyse von Anforderungen an Soft Skills ist aber wichtig, dass die eng technische Perspektive in dem Sinne ausgeweitet wird, dass nicht nur das für den *direkten Arbeitsvollzug* notwendige Wissen und Können ausschlaggebend ist. Viel eher geht es um die *Gesamtheit von Erwartungen*, mit denen sich eine Person in einer Organisation konfrontiert sieht. Als soziologischer Begriff dafür bietet sich die *Berufsrolle* an. Wie die soziale Rolle die Ansprüche der Gesellschaft an die Träger von Positionen bezeichnet, fasst die Berufsrolle die Zumutungen im Kontext der beruflichen Tätigkeit zusammen (Dahrendorf 1971 (1958)). Mit dem Rollenbegriff werden zwei für uns wichtige Umstände betont:

- Die Berufsrolle verweist auf Ansprüche, die mit einer bestimmten Position in einer Organisation verbunden sind. Es geht also um die Erwartungen an einen Rollenträger, nicht an eine individuell bezeichnete Person. Dies entspricht der Perspektive des Stelleninserates, wo ja – vorerst unabhängig von konkreten Bewerbungen – Positionen beschrieben und die von einem künftigen Träger dieser Position erwarteten Fähigkeiten und Eigenschaften aufgeführt werden.
- Der Rollenbegriff verknüpft zwar Erwartungen mit einer bestimmten Position, lässt aber offen, wie diese letztlich zu begründen sind. In dem Sinne, als dass es um effektive Erwartungen an das Verhalten (Rollenverhalten) und das Aussehen und den Charakter (Rollenattribute) der Positionsinhaber geht, handelt es sich um das, was hier als substantielle Kriterien bezeichnet werden soll – im Gegensatz zu rein selektiv begründeten Kriterien, die lediglich für die Auswahl, aber nicht für den späteren Arbeitszusammenhang von Bedeutung sind.

Mit dem Konzept der Berufsrolle können sowohl funktionale, als auch extrafunktionale Qualifikationsanforderungen (Dahrendorf 1956) substantiell begründet werden. Eine zusätzliche Differenzierung in Bezug auf die Determinanten arbeitsmarktlicher Qualifikationsanforderungen erlaubt das Modell des segmentierten Arbeitsmarktes. Dabei wird die Mikroebene der individuellen Berufsrolle mit der Makroebene des Arbeitsmarktsegments verknüpft.

c) Qualifikationen und Segmentation des Arbeitsmarktes

Es macht theoretisch und empirisch Sinn, den Arbeitsmarkt nicht als homogenes Ganzes zu begreifen, sondern gegeneinander mehr oder weniger abgegrenzte Teilsegmente zu unterscheiden. Von einer Segmentation des Arbeitsmarktes kann dann gesprochen werden, wenn „bestimmte Arbeitsplätze bestimmten Gruppen von Erwerbstätigen nicht zugänglich sind, weil letztere unabhängig von ihrem individuellen Verhalten nicht in der Lage sind, die Voraussetzungen dafür zu erfüllen, dass ein Arbeitgeber ihre Bewerbung in Betracht zieht“ (Vincens 1978: 227). Die Teilsegmente unterscheiden sich in Bezug auf die für den

Zugang relevanten Bewertungskriterien und die Qualität der angebotenen Stellen. Diese Qualität der Stellen betrifft sowohl die Bezahlung als auch die Arbeitsplatzsicherheit und Entfaltungs- und Karrieremöglichkeiten. Der auf den Arbeitsmarktkontext in den deutschsprachigen Ländern zugeschnittene Segmentationsansatz von Sengenberger (1978, 1987) unterscheidet drei Segmente: einen berufsfachlichen Arbeitsmarkt, der auf der formalen Berufslehre aufbaut, einen innerbetrieblichen Arbeitsmarkt, der die betriebsinternen Karrieremöglichkeiten v.a. in Grossbetrieben umfasst und schliesslich einen Jedermannarbeitsmarkt, dem alle diejenigen Arbeitnehmern zugeordnet werden, denen der Zugang zu einem der privilegierten anderen Arbeitsmärkten verschlossen bleibt.

In Bezug auf die Qualifikationen unterscheiden sich diese drei Segmente deutlich: Im *berufsfachlichen Segment* ist es die zertifizierte Berufsausbildung, welche den Zugang zu einem grundsätzlich unternehmensunabhängigen Arbeitsmarkt eröffnet. Entsprechend den verschiedenen Berufsrichtungen umfasst dieser Arbeitsmarkt zahlreiche einzelne Segmente, welche jeweils nur über einen spezifischen Ausbildungsabschluss zugänglich sind (Beck, Brater & Daheim 1980). Primäres Bewertungskriterium für die Rangierung in der Labor Queue ist hier also die einschlägige formale Ausbildung: Ein angehender Primarlehrer muss zuallererst über das entsprechende Diplom verfügen, ein Automechaniker über den dazugehörigen Lehrabschluss etc. Diese formalen Anforderungen haben wiederum sowohl einen substantiellen als auch einen institutionellen Hintergrund. Aus substantieller Perspektive geht es um die Erwartung, dass die anerkannte Berufsausbildung die wesentlichen inhaltlichen Voraussetzungen für die Ausübung einer Tätigkeit vermittelt. Der Arbeitgeber kann so auf eine detaillierte Überprüfung der dazugehörigen Fähigkeiten verzichten. Aus institutioneller Perspektive sorgt der Verweis auf das jeweilige Bildungszertifikat aber auch für die Legitimierung der betrieblichen Anstellungspraxis. Diese kann – wie im Falle des Primarlehrers – sogar gesetzlich vorgegeben sein oder richtet sich nach den Erwartungen von Kunden und Mitarbeitern.[5]

Innerbetriebliche Arbeitsmärkte entstehen in grösseren Unternehmen und staatlichen Behörden, welche ihren Mitarbeitern interne Karrieren ermöglichen. Neben den fachlichen Qualifikationen besteht

5 Entsprechend gross ist denn auch die öffentliche Empörung, wenn ein über Jahre in seiner Tätigkeit erfolgreicher und mehrmals beförderter Arzt und Psychiater sich als Hochstapler entpuppt, der keinerlei einschlägige Ausbildung abgeschlossen hat (Postel 2001).

das individuelle Humankapital in diesem Fall insbesondere aus der betriebsspezifischen Erfahrung, die – im Gegensatz zum Fachwissen – ausserhalb des jeweiligen Unternehmens nur von geringer Verwertbarkeit ist. Diese spezifischen Kenntnisse und der Umstand, dass die Person dem Arbeitgeber bereits bekannt ist und damit Rekrutierungs- und Einstellungskosten gesenkt werden können, verhelfen bewährten Mitarbeitern zu einem Bonus in Bezug auf die Rangierung in der Warteschlange der Arbeitskräfte. Auf dem externen Arbeitsmarkt werden in erster Linie *Einstiegspositionen* angeboten, die oft mit der Chance künftiger interner Förderung und Beförderung verknüpft sind. Entsprechend attraktiv sind solche Unternehmen denn auch für die Stellensuchenden, was den Arbeitgebern wiederum erlaubt, die Qualifikationsanforderungen überdurchschnittlich hoch anzusetzen. Neben der unabdingbaren formalen Ausbildung ist nun zu erwarten, dass die informellen Qualifikationen hier von besonderer Bedeutung sind, da gerade bei der Rekrutierung von Personal für Einstiegspositionen gleichzeitig auch deren Entwicklungspotential in horizontaler Hinsicht und die breite Einsetzbarkeit und Flexibilität in vertikaler Hinsicht ausschlaggebend sein können.

Personen ohne oder mit einer nicht nachgefragten fachlichen Ausbildung finden sich auf dem *Jedermannarbeitsmarkt* wieder, der definitionsgemäss kaum Anforderungen an die formalen Qualifikationen stellt. Hier stellt sich die Frage, welche Kriterien für die Rangierung in der Labor Queue stattdessen ausschlaggebend sind. Denkbar ist etwa eine grössere Betonung von Zuschreibungskriterien oder von Kenntnissen und Fähigkeiten, die ausserhalb umfassender Ausbildungsgänge erworben werden, wie etwa „Kochkenntnisse" oder „Erfahrung im Umgang mit Pferden" (um Beispiele aus Stelleninseraten zu zitieren). Aber auch diejenigen persönlichen Qualitäten, die wir als Soft Skills zusammengefasst haben, können als Bewertungskriterien von Gewicht sein. Dabei muss die Frage vorläufig offen bleiben, ob und in welcher Art diese „weichen" Qualifikationen den ausbildungsmässig unstrukturierten Jedermannarbeitsmarkt ihrerseits zu strukturieren vermögen. Das Argument der „Ersatzqualifikation", das an die Stelle formaler Bildung treten kann, spricht dafür, dass Soft Skills hier eine Rolle spielen. Andererseits werden auf dem Jedermannarbeitsmarkt aber keine wichtigen Positionen im Kernbereich der Unternehmen angeboten, was erwarten lässt, dass es sich dabei um andere Anforderungen handeln dürfte als diejenigen, die im Zusammenhang mit Einstiegspositionen in interne Arbeitsmärkte erwähnt wurden.

2.1.2 Schlüsselqualifikationen im Kontext von Berufsbildung und Arbeitsmarkt

Der Begriff der Soft Skills hat eine Anzahl von verwandten Begriffen, die unterschiedlichen theoretischen und praktischen Kontexten entstammen. Insbesondere für die (berufs-) pädagogische Diskussion auch in der Schweiz prägend war und ist die Diskussion in Deutschland, die sich um das – ursprünglich der Arbeitsmarktforschung entstammende – Konzept der „Schlüsselqualifikationen“ dreht.

a) Von extrafunktionalen Fertigkeiten zu Schlüsselqualifikationen

Ausgangspunkt für die sozialwissenschaftliche Beschäftigung mit fachunspezifischen Qualifikationen im deutschsprachigen Raum ist Dahrendorfs (1956) Unterscheidung von *funktionalen* und *extrafunktionalen* Fertigkeiten. Der Autor bezeichnet die für die erfolgreiche Ausführung eines *Arbeitsprozesses* unmittelbar notwendigen, technisch unabdingbaren Fähigkeiten und Kenntnisse als funktional. Extrafunktionale Fertigkeiten ergeben sich demgegenüber aus dem organisationellen und sozialen *Kontext,* in welchem ein Arbeitsprozess ausgeführt wird. Im Zusammenhang mit dem technologischen Fortschritt erwartet Dahrendorf im industriellen Bereich eine zunehmende Ablösung von funktionalen durch extrafunktionale Fertigkeiten, denen in der Ausbildung und bei der Entlöhnung eine immer wichtigere Rolle zukomme. Abgesehen von der etwas unglücklichen Wortwahl, die oft dazu führt, dass „extrafunktional“ als „eigentlich nicht nötig“ missinterpretiert wird, gibt vor allem die mangelnde Trennschärfe und ungeklärte praktische Bedeutung der Begriffe Anlass zu Kritik (vgl. Kuhn 1980). So lässt sich die Trennlinie zwischen instrumentellem Vollzug einer Tätigkeit und sozialem Kontext in der Praxis oft nicht ziehen. Trotz dieser Einwände ist das Konzept als heuristisches Instrument wertvoll, da es erstens unterstreicht, dass sich arbeitsrelevante Fertigkeiten nicht auf die perfekte Ausführung von Handgriffen beschränken und dies zweitens damit begründet, dass jeder Arbeitsprozess in einen organisationell sozialen Kontext eingebunden ist. Drittens wird eine Wandlungshypothese formuliert und diese viertens mit der technologischen Entwicklung begründet. Unter verwandten Begriffen wie *prozessunabhängige Qualifikationen* (Kern & Schumann 1970), *extra-funktionale Orientierungen* (Offe 1970) oder *extrafunktional-prozessunabhängige Qualifikationsanforderungen* (Hurrelmann 1975) wird denn in der Folge auch verschiedentlich an die Überlegungen von Dahrendorf angeknüpft.

Während bei den genannten Autoren die organisationelle Perspektive im Vordergrund steht, ist der Ausgangspunkt bei Mertens (1974) die *arbeitsmarktliche Flexibilitätsforschung*. Mertens stellt fest, dass angesichts des beschleunigten – vor allem technologieinduzierten – Wandels, der die zeitgenössische Arbeitswelt auszeichnet, eine zukunftsträchtige Festlegung von Bildungsinhalten problematisch wird. Entsprechend plädiert er dafür, „die Anpassungsfähigkeit an nicht Prognostizierbares selbst zum Angelpunkt bildungsplanerischer Entscheidung" werden zu lassen (Mertens 1974: 39). Angesichts dessen, dass „das Obsolenztempo (Zerfallszeit, Veraltungstempo) von Bildungsinhalten positiv mit ihrer Praxisnähe und negativ mit ihrem Abstraktionsniveau korreliert" (ebd.), sollen künftig nicht mehr streng fachliche Elemente im Zentrum der beruflichen Bildung stehen, sondern übergeordnete Befähigungen, die der Autor unter dem Begriff der *Schlüsselqualifikationen* zusammenfasst:

> „Schlüsselqualifikationen sind (...) solche Kenntnisse, Fähigkeiten und Fertigkeiten, welche nicht unmittelbaren und begrenzten Bezug zu bestimmten, disparaten praktischen Tätigkeiten erbringen, sondern vielmehr a) die Eignung für eine grosse Zahl von Positionen und Funktionen als alternative Optionen zum gleichen Zeitpunkt, und b) die Eignung für die Bewältigung einer Sequenz von (meist unvorhersehbaren) Änderungen von Anforderungen im Laufe des Lebens" (Mertens 1974: 40).

Inhaltlich beschränkt der Autor seinen Schlüsselqualifikationsbegriff auf kognitiv-intellektuelle Fähigkeiten. Als Lehrgegenstände für die entsprechende „Denkschulung" listet Mertens (1974: 41 f.) denn u.a. auch Dinge auf wie formale Logik, Planungstechniken, Statistik, Fremdsprachen, Messtechnik oder Mengenlehre. Diese Fähigkeiten lassen sich alle einem relativ engen Bereich von Sach- und Methodenkompetenzen zuordnen und beziehen sich kaum auf den sozialen Kontext der Berufsarbeit wie etwa die extrafunktionalen Qualifikationen bei Dahrendorf.

b) Kritik und Weiterentwicklung des Konzepts der Schlüsselqualifikationen

Der Mertens'sche Entwurf in Verbindung mit der grossen Suggestivkraft des Begriffs der Schlüsselqualifikationen hat in der deutschen Berufspädagogik eine heftige und andauernde Kontroverse ausgelöst (bereits bei Elbers, et al. 1975). Die Kritiken führten in der Folge zu einer Reihe von Modifikationen und Erweiterungen des ursprünglichen Ansatzes. So haben ab den 1980er Jahren verschiedene Autoren und Autorinnen den Begriff aufgenommen, ihn um die personale und soziale Dimension erweitert, sich um eine theoretische Fundierung bemüht, verschiedene Systematisierungen von Schlüsselqualifikationskatalogen vorgeschlagen und praktische Konzepte für die Vermittlung entsprechender Lerninhalte diskutiert (Bunk 1981, 1982; Dauenhauer 1981; Laur-Ernst 1983, 1990; Blaschke 1987; Reetz 1989). Trotz zahlloser Diskussionsbeiträge, Fachtagungen und Publikationen bleibt bis heute der schillernde Begriff der Schlüsselqualifikationen umstritten (vgl. Gonon 1996; Beck 2001). In der berufspädagogischen Diskussion wird weiterhin um eine angemessene Systematik und Begriffsbildung gerungen. Ideologiekritische Positionen gehen noch einen Schritt weiter und verurteilen den Begriff als Leerformel, der unerfüllbare Erwartungen wecke, während sein eigentlicher Zweck darin bestehe, über die unüberwindbaren Interessengegensätze von verwertbarkeitsorientierter Ökonomie und persönlichkeitsorientierter Bildung hinwegzutäuschen.[6]

Abgesehen von umfassender Pauschalkritik, die „auf einem extrem abgehobenen und praxisfernen Niveau viel Kritik aber wenig Orientierung liefert" (Arnold 1996: 129) besteht unterdessen eine breit akzeptierte Diskussionsbasis, wie sie sich etwa in den Beiträgen bei Reetz & Reitmann (1990) oder Beck (1995) zeigt. Dies scheint allerdings weniger der Eigendynamik des pädagogischen Diskurses zu verdanken zu sein, als viel eher dem Handlungsdruck, der von den in der zweiten Hälfte der 1980er Jahre sich immer deutlicher abzeichnenden Veränderungen in der Arbeitswelt ausging (Reetz 1999). Der arbeitsorganisationelle Wandel, der in den Thesen vom „Ende der Arbeitsteilung" (Kern & Schumann 1984) oder dem „Abschied vom Taylorismus" (Baethge & Oberbeck 1986) reflektiert wird, führte zu verschiedenen Ansätzen der Neugestaltung der betrieblichen Aus- und Weiterbildung. Die Entwicklungen in der Arbeitswelt haben die pädagogische Grundsatzdiskussion überholt. Beispielhaft ist hier die „projekt- und transferorientierte Ausbildung" (PETRA) der Siemens AG (Boretty, et al. 1988; Schulz 1990). Ausgangspunkt sind explizit die veränderten Anforderungen an den Facharbeiter in Folge technologischer Innovation und den damit

6 Um eine umfassende Diskussion unter Einbezug der ideologiekritischen Grundsatzkritik bemühen sich etwa Beck (2001) und Gruber (2003).

verbundenen Neuerungen in der Arbeitsorganisation. Begriffe wie Lernfähigkeit, Eigeninitiative, Entscheidungsfähigkeit, Teamfähigkeit, analytisches Denken und Verantwortungsbereitschaft fassen einige der sich daraus ergebenen „berufsübergreifenden Fähigkeiten“ oder eben Schlüsselqualifikationen zusammen. Dabei werden Schlüsselqualifikationen sehr breit verstanden, als „wesentliche Merkmale der Einzelpersönlichkeit“, die „nicht nur im Arbeitsleben ihre Bedeutung“ haben, sondern „ganz allgemein auch das Zusammenleben in Familie und Gesellschaft“ verbessern (Boretty, et al. 1988: 17). Gleichzeitig wird ein Schlüsselqualifikationsbegriff endgültig aus der seriösen Diskussion verabschiedet, der – m. E. entgegen der Mertens'schen Intention – mit der Verheissung aufgeladen wurde, ein paar zentrale Fähigkeiten würden die Qualifikationsfrage ein für allemal lösen (Dubs 1996).

Dreierlei ist hier bemerkenswert: Erstens wird der *Begründungszusammenhang* für die Wichtigkeit von Schlüsselqualifikationen ausgeweitet: Es geht nicht mehr nur um die „Anpassungsfähigkeit an nicht Prognostizierbares“, sondern mindestens genau so zentral sind nun die konkreten Anforderungen angesichts sich wandelnder Tätigkeitsprofile und neu gefasster Berufsrollen. Zweitens ist das Konzept *inhaltlich wesentlich weiter* gefasst als bei Mertens und beinhaltet nun neben kognitiven Stärken einen ganzen Katalog von kommunikativen und motivationalen Einzelqualifikationen. Und drittens hat die Diskussion um Schlüsselqualifikationen den Bereich des akademischen Diskurses längst verlassen und entwickelt eine wachsende *Eigendynamik*, sowohl in der Bildungspolitik als auch in der Praxis der beruflichen Aus- und Weiterbildung.

c) *Fachunspezifische Qualifikationen in synthetisierenden Studien*

Die Einschätzung, dass die sich ändernden Bedingungen und Erfordernisse in der Arbeitswelt nach einer stärkeren Gewichtung fachunspezifischer Fähigkeiten oder gar nach neuen Arten von Kompetenzen verlangen, beschränkt sich selbstverständlich nicht auf Deutschland. In der Schweiz orientiert sich die Diskussion traditionellerweise stark an der deutschen Schlüsselqualifikationsdebatte. Dies ist angesichts der Verwandtschaft der beiden Berufsbildungssysteme naheliegend. Im wissenschaftlichen Bereich haben sich in erster Linie Vertreter der St.Galler Wirtschaftspädagogik kritisch und differenzierend mit dem Thema auseinandergesetzt (Dörig 1994; Dubs 1995; Euler 2004). Von besonderem Interesse sind darüber hinaus synthetisierende Studien, die versuchen aufgrund einer Vielzahl von Einzelbefunden die wichtigsten Typen von nötigen Qualifikationen zu benennen und daraus bildungspolitische Empfehlungen abzuleiten. Insbesondere ist das von der Schweiz (durch das Bundesamt für Statistik) geleitete und vom „U.S. National Center for Education Statistics" und „Statistics Canada" unterstützte interdisziplinäre OECD-Projekt DeSeCo (*Definition and Selection of Competencies: Theoretical and Conceptual Foundations*) zu nennen. Das breit angelegte Forschungsvorhaben zielt darauf, erstens Schlüsselkompetenzen, die für die persönliche und soziale Entwicklung der Menschen in modernen Gesellschaften wesentlich sind, zu identifizieren und zweitens daraus Grundlagen abzuleiten für international vergleichbare Leistungsbewertungen der Bildungssysteme (vgl. Schlussbericht: Rychen & Salganik 2003; zusammenfassendes Strategiepapier: OECD 2002). Die DeSeCo-Studie spricht von Schlüsselkompetenzen (key competencies), die für alle Menschen von Bedeutung sind und welche die Individuen unabhängig von ihrer sozialen Position oder Tätigkeit in den Stand setzen sollen, in unterschiedlichen Kontexten erfolgreich zu partizipieren und gleichzeitig ihren Beitrag zu einer funktionierenden Gesellschaft zu leisten (OECD 2002: 10). Einen vergleichbaren Ansatz wie die genannte OECD-Studie verfolgt für die USA der SCANS-Report (The Secretary's Commission on Achieving Necessary Skills). Ziel dieser Untersuchungen ist es, diejenigen Fähigkeiten zu identifizieren, die an den Arbeitsplätzen einer rasant sich modernisierenden Wirtschaft benötigt werden, sowie zu prüfen, inwieweit insbesondere Einsteiger in den Arbeitsmarkt über die notwendigen Fähigkeiten verfügen, respektive wo entsprechende Defizite auszumachen sind (SCANS 1991, 1992; weiterführender Report: ACT 2000). SCANS fasst die für einen „high performance job" entscheidenden Fähigkeiten unter dem Titel „Workplace Know-How" (SCANS 1991) resp. „Workplace Essential Skills" (ACT 2000) zusammen. Im Rahmen verschiedener Projekte innerhalb der Forschungsanstrengungen der Europäischen Union wurde auch wiederholt die Frage nach der Bedeutung fachübergreifender Kompetenzen gestellt. Überblicksuntersuchungen zielen insbesondere darauf, die verschiedenen Schlüsselkompetenz-Konzepte und deren Umsetzung in den einzelnen EU-Ländern zu erfassen, diese einander gegenüberzustellen und deren gemeinsame Nenner herauszuarbeiten. Während der eine Strang von Studien mit der europäischen Berufsbildungsforschung verbunden ist (European Commission 1995; CEDEFOP 1999), fragt die Eurydice-Untersuchung nach der Definition der Schlüsselkompetenzen und ihrer Einbeziehung in die Lehrpläne im Rahmen der allgemeinen Schulpflicht in den Mitgliedstaaten der Europäischen Union (Eurydice 2002).

Die Diagnose der *sich ändernden Arbeitswelt*, aber auch der neuen Herausforderungen des gesellschaftlichen Lebens, motivieren alle hier vorgestellten Untersuchungen. Die qualitativen und quantitativen Dimensionen der diagnostizierten Veränderungen werden in den genannten Überblicksstudien allerdings lediglich auf sehr allgemeinem Niveau behandelt und bleiben oft diffus. Damit die Individuen diesen Wandel erfolgreich meistern können, benötigen sie entsprechende Fähigkeiten. Diese umfassen neben *sachlichen* und *methodischen* Fähigkeiten eine ganze Reihe von *sozialen* Kompetenzen und *persönlichen* Eigenschaften. Dabei ist der Ausgangspunkt eine Unterscheidung von *spezifischen*, an einen fachlichen Kontext gebundenen Fähigkeiten und *unspezifischen*, breit verwertbaren Kompetenzen. Auch hier sind sich die verschiedenen Studien weitgehend einig. Gerade den überfachlichen Kompetenzen seien bisher in den Ausbildungsgängen von Schule und Beruf zu wenig Beachtung geschenkt worden. Ein weiterer Punkt, in dem sich alle Ansätze weitgehend einig sind – und der wiederum über die ursprüngliche Schlüssel*qualifikations*debatte hinaus weist – ist die Wichtigkeit des Begriffs der *Kompetenz*. Dieser ist direkt auf die Persönlichkeit und ihr *Handlungspotential* bezogen. Damit wird eine gewisse Ganzheitlichkeit der Konzepte unterstrichen, wozu auch gehört, dass immer wieder darauf verwiesen wird, dass die einzelnen Kompetenzen nicht nur in der Arbeitswelt, sondern auch in Familie und Staat wertvoll und nützlich sind („life competencies").[7] Der fundamentale Gegensatz zwischen wirtschaftlichem *Verwertungsinteresse*, im Sinne entsprechend „nützlicher" Qualifikationen und dem Ziel ganzheitlicher *Persönlichkeitsentwicklung* scheint dabei weitgehend aufgehoben. Ein praxisrelevanter Hinweis ist schliesslich der auf die *Differenzierung* dieser Kompetenzen. Sowohl in der DeSeCo-Studie als auch im SCANS-Report wird darauf hingewiesen, dass nicht für jedermann dieselben Kompetenzen dieselbe

7 Der semantische Unterschied zwischen „Qualifikation" und „Kompetenz" darf dabei nicht überbewertet werden, zumal im Englischen „competencies" breit verwendet wird und „qualification" fast ausschliesslich für formale Abschlüsse Verwendung findet. Ausserhalb des insbesondere pädagogischen Fachdiskurses werden im Deutschen beide Begriffe oft mehr oder weniger austauschbar verwendet.

Wichtigkeit haben. Dabei variiert je nach *Handlungskontext* die Wichtigkeit der einzelnen Kompetenzen (OECD 2002: 14).

Wenn auch auf der grundsätzlichen Ebene die Aussagen der einzelnen Studien weitgehend übereinstimmen, herrscht doch wenig Einigkeit in Bezug auf die verwendete Begrifflichkeit und die Kategorisierung der einzelnen Kompetenzen. Auffallend ist dabei, dass sich schon die einzelnen Berichte selbst kaum um eine theoretisch begründete und kohärente Taxonomie bemühen. Der aufkommende Eindruck einer gewissen Beliebigkeit der gewählten Ansätze und eines primär induktiv gewonnenen Kategorienschemas ruft nach einer fundierteren Klärung dessen, was individuelle Kompetenzen sind und wie sich diese systematisch kategorisieren lassen. Dies liefern die oben zitierten Studien leider nicht. Im folgenden Abschnitt wird deshalb ein entsprechendes Modell vorgeschlagen.

2.2 Die Systematisierung von Kompetenzen

In Abschnitt 2.1 wurde auf die Funktion von Qualifikationen auf dem Arbeitsmarkt eingegangen und nach den zentralen Determinanten der Qualifikationsanforderungen gefragt. Damit verbunden war eine Erweiterung der Perspektive vom engeren – auf die arbeitsmarktliche Bewertung bezogenen – Qualifikationsbegriff hin zum Kompetenzbegriff, der umfassend auf das persönliche Handlungspotential verweist. Im Folgenden wird nun dieser Kompetenzbegriff systematisch gefasst und insbesondere eine theoretisch abgestützte und praktisch operationalisierbare Kategorisierung der einzelnen Bereiche persönlicher Kompetenzen erarbeitet.

2.2.1 Kompetenzen im individuellen und sozialen Kontext

Für eine im Zusammenhang mit unserer Forschungsfrage geeignete Systematisierung von persönlichen Fähigkeiten im allgemeinen und Soft Skills im besonderen bieten sich zwei Perspektiven an: Die eine dreht sich um das Konzept der Kompetenz, die andere um dasjenige der Persönlichkeit.

– Die Kompetenzperspektive fragt nach den in einem bestimmten Kontext gestellten Anforderungen an das individuelle Handlungsvermögen.[8] Auf dem Arbeitsmarkt werden Handlungspotential und Berufsrolle in Beziehung gesetzt und zwar in der Art, dass bestimmten Aspekten der Berufsrolle charakteristische Kompetenzen zugeordnet werden. Es geht letztlich um die Frage, welche Voraussetzungen eine Person mitbringen muss, um sich mit Aussicht auf Erfolg auf eine Stelle bewerben zu können, respektive den längerfristigen Berufserfolg zu sichern. Dabei werden auch persönliche Qualitäten wie Einstellungen und Motive als Qualifikationen – also relevante Bewertungskriterien – interpretiert. Dieses Modell ist nahe bei der pädagogischen Perspektive und dominiert – wie wir oben gesehen haben – die Diskussion um die Schnittstelle von Berufsbildung und Arbeitsmarkt.

– Die Persönlichkeitsperspektive kehrt die Betrachtung um: Nicht Anforderungen, sondern Persönlichkeitswesenszüge („traits") sind der Ausgangspunkt (Pervin 2000: 224 ff.). Diese Persönlichkeitswesenszüge verstehen sich als situationsübergreifende individuelle Dispositionen des Verhaltens, Denkens und Fühlens. Dabei wird zuerst gefragt, wie sich Kategorien von Persönlichkeitszügen und daraus abgeleitete Persönlichkeitstypen bilden lassen und dann, wie diese in Beziehung stehen zur Leistungsfähigkeit oder zum beruflichen Erfolg. Solche Typologien von Persönlichkeitseigenschaften bilden dann auch eine Grundlage für psychologische Eignungstests (Grubitzsch 1991).

Für die vorliegende Untersuchung wählen wir die Kompetenzperspektive. Diese wird der arbeitsmarktlichen Betrachtung gerechter und erlaubt eine direkte Anknüpfung sowohl an die pädagogische-bildungspolitische als auch die arbeitsmarktsoziologische Diskussion. Damit werden – wie wir unten sehen werden – Lernprozesse, Kompetenzen und Handlungsaspekte direkt aufeinander bezogen. Die psychologisch geprägte Persönlichkeitsperspektive werden wir lediglich bei der Diskussion der empirischen Forschung zum Zusammenhang von Persönlichkeitswesenszüge und Berufserfolg einbeziehen (in Abschnitt 2.3.2).

---

8 OECD (2002: 8) definiert eine Kompetenz als eine kongitive und nichtkognitive Dimensionen umfassende Befähigung, die es erlaubt, eine Aufgabe gemäss den gestellten Erwartungen erfolgreich auszuführen.

a) Kompetenzen als Bausteine der individuellen Handlungsfähigkeit

Mit dem Ziel der systematischen Beschreibung von Kompetenzen wird im Folgenden ein analytischer Rahmen vorgestellt, der einerseits in einem kohärenten Persönlichkeitsmodell begründet ist und sich andererseits dafür eignet, die auch in der Praxis weit verbreiteten Kategorien individueller Eigenschaften theoretisch zu fundieren. Es handelt sich dabei um das Kompetenzmodell von Heinrich Roth, auf das sich auch Reetz (1990, 1999) in seiner Fassung des Schlüsselqualifikationskonzepts abstützt.[9] Eine Alternative zu diesem Ansatz scheint in der Literatur bisher nicht vorzuliegen, die meisten Beiträge widmen sich kaum der konsistenten Herleitung der verwendeten Taxonomie.[10] In Ergänzung des Modells von Roth präsentieren wir anschliessend einen Vorschlag, das pädagogisch geprägte Kompetenzmodell im Rahmen der Theorie kommunikativen Handelns gesellschaftstheoretisch zu erweitern.

Das Anliegen des Pädagogen Heinrich Roth ist die anthropologische Fundierung und pädagogische Ausarbeitung einer *Entwicklungspädagogik*. Seine Grundfrage lautet: „Welches sind die steuerbaren Bedingungen, die es erlauben, die Entwicklung in Richtung auf den mündigen Erwachsenen zu beeinflussen?" (Roth 1971: 23 f.). Damit sind sowohl ein *wissenschaftliches Programm* wie auch ein *moralischer Anspruch* formuliert. Bei wissenschaftlichen Programm geht es um die Frage nach der *Bildsamkeit* des Menschen, also letztlich um den Stellenwert und die Funktionszusammenhänge von vererbten Anlagen, kaum reflektierten Reife- und Sozialisationsprozessen und bewusst zu steuernden Lern- und Erziehungsprozessen. Beim moralischen Anspruch, den Roth mit seinem Forschungsprogramm verknüpft, geht es um die Frage des *Erziehungsziels*. In allgemeiner Form findet er dieses Ziel in der mündigen Selbstbestimmung des Menschen. Explizit knüpft Roth (1971: 382) dabei an den bekannten Appell Adornos an: „Die Forderung, dass Auschwitz nicht noch einmal sei, ist die allererste an Erziehung." Gerade die Erfahrung des Missbrauchspotentials von unproblematisch erscheinenden bürgerlichen

9 Roth (1906–1983) war als Professor für Pädagogik in Frankfurt und Göttingen und Mitglied des Deutschen Bildungsrates prägend für die deutsche Schulreform in den 70er Jahren und sowohl wissenschaftlich, als auch bildungspolitisch ausgesprochen einflussreich (Hoffmann 1995).

10 Eine Ausnahme ist der Beitrag Freundlingers (1992), der sich um eine Fundierung im Symbolischen Interaktionismus und in der Lerntheorie Piagets bemüht. Sein Ansatz zeigt viele Parallelen zu den Überlegungen von Roth und mündet schliesslich in dieselben inhaltlichen Kategorien.

Tugenden wie Pflichterfüllung und Gehorsam und der Verführungskraft von Propaganda und übersteigerten Idealen führt zur Forderung nach neuen ethisch-moralischen Standards (Roth 1971: 400 ff.). Diese finden sich nun weder in einem Rückgriff auf die alten Tugenden, noch in einem Ersatz durch ein neues Set statisch definierter Qualitäten. Wenn die Propagierung vorgefertigter Ideale an sich problematisch wird, werden moralische Fragen kompliziert. Eine Erziehung, die dem gerecht werden will, liefert keine fertigen Handlungsanleitungen, sondern zielt auf das, was ich als *dynamische Qualitäten* bezeichnen will (vgl. dazu Abschnitt 3.2.4) und von Roth mit den Begriffen der Kritikfähigkeit, Kreativität und Emanzipation benannt wird.

Angesichts postmodernistischer Verunsicherung mag das moralische Programm von Roth für heutige Leser antiquiert wirken. Die daraus abgeleiteten Zielformulierungen erscheinen allerdings durchaus aktuell und wenn der Autor von Lernzielen wie „Lernen des Lernens", „problemlösendes Handeln", „Gelerntes selbständig nach neuen Gesichtspunkten reorganisieren" spricht und betont, dass nur eine wissenschaftsorientierte Schulung es dem Menschen erlaubt, „die Flexibilität zu gewinnen, die das moderne Leben ihm abfordert" (Roth 1971: 471 ff.), nimmt er hier über grosse Strecken die Mertens'schen Überlegungen vorweg. Nur werden diese dabei nicht in einem eng arbeitsmarktlichen Bezugsrahmen begründet, sondern dienen der Selbstbestimmung des Menschen mit dem Zweck, dass er „kritisch mitbestimmend" an der „verwissenschaftlichen Welt" teilhaben kann, denn „nur so wird er nicht zum Alleinbesitz und zur Alleinverfügung der Experten und Expertokraten" – was wiederum, in der Sprache der 1960er Jahre, sehr genau dem entspricht, was auch die Autoren der oben vorgestellten DeSeCo-Studie als Ziel formulieren.

Die Lücke zwischen der Feststellung menschlicher Bildsamkeit und dem formulierten Erziehungsziel füllt Roth (1971: 14) mit der „Darstellung der Entwicklungs-, Lern- und Erziehungsprozesse, die den Menschen in die mündige Selbstbestimmung zu führen vermögen." Ausgangspunkt dafür ist die Unterscheidung von Handeln und Verhalten:

> „Unter dem Begriff ‚menschliches Handeln' wird ein zielorientiertes, von Sach-, Sozial- und Werteinsichten gelenktes, die Folgen seines Tuns bedenkendes und verantwortendes Verhalten abgegrenzt von einem teils undurchsichtig, teils unüberschaubar

vielfältig, teils zufällig determiniert ablaufenden Verhalten, bei dem der kontrollierende Führungsanspruch eines sein Verhalten verantwortenden Subjekts nicht gestellt wird oder nicht erkennbar ist“ (Roth 1971: 384).

Menschliches Handeln ist dabei alles andere als voraussetzungslos:

Die Fähigkeit, autonom zu handeln „setzt Sacheinsicht und Sachkompetenz (intellektuelle Mündigkeit) voraus; sie setzt Sozialeinsicht und Sozialkompetenz (soziale Mündigkeit) voraus; sie setzt schliesslich Werteinsichtigkeit und Ich-Kompetenz (Selbstbestimmung und moralische Mündigkeit) voraus“ (Roth 1971:17).

Damit sind die drei Kompetenzbereiche genannt, die gemeinsam autonome Handlungsfähigkeit konstituieren. Das Erwerben von Kompetenzen wird gemeinhin als „Lernen“ bezeichnet, wobei den drei Kompetenzbereichen drei Qualitäten von Lernprozessen zugeordnet werden: *Kognitive* Lernprozesse zielen auf die Vermittlung von Sacheinsichtigkeit, *soziale* Lernprozesse auf Sozialeinsichtigkeit und *moralische* Lernprozesse auf Werteinsichtigkeit. Dabei werden in kognitiven und sozialen Lernprozessen unweigerlich auch immer Wertvorstellungen vermittelt, so dass damit gleichzeitig moralische Lernprozesse befördert werden. Das Ziel des Lernens ist eine umfassende Mündigkeit, die Aneignung von Kompetenz in allen drei Bereichen ist die Voraussetzung dafür (vgl. Abbildung 2.2). Umgekehrt führen ungenügende Kompetenzen zwangsläufig zu einer Einschränkung der Handlungsfähigkeit des Individuums.

Abbildung 2.2: Handlungsfähigkeit als Ergebnis von Lernprozessen (nach Roth 1971)

b) Kompetenzen und die sozialen Funktionen kommunikativen Handelns

Die Handlungstheorie von Habermas (1988) ermöglicht eine gesellschaftstheoretische Erweiterung des Roth'schen Modells und eröffnet damit zusätzliche Aspekte der Interpretation der drei Kompetenzdimensionen. Habermas unterscheidet drei grundlegende Weltbezüge des Handelns: Die Feststellung von Fakten bezieht sich auf die *objektive* Welt, der normative Bezug des Handelns auf die die *soziale* Welt, und die Dimension des individuellen Erlebens schliesslich auf die *subjektive* Welt. Zusammen konstituieren diese drei Weltbezüge das, was Habermas „kommunikatives Handeln" nennt und – aus einer anderen Perspektive – dem entspricht, was bei Roth die „autonome Handlungsfähigkeit" ausmacht. Umgekehrt umfasst kommunikatives Handeln *gleichzeitig* drei Handlungsaspekte (Habermas 1988: II, 208 ff.): die *Verständigung* über das, was ist, die *Koordinierung* der Handlungen der beteiligten Akteure und die moralische *Sozialisation* dieser Akteure (Abbildung 2.3).

Abbildung 2.3: Aspekte und Funktionen kommunikativen Handelns (Habermas 1988)

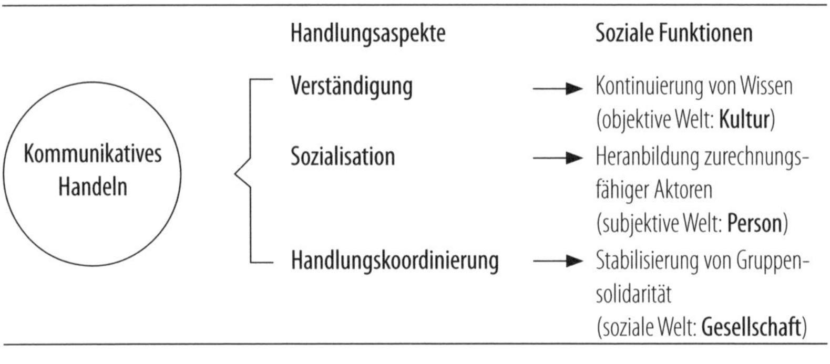

Die drei Roth'schen Kompetenzbereiche lassen sich nun in Beziehung setzen zur individuellen und sozialen Funktion der drei Aspekte kommunikativen Handelns:

– Die kulturelle Reproduktion zielt auf der Ebene der Person auf die Weitergabe von Bildungswissen. Voraussetzung dafür ist individuelle Sachkompetenz, deren Herausbildung auf kognitive Lernprozesse angewiesen ist. Auf der überindividueller Ebene geht es um die Verständigungsfunktion dieses Aspekts kommunikativen Handelns und damit um die Reproduktion der objektiven Welt.

- Bei der sozialen Integration geht es individuell um die Reproduktion von Mustern sozialer Zugehörigkeit. Diese ist auf soziale Kompetenzen und damit auf erfolgreiche soziale Lernprozesse angewiesen. Gesellschaftlich ergibt sich daraus die Koordinationsfunktion, welche auf die Stabilisierung von Solidarität und damit auf die Reproduktion der sozialen Welt zielt.
- Die Sozialisationsfunktion schliesslich zielt auf die Heranbildung moralisch zurechnungsfähiger Personen. Diese werden erst dadurch instand gesetzt, an „Verständigungsprozessen teilzunehmen und dabei die eigene Identität zu behaupten" (Habermas 1988: II, 209). Damit ist die Verknüpfung von subjektiver Welt mit der objektiven und sozialen Welt angesprochen. Die dafür vorausgesetzte Ich-Kompetenz ist auf moralische Lernprozesse angewiesen.

Im Habermas'schen Schema wird deutlich, dass sich die Bedeutung der drei von Roth unterschiedenen Lernprozesse nicht auf die individuelle Ebene beschränkt, sondern dass es sich dabei um zentrale Voraussetzungen für die kontinuierliche Reproduktion der Lebenswelt handelt. Der pädagogische Ansatz wiederum verweist darauf, dass eine geglückte Reproduktion nicht einfach selbstverständlich ist, sondern auf erfolgreichen individuellen Lernprozessen beruht. Damit lässt sich folgern: Das Ausmass der Fähigkeit zu kommunikativem Handeln – und damit der individuelle Beitrag zur überindividuellen Reproduktion der Lebenswelt – beruht auf dem Ausmass individueller Einsichtigkeit oder Mündigkeit in den drei Kompetenzbereichen, welches wiederum vom Erfolg der dahinterliegenden Lernprozesse abhängt. Ganzheitliche Persönlichkeitsmodelle orientieren sich denn auch an einem umfassenden Katalog von Kompetenzen und davon abgeleiteten konkreten Fähigkeiten. Sie fordern entsprechend breit gefasste Schulungs- und Ausbildungsanstrengungen und betonen gleichzeitig die gesellschaftliche Bedeutung bei der Umsetzung der individuellen Potentiale.

c) Ganzheitliche Persönlichkeit und spezifische Berufsrolle

Selbstverständlich ist nicht jedes menschliche Handeln verständigungsorientiert und erfüllt die anspruchsvollen Voraussetzungen kommunikativen Handelns, genauso wenig, wie in jeder Situation die vollständige „autonome Handlungsfähigkeit einer mündigen Person" nach Roth gefordert ist. Instrumentelle, strategische, normenregulierte und dramaturgische Handlungsmodelle beschreiben einseitig verkürzte Konzepte, denen nichtsdestotrotz eine praktische Bedeutung zukommt (Habermas 1988: I, 126 ff.). Kommunikatives Handeln soll in unserem Zusammenhang also als Idealtyp verstanden werden, an dem sich real beobachtete Handlungszusammenhänge zu messen haben. In Bezug auf die vorliegende Forschung stellt sich dabei die Frage, was aus der umfassenden Handlungsfähigkeit wird, wenn statt umfassender Kompetenzen lediglich mehr oder weniger spezifische Qualifikationen gefragt sind. Damit ist einmal mehr das Spannungsverhältnis von *Persönlichkeitsentwicklung* und *ökonomischer Verwertbarkeit* angesprochen. Zum Idealbild einer ganzheitlichen Person gehört die Fähigkeit zur Teilnahme an kommunikativen Handlungen und damit die Mündigkeit in allen drei Kompetenzbereichen. Berechtigterweise orientiert sich die Pädagogik stark an dieser Zielvorstellung.

Im arbeitsmarktlichen Kontext kann demgegenüber nicht erwartet werden, dass sich das verlangte Ausmass an Mündigkeit an einem emanzipativen Persönlichkeitsideal orientiert. Viel eher geht es darum, das Mass an nachgefragten Qualifikationen in den drei Kompetenzbereichen in Beziehung zu setzen zur spezifischen Berufsrolle, die je nach Position mit unterschiedlich *beschränkten* Erwartungen verknüpft ist. Während der objektive Weltbezug und damit eine minimale intellektuelle Mündigkeit („basic skills"), für jede Art von Handlung unabdingbar erscheint, wird die Bedeutung des sozialen und des subjektiven Weltbezugs stärker variieren, je nach Grösse und Art des gestaltbaren Raumes, welche einer betrieblichen Position zugeschrieben wird. Vor dem Hintergrund des Ideals umfassend mündiger Handlungskompetenz kann erwartet werden, dass mit steigender Kontingenz des Arbeitszusammenhangs nicht nur höhere Levels in den einzelnen Bereichen verbunden sind, sondern auch ein vollständigeres Set an Kompetenzen notwendig wird.

2.2.2 Kompetenzbereiche und die Kategorisierung von Fähigkeiten

Das Schema auf der Basis der Konzepte von Roth und Habermas bildet die Grundlage für eine Systematisierung der Kompetenzbereiche. Zu unterscheiden sind demnach Sachkompetenzen, Sozialkompetenzen und Ich- (oder Selbst-) Kompetenzen. Praktisch lassen sich für die Zuordnung einzelner Fähigkeiten zu den Kompetenzbereichen drei Kriterien unterscheiden:

- Der zentrale Lernprozess, der hinter einer spezifischen Fähigkeit steht. Dieser kann primär kognitiv, sozial oder moralisch sein, je nach dem ob er auf Sacheinsichtigkeit, Sozialeinsichtigkeit oder Werteinsichtigkeit zielt.
- Der wichtigste Aspekt kommunikativen Handelns, auf welchen sich eine bestimmte Fähigkeit bezieht. Dabei kann bei der Kommunikation entweder die Verständigung über Sachverhalte, die Koordinierung von Handlungen oder die Sozialisation der Akteure im Zentrum stehen.
- Der relevante Weltbezug und die gesellschaftliche Funktion einer Fähigkeit: Der Weltbezug kann objektiv sein, dann geht es in erster Linie um die Weitergabe von Wissen. Er kann sozial sein, wenn die Stabilisierung von Gruppensolidarität im Zentrum steht oder subjektiv, mit dem Ziel der Heranbildung zurechnungsfähiger und damit verantwortlicher Akteure.

Vor diesem Hintergrund werden im Folgenden die einzelnen Kompetenzbereiche detailliert beschrieben. Sinnvollerweise wird für unsere Untersuchung die Sachkompetenz ihrerseits nochmals aufgegliedert in einen vorwiegend *materialen* und einen *formalen* Aspekt, da sich eine praktikable Grenze zwischen Hard und Soft Skills entlang der Unterscheidung von materialen und formalen kognitiven Fähigkeiten ziehen lässt. Dem entsprechend werden folgende vier Kompetenzbereiche unterschieden (vgl. Tabelle 2.1):

- Sachkompetenzen, welche sich auf materiale Kenntnisse und Fähigkeiten beziehen. Der kognitive Lernprozess bezieht sich dabei auf das Vermitteln von Wissen und Fertigkeiten mit meist unmittelbarem, instrumentellem Bezug zur objektiven Welt. Diese Kategorie umfasst auch die eigentlichen fachlichen Kompetenzen, wie sie in der beruflichen Ausbildung vermittelt werden. Es handelt sich um eigentliche „Hard Skills", also grundsätzlich im schulischen Kontext lernbare und auch prüfbare Kenntnisse. Wenn diesen eine ausgesprochen berufsfeldübergreifende Qualität zukommt, lassen sie sich unter dem Mertens'schen Schlüsselqualifikationsbegriff subsumieren (Beispiele bei Mertens wären etwa Messtechnik oder Statistik). Die breit verwertbaren Sachkompetenzen umfassen das, was van Zolingen (2002) in ihrem Überblick als „general instrumental dimension" bezeichnet oder dem, was im Kontext der bereits zitierten EU-Studie (European Commission 1995) als „technical competencies" bezeichnet wird.

- Methodenkompetenzen, von welchen sich die formalen Fähigkeiten ableiten lassen und die Ausdruck der abstrakt-intellektuellen Leistungsfähigkeit des Individuums sind und wie die Sachkompetenzen auf kognitive Lernprozesse angewiesen sind. Auch hier dominiert der objektive Weltbezug. Methodenkompetenzen bilden die Grundlage für eigenständiges Handeln, kreatives Problemlösen und selbstständiges Lernen in unterschiedlichen Situationen. Wesentliche Inhalte beziehen sich auf Beschaffung, Beurteilung, Verarbeitung, Einsatz und Weitergabe von Information und den Umgang mit Komplexität (beispielsweise Lerntechniken oder Planungs- und Organisationsfähigkeit). Van Zolingen spricht von der „cognitive dimension", der SCANS-Report von „thinking skills" und die Studie der europäischen Kommission von „methodical competencies". Methodenkompetenzen umfassen zusammen mit unspezifischen Sachkompetenzen die Elemente, die Mertens (1974) unter dem Begriff der Schlüsselqualifikationen zusammengefasst hat.
- Sozialkompetenzen zielen auf „personale Verhaltensweisen mit Betonung des zwischenmenschlichen Aspekts" (Bunk 1981). Angesprochen ist damit der soziale Weltbezug. Vermittelt werden diese Kompetenzen in sozialen Lernprozessen. Zu unterscheiden sind kommunikative Stärken (etwa Kontaktfähigkeit) von solchen, welche die Zusammenarbeit in der Organisation betreffen, in Bezug auf die Einordnung in ein Arbeitsteam (etwa Teamfähigkeit) oder die unterschiedlichen Rollen, welche mit verschiedenen hierarchischen Positionen verbunden sind (etwa Führungseigenschaften). Die DeSeCo-Terminologie spricht einschränkend vom „Interagieren in sozial heterogenen Gruppen". Van Zolingen unterscheidet zwischen der „socio-comunicative dimension" und der „socio-normative dimension". Unter dem Titel der „socio-normative dimension" werden der Wille und die Fähigkeit zur Anpassung an soziale Normen angesprochen (etwa in Eigenschaften wie Anpassungsfähigkeit oder Umgänglichkeit). Damit wird auf den wichtigen – und oft vernachlässigten – Umstand hingewiesen, dass soziale Lernprozesse nicht nur auf die erfolgreiche Auseinandersetzung mit der sozialen Umwelt abzielen, sondern auch auf die Vermittlung sozialer Regeln und die

Einsicht zur Anpassung an gemeinschaftliche Normen. Nur so ist die angestrebte Stabilisierung von Gruppensolidarität möglich.

- Selbstkompetenzen schliesslich sind die Grundlage von „personalen Verhaltensweisen mit Betonung des einzelpersönlichen Aspekts“ (Bunk 1981). Sie sind Ausdruck primär moralischer Lernprozesse. Angesprochen sind damit eigentliche Charaktereigenschaften, aber auch Wertorientierungen und Motive (“attitude, behaviour and values”: European Commission 1995). Die DeSeCo-Schlüsselkompetenz „selbstständiges Handeln“ verweist auf die damit verbundene Entwicklung einer eigenständigen Identität, blendet aber die Frage der überindividuell verankerten Wertorientierungen weitgehend aus. Dem gegenüber betont der SCANS-Report (und auch van Zolingen) unter dem Titel der „personal qualities“ die Bedeutung solcher Eigenschaften wie Verantwortungsbewusstsein, Initiative oder Leistungsbereitschaft.

Mit dem vorliegenden Modell von vier Kompetenzbereichen und den Kriterien für die Zuordnung einzelner Eigenschaften und Fähigkeiten zu diesen Bereichen besteht ein theoretisch abgestütztes, in sich konsistentes Schema für die Erfassung von Kompetenzen. Dieses Modell ist zudem über weite Strecken kompatibel mit anderen vorliegenden Kategorisierungsansätzen. In Bezug auf unsere Frage nach dem substantiellen Gehalt von Soft Skills zeigt dieses Modell zudem, dass die individuelle Handlungsfähigkeit zu ganz wesentlichen Teilen von persönlichen Stärken abhängt, die sich nicht als Fachwissen fassen lassen. Vor diesem Hintergrund ist es deshalb nicht weiter erstaunlich, dass diese auf dem Arbeitsmarkt eine substantielle Rolle spielen, auch wenn dabei kaum je ein wirklich umfassendes kommunikatives Handeln im Sinne von Habermas gefordert ist.

Umfassende Kompetenzmodelle der vorgestellten Art werden nicht nur im theoretischen Kontext diskutiert, sondern geniessen seit Ende der 1980er Jahre auch in der Praxis von Schul-, Berufs- und Weiterbildung wachsende Beachtung. Kaum eine zeitgenössische Bildungsorganisation unterlässt es, in der Formulierung ihrer Leitgedanken und Lernziele auf die eminente Bedeutung von Soft Skills hinzuweisen und diese auch explizit in ihre Curricula einzubauen. Die verwendeten Kompetenzkataloge folgen dabei über weite Strecken den Kategorien von Roth. So werden weit herum für die Primarschule Lernziele in drei Kompetenzbereichen Selbstkompetenz, Sozialkompetenz und Sachkompetenz umschrieben.

Tabelle 2.1: Vergleichende Kategorisierung von Kompetenzbereichen

Reetz / Roth	Bunk / Mertens	van Zolingen / SCANS	European Commission
Schlüsselqualifikationen		Key qualifications; workplace essential skills	New skills / competencies; key / core competencies
Kognitiv / intellektuell: **Sachkompetenz**	Das Allgemeine: **Materiale** Kenntnisse und Fertigkeiten	**General-instrumental dimension**; basic skills	**Technical** competencies
Methodenkompetenz	Das Selbstständige: **Formale** Fähigkeiten	**Cognitive** dimension; thinking skills	**Methodical** competencies
Kommunikativ / sozial: **Sozialkompetenz**	Das Menschliche: **Personale** Verhaltensweisen mit: – zwischenmenschlicher Betonung – einzelpersönlicher Betonung – gesellschaftlicher Betonung	**Socio-communicative** dimension; interpersonal skills socio normativc dimension	**Social** competencies
Charakterlich / moralisch: **Selbstkompetenz**		**Personality** dimension; personal qualities **Strategic** dimension	Competencies related to attitude, behaviour and values

Zusammenfassende Darstellung nach Reetz (1990, 1999) mit Rückgriff auf Roth (1971); Bunk (1981; Bunk, Kaiser & Zedler 1991) in Erweiterung von Mertens (1974); van Zolingen (2002) in Erweiterung und Modifikation von SCANS (1991) und European Commission (1995) als gemeinsamer Nenner unterschiedlicher europäischer Konzepte. Die beiden letzten Spalten zeigen häufig verwendete englischsprachige Begriffe. Eine einheitliche Verwendung der Bezeichnungen für die Kategorien und deren Entsprechungen in verschiedenen Sprachen ist bislang kaum auszumachen (vgl. Eurydice 2002: 13 ff. sowie die einzelnen Länderberichte in diesem Band).

Während die materiellen Schulfächer unter dem Titel der Sachkompetenzen zusammengefasst und bewertet werden, werden unter dem Begriff der Selbst- und Sozialkompetenzen die als wesentlich erachteten Soft Skills nicht nur explizit gemacht, sondern auch wesentlich detaillierter beurteilt als mit den traditionellen Fleiss- und Betragensnoten. Dadurch erfolgt eine deutliche Aufwertung dieser Kompetenzbereiche – sowohl für die Schüler und Schülerinnen, denen damit die Bedeutung von Selbst- und Sozialkompetenzen vor Augen geführt wird, als auch für die Lehrpersonen, die dadurch angehalten sind, sich gezielt auch mit diesem Aspekt der kindlichen Entwicklung auseinanderzusetzen. Ähnliche Ansätze finden sich in der Berufsbildung. So beispielsweise in der Metall- und Maschinenindustrie im Lehrgang „berufsübergreifende Fähigkeiten“ von Swissmem, oder im kaufmännischen Bereich, wo für die 2003 in Kraft getretene Reform der kaufmännischen Grundausbildung folgende Zielsetzung formuliert sind:

> „Der Beruf der kaufmännischen Angestellten hat sich in den vergangenen Jahren markant verändert. Computer beherrschen den Alltag, und die Kommunikation zwischen den Geschäftspartnern nimmt eine führende Stellung ein. Die Arbeitsabläufe sind mit der weltweiten Vernetzung komplexer geworden. Um in diesem anspruchsvollen Beruf heute und morgen bestehen zu können, müssen die heutigen Kaufleute über Fach-, Methoden- und Sozialkompetenzen verfügen" (BBT 2003: 1).[11]

Diese Beispiele demonstrieren die breite *Diffusion* der diskutierten Kompetenzkonzepte in der Pädagogik. Durch die Aufwertung im Ausbildungskontext gewinnen fachunspezifische Fähigkeiten aber auch *praktisch* an Gewicht: Ein erfolgreicher Ausbildungsabschluss soll – so wenigstens die damit verbundene Absicht – nicht zuletzt auch von der gelungenen Aneignung wichtiger Soft Skills abhängen.

2.3 Wie wichtig sind Soft Skills in der Praxis? – Empirische Perspektiven

Offenbar besteht weit herum die Überzeugung, dass in einer sich rasant modernisierenden Arbeitswelt fachunspezifische Kompetenzen und Persönlichkeitseigenschaften wichtig sind und zunehmend wichtiger werden. Wie steht es nun aber um die empirische Evidenz für die postulierte arbeitsmarktliche Bedeutung von Soft Skills? Einschlägige Studien finden sich in drei Forschungsrichtungen: Erstens in *Befragungen von Arbeitgebern* über die notwendigen Kompetenzen ihrer Angestellten, zweitens in Untersuchungen über den Zusammenhang von *Persönlichkeitseigenschaften und Arbeitsmarkterfolg* und drittens in der Analyse von Personenbeschreibungen in *Stelleninseraten*.

2.3.1 Unternehmensbefragungen: Welche Fähigkeiten verlangen Arbeitgeber?

Insbesondere aus den USA liegen zahlreiche Studien vor, die sich der Frage widmen, welche Fähigkeiten und persönlichen Qualitäten Arbeitgeber von ihren Angestellten erwarten. Der bereits vorgestellte

11 Selbstkompetenzen werden im Rahmen der kaufmännischen Grundausbildung nirgens explizit genannt.

SCANS-Bericht (1991) knüpft an diese Tradition an. Natriello (1989) und Cotton (1993) sichten eine Vielzahl entsprechender Untersuchungen und stellen dabei eine ausgesprochen grosse Übereinstimmung fest: Die Arbeitgeber verlangen von ihren Angestellten kognitive Stärken und persönlichen Eigenschaften, die insgesamt als wesentlich wichtiger erachtet werden als fachliche Kenntnisse oder einschlägige Erfahrung. Während die Betonung der grundlegenden Kulturtechniken (mündlicher Ausdruck, Lesen, Schreiben, Rechnen) wenig erstaunt – und direkt auf Mängel in der schulischen Ausbildung verweist – fällt auf, dass im Urteil der Arbeitgeber in allen Untersuchungen individuelle Tugenden und Haltungen wie Zuverlässigkeit, Verantwortungsbewusstsein, Pünktlichkeit, Motivation und eine positive Arbeitseinstellung von herausragender Wichtigkeit sind. Zu diesen durchwegs traditionellen Arbeitstugenden – deren Bedeutung offensichtlich ungebrochen ist – kommen aber auch Kompetenzen, die stärker mit modernen Formen der Arbeitsorganisation verbunden sind. Dazu gehören kommunikative Fähigkeiten, die Bereitschaft und Fähigkeit zu Teamarbeit und selbstständiger Problemlösung. Es sind diese drei Bereiche, welche auch in der Studie von Murnane & Levy (1996) nach den schulischen Grundfähigkeiten an dritter bis fünfter Stelle der „Hitparade" arbeitsmarktrelevanter Fähigkeiten genannt werden. In einem breit angelegten nationalen Arbeitgeber-Survey aus dem Jahr 1994 in den USA wurden die persönliche Einstellung und Kommunikationsfähigkeiten noch vor der Arbeitserfahrung, der Empfehlung durch den letzten Arbeitgeber und dem formalen Bildungsabschluss (in dieser Reihenfolge) als entscheidende Kriterien bei einer Neuanstellung bezeichnet (NCEQW 1995). Angaben über berufsrollenspezifische Kompetenzanforderungen enthalten diese Untersuchungen allerdings keine.

Für die Schweiz verweist eine repräsentativ angelegte – aber nur beschränkt ausgewertete – Unternehmensbefragung aus dem Jahr 1998 auf die Bedeutung funktionsübergreifender Kompetenzen (Meierhans 1998, 1999). Die befragten Unternehmen bezeichnen allgemein Sozialkompetenzen am häufigsten als wichtig, dicht gefolgt von traditionellen Arbeitstugenden sowie Methoden- und Selbstkompetenzen. Nichtfachspezifische Sachkompetenzen (wie Fremdsprachen oder Allgemeinwissen) werden demgegenüber als deutlich weniger wichtig eingestuft, während den spezifischen Fachkenntnissen in etwa dasselbe Gewicht zukommt, wie den Soft Skills. Betriebe im Dienstleistungsbereich stellen im Allgemeinen etwas grössere Anforderungen an fachunspezifische Kompetenzen als Industriebetriebe, und dabei sind es wiederum diejenigen Branchen mit direktem Kundenkontakt wie Detailhandel, Gastgewerbe und persönliche Dienste, die besonders häufig Sozialkompetenzen fordern, während Methoden- und Selbstkompetenzen eher im Bereich anspruchsvoller unternehmensbezogener Dienste verlangt werden. Interessant ist auch der Befund, dass die Form der betrieblichen Arbeitsorganisation zwar einen Einfluss auf den Bedarf nach funktionsübergreifenden Qualifikationen hat, dieser aber deutlich geringer ist als der Einfluss von Betriebsgrösse und Branche. Leider erlaubt diese Studie keine Aussagen über den Zusammenhang zwischen Beruf oder Position und Qualifikationsanforderungen.

Zentrale Aussagen der zitierten Unternehmensbefragung werden durch eine qualitative Studie aus dem Jahre 2003 bestätigt (Grob 2003). Dabei wurden Lehrlingsverantwortliche in verschiedenen Betrieben aus dem Grossraum Zürich zu wichtigen persönlichen Eigenschaften ihrer kaufmännischen Lehrlinge befragt. Neben Flexibilität, Sozial- und Selbstkompetenzen werden auch hier weiterhin klassische Arbeitstugenden wie Genauigkeit, Sorgfalt und Gewissenhaftigkeit erwartet. Auffallend ist dabei insbesondere der Unterschied nach Grösse des Betriebes. Während kleine Unternehmen besonderes Gewicht auf die praktischen Arbeitstugenden legen, betonen Grossbetriebe häufiger Eigenschaften wie Flexibilität, Eigeninitiative und Kreativität, während Sozialkompetenzen überall im gleichen Mass gefordert sind. In Bezug auf die kaufmännischen Lehrlinge hat die Branche keinen Einfluss auf die erwünschten Soft Skills. Dies kann als Hinweis dafür interpretiert werden, dass die Erwartungen in Bezug auf die persönlichen Eigenschaften eher berufs- als branchenspezifisch sind.

Eine neuere Schweizer Studie über den Übergang von der Schule in die Berufslehre bemerkt, dass für den Erfolg bei der Lehrstellensuche fachliche Qualifikationen zwar an erster Stelle stehen, diese aber allein nicht ausreichen:

> „Wer die erste Runde des Selektionsprozesses übersteht, wird im Rahmen eines Bewerbungsgesprächs oder eines Assessments in Bezug auf die Schlüsselqualifikationen geprüft. Jugendliche, die ein Lehrstellenangebot erhalten, verfügen gemäss Einschätzung der zuständigen Personen über deutlich höhere Selbst- und Sozialkompetenzen: Selbstvertrauen, Aufmerksamkeit und Selb-

ständigkeit einerseits, Kommunikationsfähigkeit, Teamfähigkeit und Kontaktfähigkeit andrerseits" (Moser 2004:20).

Alle Arbeitgeberbefragungen sind sich darin einig, dass die Soft Skills für die Personalauswahl ausgesprochen wichtig sind. Umgekehrt gilt, dass bei den arbeitsrelevanten persönlichen Einstellungen (insbesondere traditionelle Selbstkompetenzen) aus Arbeitgebersicht die grössten Defizite ausgemacht werden (Cappelli 1995; Handel 2003). Dieser Befund wird dadurch gestützt, dass etwa bei der Lehrlingsanstellung Elternhaus und Freizeitbeschäftigung als diesbezügliche Indikatoren eine grosse Rolle spielen (Grob 2003). Ausserdem sind unzulängliche persönliche Qualitäten wesentlich häufiger ein Grund für Entlassungen oder Karrierestillstand als mangelnde technische Fähigkeiten oder Sachkenntnisse (Cotton 1993) und steigern das Risiko arbeitslos zu werden (Blaschke 1986, vgl. unten).

Die erwähnten Studien betonen den Zusammenhang zwischen der Nachfrage nach bestimmten Fähigkeiten und sich wandelnden Arbeitsanforderungen. Dabei geht es um arbeitsorganisationelle und technologische Neuerungen, die sich direkt auf die jeweiligen Tätigkeiten auswirken und diese in Bezug auf die einzusetzenden Kompetenzen anspruchsvoller machen. Trotz dieser oft wiederholten Einschätzung erlaubt keiner der referierten Surveys einen echten Vergleich über die Zeit. Quantitativ auswertbare Angaben über den längerfristigen Wandel der Arbeitgeberwünsche bezüglich der Wichtigkeit nicht-formaler Kompetenzen existieren nicht. Da es sich allerdings zeigen lässt, dass die Form der Arbeitsorganisation einen Einfluss auf die gewünschten Soft Skills hat, lässt sich über diese Hilfskonstruktion auch eine generelle Wandlungstendenz prognostizieren (Gale, Wojan & Olmsted 2002; Meierhans 1999) – vorausgesetzt allerdings, die neuen Organisationsformen breiten sich tatsächlich aus. Schliesslich leiden alle vorliegenden Untersuchungen an einer mangelnden konzeptionellen Transparenz und unzureichenden theoretischen Fundierung dessen, was als Persönlichkeitseigenschaften, Soft Skills oder dergleichen bezeichnet wird (dazu auch Natriello 1989: 8 f.). Entsprechend problematisch sind Quervergleiche zwischen den einzelnen Untersuchungen und auch die Frage nach dem Wandel in den deklarierten Anforderungen lässt sich unter diesen Umständen nur schlecht durch einen Vergleich älterer und neuerer Untersuchungen beantworten. Doch abgesehen davon sind die Anzeichen für einen grossen Wandel eher gering. Die Mehrheit der von Natriello (1989) und Cotton (1993) zusammengefassten Studien stammt aus der ersten Hälfte der 1980er Jahre. In ihren zentralen Aussagen weichen die Ergebnisse jüngerer Erhebungen aber kaum davon ab (SCANS 1991; NCEQW 1995).

2.3.2 Arbeitsmarkterfolg: Zahlen sich Soft Skills aus?

Eine andere Methode, die Bedeutung von Soft Skills zu erfassen, besteht darin, zu prüfen inwieweit *individueller Erfolg auf dem Arbeitsmarkt* mit entsprechenden persönlichen Eigenschaften zusammenhängt. Die Forschung zu dieser Frage arbeitet im Gegensatz zu den Unternehmensbefragungen auf der Ebene von *Individuen.* Mit psychologischen Tests werden Persönlichkeitseigenschaften zu erfassen versucht und in Beziehung gesetzt zum erzielten Lohnniveau oder anderen arbeitsmarktvermittelten Grössen.[12] Derartige Studien haben gegenüber den oben zitierten Unternehmensbefragungen zwei Vorzüge: Einerseits beziehen sie sich direkt auf den substantiellen, im effektiven Arbeitszusammenhang relevanten Wert von Soft Skills, während bei Arbeitgeberbefragungen ja offen bleibt, wie die gewünschten persönlichen Kompetenzen begründet sind. Andererseits erlaubt die Individualebene detailliertere Rückschlüsse auf die Frage nach dem Zusammenhang von Berufsrolle und notwendigen Soft Skills als die Untersuchungen auf Unternehmensebene, bei denen oft undifferenziert nach erwünschten Stärken oder festgestellten Defiziten „beim Personal“ gefragt wird. Ein Manko der vorliegenden Untersuchungen in diesem Bereich ist allerdings, dass nicht auf den weiteren Arbeitskontext eingegangen wird. Betriebsspezifische und arbeitsmarktliche Grössen werden nicht berücksichtigt.

Ausgangspunkt für Untersuchungen zum Zusammenhang von Arbeitsmarkterfolg und Soft Skills ist die Feststellung, dass die formale Ausbildung, die Berufserfahrung und Unterschiede in kognitiven Tests (die etwa die Intelligenz erfassen) zwar alle positiv mit dem erzielten Lohnniveau korrelieren, die Varianz der individuellen Lohnunterschiede

---

12 Die meisten dieser Untersuchungen stammt aus den USA (Farkas 2003; Kuhn & Weinberger 2002; Bowles, Gintis & Osborne 2001b; Duncan & Dunifon 1998; Jencks 1979). Eine Studie, die mit holländischen Daten arbeitet präsentieren Nyhus & Pons (2002), auf britischen Daten beruht die Studie von Jackson (2006) und eine für die Erwerbspersonen in der damaligen Bundesrepublik Deutschland repräsentative Befragung findet sich bei Blaschke (1986, 1987). Für die Schweiz ist mir keine vergleichbare Untersuchung bekannt.

aber nur sehr beschränkt zu erklären vermögen. Die in Humankapital-Untersuchungen kaum berücksichtigten nicht-kognitiven Persönlichkeitseigenschaften können für einen Teil der restlichen Varianz verantwortlich gemacht werden.[13] Die nicht sehr zahlreichen verfügbaren Studien bestätigen dabei die erwartete grosse Bedeutung von Soft Skills. Jencks (1979: 146) findet für die Erklärungskraft der „weichen" Faktoren insgesamt Werte in derselben Grössenordnung wie für die kognitiven Qualitäten. Dunifon & Duncan (1998: 46) kommen zum Schluss, dass die von ihnen erfassten motivationalen Stärken auf den späteren Arbeitsmarkterfolg einen ebenso starken Einfluss haben wie die absolvierten Schuljahre und Kuhn & Weinberger (2002: 3) schätzen den Netto-Lohneffekt von Führungsqualitäten auf 4 bis 24%, je nach Datensatz und Operationalisierung der Leadership-Variablen. Dabei ist der Effekt bei jüngeren Daten deutlich stärker, was als Hinweis dafür gelten kann, dass Führungsqualitäten für den Berufserfolg über die Zeit wichtiger werden. Die zitierten Untersuchungen beziehen sich alle auf langfristige Effekte und verstehen sich unter Kontrolle verschiedener Humankapitalvariablen.

Neben der allgemeinen Betonung der Wichtigkeit persönlicher Eigenschaften gibt es jedoch auch Hinweise darauf, dass nicht für alle Arbeitnehmer dieselben Qualitäten gleichermassen von Vorteil sind. Die wenigen vorliegenden Studien, die auf diese Frage eingehen, zeigen insbesondere deutliche *Geschlechterunterschiede*. So scheint Umgänglichkeit oder Liebenswürdigkeit bei Männern negativ mit dem Lohn zusammenzuhängen (bei Frauen kein signifikanter Zusammenhang), während emotionale Stabilität sich nur bei Frauen positiv auf dem Lohn auswirkt (Nyhus & Pons 2002). Neben dem Geschlecht berücksichtigen Bowles, et al. (2001b) auch noch den Berufsstatus. Dabei zeigt es sich, dass bei Männer in statushöheren Positionen Aggressivität belohnt wird, während dieselbe Eigenschaft bei statusniedrigen Stellen sich deutlich negativ auf den Lohn auswirkt, wie dies bei Frauen auch in höher bewerteten Position der Fall ist. Umgekehrt werden Frauen in statushöheren Stellungen für persönliche Zurückhaltung (withdrawal) belohnt und Männer in denselben Positionen dafür lohnmässig bestraft.

13 Wenn man diesem unerklärten Rest einen suggestiven Namen gibt – und damit auch eine grundsätzliche Operationalisier- und Messbarkeit vorgibt – entstehen Schlagworte wie das der „emotionalen Intelligenz" (Goleman 1996), deren Anspruch allerdings einer empirischen Prüfung nicht stand hält (Mayer & Cobb 2000).

Mit diesen wenigen Ergebnissen lässt sich kein umfassendes Bild der unterschiedlichen Bedeutung der einzelnen Persönlichkeitszüge zeichnen, zumal auch die Definition der Kategorien keineswegs einheitlich ist. Immerhin finden sich hier wertvolle Hinweise darauf, dass bei der Analyse der arbeitsmarktlichen Bedeutung von Soft Skills nicht nur die erfassten persönlichen Qualitäten zu differenzieren sind, sondern auch die Berufsrolle und die den jeweiligen Personengruppen zugeschriebenen Stereotype berücksichtigt werden müssen.

Auch die Studien von Blaschke (1986) und Barrick & Mount (1991) unterstreichen die Notwendigkeit einer differenzierten Erfassung der Persönlichkeitseigenschaften. Blaschke (1986) untersucht für Erwerbstätige in Deutschland den Zusammenhang unterschiedlicher Persönlichkeitsdimensionen mit dem Lohn, der Beteiligung an Weiterbildungsmassnahmen und dem Risiko und der Dauer von Arbeitslosigkeit. Dabei findet er – unter Kontrolle von Ausbildung, Alter, beruflicher Stellung und Geschlecht – für die Faktoren, die er unter dem Titel der „Einstellungen zur eigenen Person" zusammenfasst,[14] durchwegs signifikante Zusammenhänge. Diese erreichen in Bezug auf den erzielten Lohn, die Beteiligung an Weiterbildungsmassnahmen oder die Wahrscheinlichkeit arbeitslos zu werden annähernd die Stärke des Einflusses der Dauer der allgemeinen Schulbildung (Blaschke 1986: 546). Da es sich bei der Studie von Blaschke um eine Momentaufnahme handelt, weist der Autor zu Recht darauf hin, dass die Zusammenhänge nicht einseitig kausal interpretiert werden dürfen. Eine prekäre Beschäftigungssituation oder gar Arbeitslosigkeit kann sich durchaus negativ auf die erwähnten „Einstellungen zur eigenen Person" auswirken.

Eine Metastudie, die auf 117 Einzelstudien aus den USA beruht, legen Barrick & Mount (1991) vor. Die von den Autoren ausgewerteten Untersuchungen befassen sich mit der Aussagekraft von Persönlichkeitstest für die Personalselektion. Dabei arbeiten die Autoren mit fünf faktoranalytisch begründeten Persönlichkeitsdimensionen („big five"), welche die ganze Bandbreite von Persönlichkeitseigenschaften gut erfassen sollen. In der psychologischen Forschung herrscht ein breiter Konsens, dass es sich beim Fünf-Faktoren-Modell um eine sinnvolle und empirisch robuste Kategorisierung persönlicher Attribute handelt

14 Dazu gehören „Verzagtheit angesichts schwieriger Aufgaben", „Kontaktunsicherheit" und „externe Kontrollüberzeugung".

(Digman 1990). Es sind dies folgende Kategorien (Barrick & Mount 1991: 3 ff.):[15]

- *Extraversion* („extraversion"): dazu gehören Eigenschaften wie gesellig, gesprächig, betriebsam, aber auch bestimmt, ambitiös und initiativ;
- *emotionale Stabilität* („emotional stability"): oft negativ gefasst in Begriffen wie sorgenvoll, niedergeschlagen, verstimmt, unsicher oder gar emotional verwirrt und neurotisch („Neurotizismus");
- *Umgänglichkeit* („agreeableness"): hier wird die Verträglichkeit, Liebenswürdigkeit und soziale Konformität betont mit Eigenschaften wie freundlich, höflich, vertrauensvoll, gutmütig, kooperativ oder sogar fügsam, weichherzig und tolerant;
- *Gewissenhaftigkeit* („conscientiousness"): wo Eigenschaften wie zuverlässig und verantwortungsbewusst, aber auch arbeitsam, leistungsorientiert, antriebsstark und ausdauernd zusammengefasst werden;
- *Offenheit* gegenüber Erfahrungen („openness to experience"): dazu gehören Neugierde, Vorstellungskraft, Originalität; aber auch Bildung, Intelligenz und ein breiter geistiger Horizont tragen zu diesem Faktor bei.

In allen untersuchten Berufsgruppen und in Bezug auf alle erfassten Leistungsmasse erweist sich dabei die *Gewissenhaftigkeit* als herausragender Prädiktor. Die beiden darin enthaltenen Unterdimensionen *Zuverlässigkeit* und *Leistungsorientierung* tragen wesentlich zum beruflichen Erfolg bei. Dass Blaschke (vgl. oben) nur sehr schwache entsprechende Zusammenhänge findet, erklärt er damit, dass diese Eigenschaften sich bereits sehr früh im schulischen Erfolg niederschlagen und damit grösstenteils in der im Modell kontrollierten Ausbildungsvariablen aufgehen. *Extraversion* ist lediglich bei den beiden Berufsgruppen Manager und Verkaufspersonal von Bedeutung. Da bei beiden Kategorien die zwischenmenschliche Interaktion einen wesentlichen Bestandteil der Tätigkeit ausmacht, bestätigt dieser Zusammenhang die Erwartung, dass in erster Linie diejenigen Eigenschaften erfolgsrelevant sind, die für die jeweilige Tätigkeit auch gebraucht werden. Weniger den Erwartungen entspricht die geringe Bedeutung von *emotionaler Stabilität*. Die Autoren

15 Die hier verwendete deutschsprachige Terminologie folgt Pervin (2000: 260), mit Ausnahme der „agreeableness", wo der deutsche Begriff „Umgänglichkeit" treffender erscheint, als „Liebenswürdigkeit".

spekulieren, dass dies damit zusammenhängen könnte, dass einerseits Leute mit geringer emotionaler Stabilität sehr viel seltener überhaupt erwerbstätig sind und andererseits mangelnde Stabilität nur so lange ein Handicap darstellt, als nicht ein für das Berufsleben ausreichendes Niveau erreicht wird. Dies widerspricht dem eindeutigen Resultat von Blaschke, wo gerade Unsicherheit und Verzagtheit sich als besonders relevante Grössen erwiesen haben. Wenn diese Unterschiede in den Resultaten nicht allein auf methodische Gründe zurückgeführt werden sollen, könnte die Hypothese formuliert werden, dass persönliche Unsicherheit sich ab einem gewissen Minimalniveau nicht mehr auf die eigentliche Arbeitsleistung auswirkt (was Barrick & Mount messen), dass es diesen Menschen aber trotz vergleichbarer Leistung weniger gut gelingt, sich attraktive Positionen zu sichern (was Blaschke erfasst). *Umgänglichkeit* scheint kein sehr aussagekräftiger Prädiktor von beruflicher Leistung zu sein, nicht einmal in den Bereichen mit wichtiger sozialer Komponente. *Offenheit gegenüber Erfahrungen* schliesslich erweist sich als nicht relevant für die Leistung im Beruf, wohl aber für den Erfolg bei Aus- und Weiterbildungsmassnahmen. Diese Persönlichkeitsdimension – die zudem eng mit der kognitiven Leistungsfähigkeit verknüpft ist – scheint denn auch im Wesentlichen die Lernfähigkeit und die Lernmotivation zu erfassen. Hier dürfte erwartet werden, dass diese Fähigkeiten dann eine herausragende Rolle spielen, wenn ein Unternehmen im Begriffe ist, technologische und organisationelle Neuerungen einzuführen. Die vorliegende Metastudie geht auf diese Frage allerdings nicht ein.

Vor dem Hintergrund der oben zitierten Untersuchungen (Nyhus & Pons 2002; Bowles, Gintis & Osborne 2001b) wäre es interessant, diese Resultate nach Geschlecht zu differenzieren. Leider fehlen dazu die Angaben. Ebenso wenig finden sich Informationen, die auf einen Wandel in der Relevanz der Persönlichkeitsattribute schliessen lassen. Im Gegenteil: Da die in einem Zeitraum von über 30 Jahren entstanden einzelnen Ergebnisse zu einer umfassenden Metastudie zusammengefasst sind, werden entsprechende Entwicklungen von vornherein ignoriert.

Die verschiedenen Studien bestätigen die Erwartung, dass Soft Skills wesentlich zum Arbeitsmarkterfolg beitragen und sich auch direkt auf die berufliche Leistungsfähigkeit auswirken. Allerdings bestehen offenbar grosse Unterschiede in Bezug darauf, welche Eigenschaften für wen wichtig sind. Präzise Aussagen sind aufgrund der sehr unterschiedlichen Konzeptionalisierungen und Operationalisierungen in den einzelnen Studien jedoch kaum möglich. Immerhin verweisen die Unterschiede etwa nach Geschlecht oder Position doch auf einen wichtigen Sachverhalt, der in den im letzten Abschnitt zitierten Unternehmensbefragungen keine Beachtung findet. Entwicklungstendenzen lassen sich aus den vorliegenden Resultaten nicht ableiten.

2.3.3 Stelleninserate: Welche Soft Skills werden gesucht?

Stelleninserate mit ihren oft detaillierten Charakterisierungen der gesuchten Idealperson wurden immer wieder als Datenquelle für die Identifizierung arbeitsmarktrelevanter Soft Skills herangezogen. Diese Studien sind in der Regel nicht repräsentativ für den Stellenmarkt und erlauben auch keine Aussagen über Entwicklungstrends.[16] Trotzdem beinhalten sie interessante Informationen über die Anforderungen in einzelnen Tätigkeitsgebieten. Eine frühe Untersuchung aus den 1940er Jahren, die Stellenausschreibungen einer Vermittlungsagentur für Angestellte im öffentlichen Dienst in den USA analysiert, zeigt, dass Teamfähigkeit („work effectively with others" – bei rund 95% aller Stellen!) und Zuverlässigkeit (bei rund 70% aller Stellen) besonders häufig erwähnt werden und etwa persönliche Integrität oder ein gutes Urteilsvermögen besonders bei Angestellten mit höherer Ausbildung wichtig sind (Utter 1947). Eine deutsche Untersuchung aus den 1950er Jahren fragt nach den Qualifikationen leitender Führungskräfte (Rief 1959). Dabei werden „weiche" Faktoren oft erwähnt. „Persönlichkeit" und „Führungseigenschaften" (wozu auch Initiative, Tatkraft, Verantwortungsbewusstsein etc. gezählt werden) erweisen sich als die häufigsten Anforderungen an das obere Kader der Unternehmen und werden in der Mehrheit der Inserate genannt. Eine etwas breiter angelegte Untersuchung aus der Schweiz zu Beginn der 1980er Jahre befasst sich ebenfalls mit den Anforderungsprofilen für Führungspositionen in Stelleninseraten (Geser 1983). Für rund die Hälfte aller ausgeschriebenen Stellen werden „Charakterqualifikationen" vorausgesetzt. Unter diesen Begriff fasst der Autor folgende Grössen zusammen (deren Häufigkeit nicht separat ausgewiesen wird): ein hohes allgemeines Niveau der Persönlichkeitsentwicklung (etwa „persönliche Reife" oder „charakterliches Format"), expressive Sozialqualifikationen (etwa „Kontaktfreudigkeit" oder „freundliches Auftreten"), adaptive Sozialqualifikationen (etwa

16 Die Erhebung von Stelleninseraten des Bundesinstituts für Berufsbildung Bonn (BiBB) im Rahmen des „Früherkennungssystems Qualifikationsentwicklung" ist repräsentativ und längerfristig angelegt (Alex & Bau 1999). Leider liegen dazu erst Teilauswertungen vor.

„Anpassungsfähigkeit" oder „Teamgeist") sowie motivationale Persönlichkeitsdispositionen (etwa „Tüchtigkeit" oder „Einsatzwille"). Interessant ist das Verhältnis von formalen Ausbildungsanforderungen und Charakterqualifikationen in unterschiedlichen Tätigkeitsbereichen. So zeigt es sich, dass bei stark technisch geprägten Tätigkeiten (Forschung und Entwicklung, Produktion) die Ausbildung eine wesentlich grössere Rolle spielt als persönliche Eigenschaften. In Bereichen, die demgegenüber stärker durch menschliche Interaktion geprägt sind (wie Personal, Innenadministration, Werbung und Geschäftsleitung) tragen hingegen die Charakterqualifikationen durchwegs mehr zum Gesamtniveau der Qualifikationsanforderungen bei als die Ausbildung.

Eine Untersuchung von Stellenausschreibungen für Datenverarbeitungsberufe aus den 1980er Jahren in Deutschland zeigt nicht nur die Wichtigkeit von „Schlüsselqualifikationen" (allen voran Teamgeist, Initiative und Verantwortungsbewusstsein – in dieser Reihenfolge), sondern auch, dass mit der betrieblichen Hierarchieebene die Anforderungen an soziale und intellektuelle Kompetenzen zunehmen und gleichzeitig die Fachkompetenzen relativ an Bedeutung verlieren (Beck 1995: 25). Auf der repräsentativen Inserateerhebung des Bundesinstituts für Berufsbildung Bonn (BiBB) beruht eine Studie zu den Qualifikationsanforderungen im IT-Bereich aus dem Jahr 1999, die zudem durch eine nachträgliche Befragung der Inserenten ergänzt wurde (Bott, Hall & Schade 2000).[17] Die Autoren kommen zum Schluss, dass selbst im technologisch geprägten Arbeitsumfeld der IT-Berufe fachliches Knowhow alleine für eine erfolgreiche Stellenbewerbung nicht mehr ausreicht. In 80% der entsprechenden Stellen wurden Selbstkompetenzen im Bereich von Leistung und Motivation gefordert. An zweiter Stelle stehen Sozialkompetenzen (60%), gefolgt von Methodenkompetenzen (40%). Nachträglich befragt nach den wichtigsten Qualifikationsdefiziten der Stellenbewerber nannten die Unternehmen mangelnde Sozial- und Selbstkompetenzen am zweithäufigsten (in 41% der Fälle), gleich nach ungenügendem spezifischem Berufswissen (65% der Fälle; es war jeweils die Nennung von zwei Defizitpunkten möglich). Weitere BiBB-Stellenanzeigenanalysen aus dem Jahre 2001 finden – diesmal auf den ganzen Stelleninseratemarkt bezogen – in rund 52% der Ausschreibungen Team-, Kooperations- oder Kommunikationsfähigkeiten erwähnt,

17 Vergleichbare Untersuchungen liegen auch für die Bereiche Gesundheit/Wellness (Schade 2002) und für Finanzdienstleistungen (Hall 2004) vor.

während selbstständige Lern- und Arbeitsweisen in 36%, Flexibilität und Kreativität in 31% und persönliche Einstellungen wie Motivation und Leistungsbereitschaft in 27% der Fälle erwartet werden.[18] Eine jüngere Analyse von britischen Stelleninseraten bestätigt auch hier die grosse Verbreitung der Forderung nach sozialen Kompetenzen und einschlägigen persönlichen Eigenschaften, die ähnlich häufig erwähnt werden wie formale Qualifikationen. Gleichzeitig werden beträchtliche Unterschiede zwischen verschiedenen Berufsfeldern festgestellt (Jackson 2007).

Das durch andere empirische Untersuchungen gewonnene Bild der grossen Bedeutung von Soft Skills wird in den Stellenanzeigen offensichtlich bestätigt. Ebenso spiegeln sich in den Inseraten deutliche Unterschiede in Bezug auf Tätigkeitsbereich und Position der gesuchten Stellenbewerber, was auch als Indiz dafür gewertet werden kann, dass es sich bei den verlangten Eigenschaften nicht um undifferenziert verwendete Modebegriffe handelt (dieses Argument auch bei Bott, Hall & Schade 2000: 29). Trotz der aus methodischen Gründen einmal mehr sehr beschränkten Vergleichbarkeit der einzelnen Studien ist es doch auffallend, dass sich neben den traditionellen Zuverlässigkeitstugenden die Sozialkompetenzen über die ganzen 50 Jahre einen „Spitzenplatz" in der Rangliste der verlangten Qualitäten sichern können.

2.3.4 Zusammenfassung: Bedeutung und Determinanten von Soft Skill-Anforderungen

Zusammenfassend sind zunächst die Schwächen und Lücken der vorliegenden empirischen Forschung zur Bedeutung und den Determinanten der betrieblichen Soft Skill-Anforderungen hervorzuheben:

- *National:* Die empirische Forschung beruht grösstenteils auf Ergebnissen aus den USA. Studien im europäischen oder gar schweizerischen Kontext sind ausgesprochen selten. So ist nicht erkennbar, wie sich die Unterschiede zwischen dem dualen Berufsbildungssystem der deutschsprachigen Länder und dem schulbasierten System in den USA sowie die unterschiedliche Arbeitsmarktflexibilität auf die Bedeutung von Soft Skills auswirken.
- *Konzeptionell:* Die Vergleichbarkeit der zitierten Studien wird dadurch eingeschränkt, dass nur sehr wenig konzeptionelle

18 Einige Ergebnisse sind verfügbar über http://www.bibb.de/de/wlk8203.htm (Dezember 2009).

Einigkeit in Bezug auf die erfassten Eigenschaften besteht (für dieses Argument vgl. auch Cappelli 1995: 110).

- *Explikativ:* Die vorliegenden Untersuchungen berücksichtigen unterschiedliche, nur schwer vergleichbare erklärende Faktoren und gehen meist nur beschränkt auf mögliche Determinanten der beschriebenen Qualifikationsanforderungen ein.
- *Historisch:* Aussagen zum längerfristigen Wandel der Bedeutung von Soft Skills in der Arbeitswelt lassen sich aus den vorliegenden empirischen Arbeiten kaum ableiten. Längsschnittstudien existieren nicht. Vermutungen zum Wandel können lediglich aus Querschnittsuntersuchungen abgeleitet werden, indem sich etwa zeigen lässt, dass die Form der Arbeitsorganisation und die eingesetzte Technologie einen Zusammenhang mit relevanten Soft Skills aufweisen. Ausserdem können Arbeitgeber um ihre Einschätzung der Entwicklung gebeten werden. Beide Ansätze geben Hinweise auf eine wachsende Bedeutung abstrakt-kognitiver und sozialer Kompetenzen. Dem Vergleich von zu verschiedenen Zeitpunkten entstandenen Studien sind aufgrund der konzeptionellen Uneinheitlichkeit enge Grenzen gesetzt. Versucht man die Ergebnisse trotzdem zu vergleichen, finden sich eher Hinweise auf eine grosse Konstanz der geforderten Soft Skills, insbesondere bei den klassischen Arbeitstugenden.

Dieser Forschungsüberblick unterstreicht die Bedeutung einer konzeptionell klar gefassten Längsschnittstudie. Aussagekräftige Daten scheinen weder für die Schweiz noch international vorzuliegen. Unter Berücksichtigung der erwähnten Lücken erlaubt die bestehende Forschung immerhin die Formulierung folgender *Thesen*, wobei zumindest die ersten beiden Punkte als gut abgesichert gelten können:

- *Soft Skills sind wichtig.* Soft Skills, Persönlichkeitseigenschaften, nicht-kognitive Kompetenzen etc. sind zentrale Grössen auf dem Arbeitsmarkt und in Ausbildungsgängen. Als individuelle Fähigkeiten und Qualitäten sind sie mitentscheidend für die Chance einen guten Ausbildungsabschluss zu erzielen sowie eine attraktive Stelle zu erhalten und prägen auch den längerfristigen Erfolg im Berufsleben.
- *Soft Skills sind berufsrollenspezifisch.* Welche Soft Skills sich für den Arbeitsmarkterfolg als relevant erweisen, hängt stark mit dem

jeweiligen Tätigkeitsgebiet zusammen. Dabei spielt sowohl die horizontale (Beruf) als auch die vertikale Dimension (hierarchische Position) eine Rolle.

- *Soft Skills sind betriebsspezifisch.* Nicht in jeder Art von Betrieb sind dieselben Soft Skills von derselben Bedeutung. Dabei erscheint die Betriebsgrösse als wichtiger als die Branchenzugehörigkeit.
- *Soft Skills sind geschlechtsspezifisch.* Mindestens teilweise wird in Bezug auf Soft Skills auf dem Arbeitsmarkt auch die Konformität mit geschlechtsspezifischen Stereotypen belohnt.
- *Traditionelle Selbstkompetenzen sind wenig spezifisch und haben kaum an Bedeutung verloren.* Zuverlässigkeit und Arbeitseinstellung sind überall entscheidend, unabhängig von Tätigkeit, Geschlecht und Betrieb und wenig beeinflusst von einem historischen Wandel.
- *Soziale Kompetenzen und Methodenkompetenzen sind spezifischer und gewinnen an Bedeutung.* Es sind diese im Zusammenhang mit neuen Formen der Arbeitsorganisation wichtigen Fähigkeiten, deren Bedeutung eng mit dem jeweiligen organisationellen und tätigkeitsspezifischen Kontext zusammenhängt.

Als *Determinanten* für Ausmass und Art der nachgefragten Soft Skills sind damit drei Grössen benannt: die *Berufsrolle*, der Charakter des *Betriebs* und das *Geschlecht.*

Die Bedeutung der *Berufsrolle* entspricht der Erwartung eines substantiellen Soft Skill-Begriffs und bestätigt die Einschätzung in der DeSeCo- und der SCANS-Studie, dass nicht für jedermann in jedem Handlungskontext dieselben Kompetenzen gleichermassen wichtig sind. Auch die gemachte Differenzierung der Forderung nach kommunikativem Handeln in der Arbeitswelt findet damit empirische Unterstützung: Je nach Gewicht des jeweiligen Weltbezugs (objektiv – sozial – subjektiv) im konkreten Arbeitszusammenhang kommt den einzelnen Kompetenzdimensionen ein unterschiedliches Gewicht zu. Die mit einer Berufsrolle verbundenen Soft Skill-Anforderungen resultieren dabei sowohl aus den funktionalen als auch den extrafunktionalen Erfordernissen und sind sowohl abhängig vom fachlichen Tätigkeitsbereich als auch von der hierarchischen Position. Entsprechend dürften in Bezug auf die verlangten Soft Skills deutliche Unterschiede auszumachen sein zwischen eher technisch und administrativ geprägten Tätigkeitsbereichen und solchen, bei denen der zwischenmenschlichen Interaktion ein besonderes Gewicht zukommt, was sich auch in den von Geser (1983: 474) untersuchten Stelleninseraten bestätigt. Und wenn etwa Barrick & Mount (1991) feststellen, dass Extraversion (ein Persönlichkeitszug, der sowohl kommunikative Sozialkompetenzen als auch motivationale Selbstkompetenzen umfasst) vor allem bei Managern und dem Verkaufspersonal erfolgsentscheidend ist, entspricht dies ebenfalls den entsprechenden Erwartungen. Die oben zitierte Studie zu den Qualifikationsanforderungen im IT-Bereich (Bott, Hall & Schade 2000) weist allerdings darauf hin, dass auch im technischen Bereich Sozial- und Selbstkompetenzen eine wachsende Rolle spielen.

Die in verschiedenen Studien aufgezeigten Unterschiede in den Soft Skill-Anforderungen je nach *Hierarchiestufe* stimmen ebenfalls mit den Erwartungen überein. Insbesondere der Umstand, dass mit höheren Positionen die Forderung nach einer breiteren Ausstattung mit Soft Skills verbunden wird, entspricht der Vorstellung, dass mit wachsender Kontingenz eines Handlungszusammenhangs auch eine Annäherung an eine umfassende autonome Handlungsfähigkeit verbunden ist. Geser (1983: 475 f.) weist zudem darauf hin, dass die Anforderungen an betriebliche Leitungspositionen zusätzlich von Statuskomponenten beeinflusst werden. Dabei verschaffen nicht nur ein formal höheres Ausbildungsniveau, sondern auch die richtigen Umgangsformen, die Sicherheit im Auftreten und die persönliche Ausstrahlung zusätzliche Legitimität, sowohl betriebsintern als auch gegen aussen. Entsprechend häufig wird in den oben zitierten Stellenangebotsuntersuchungen auch auf schwer fassbare Grössen wie „Persönlichkeit", „Charakter" und „Format" verwiesen.

Während sich die berufsrollenspezifischen Unterschiede in den Soft Skill-Anforderung durchaus sinnvoll interpretieren lassen, stellt sich die Frage, worauf die besonders in Unternehmensbefragungen festgestellten Unterschiede zwischen den *Wirtschaftszweigen* zurückzuführen sind. Die Vermutung liegt nahe, dass sich hier in erster Linie Unterschiede in den Tätigkeitsschwerpunkten abbilden. Eine simultane Betrachtung von Sektor und Rollenfunktion findet sich bei den oben zitierten Untersuchungen lediglich bei Geser (1983: 485 f.), der für die Branche nur einen schwachen Nettoeinfluss findet. Theoretische Argumente, welche reine Branchenunterschiede erklären könnten, wären nach Geser (1983: 475) in branchenspezifischen Traditionen und in unterschiedlichen externen Marktsituationen zu suchen, welche die spezifischen Leistungserfordernisse zu prägen vermögen. Für beide Argumente ist allerdings die empirische Basis dürftig. Vielversprechendere Argumente mögen sich aus Unterschieden in der branchenspezifischen Technologieausstattung und divergierenden Formen der Arbeitsorganisation ergeben. Diese Begründung schliesst an die wiederholt vorgebrachte Erwartung an, dass sich mit dem rasanten Wandel in Technologie und Arbeitsorganisation auch die Soft Skill-Anforderungen markant verändert hätten.

In Unternehmensbefragungen und in Stelleninseraten lassen sich Unterschiede in Bezug auf die verlangten Soft Skills nach *Grösse des Betriebs* feststellen. Ausschlaggebend dafür dürften drei Zusammenhänge sein: Erstens beeinflusst die Organisationsgrösse direkt die *Berufsrolle*. Das heisst, dass auch bei nominal vergleichbarem Tätigkeitsbereich die Erwartungen an den Positionsinhaber sich unterscheiden können. Ausschlaggebend dafür kann die je nach Grösse ungleich starke funktionale Differenzierung sein, aber auch Unterschiede in Komplexität und Unmittelbarkeit der zwischenmenschlichen Kontakte. Zweitens werden insbesondere Grossunternehmen bei der Besetzung von Einstiegspositionen in ihren *internen Arbeitsmarkt* besonderes Gewicht auf diejenigen Soft Skills legen, welche die Einsetzbarkeit auch in möglichen zukünftigen Positionen erleichtert. Drittens variieren *Technologieeinsatz* und Formen der *Arbeitsorganisation* nicht nur zwischen den Branchen, sondern sind auch je nach Betriebsgrösse unterschiedlich ausgeprägt.

Weder in den vorliegenden Arbeitgeberbefragungen, noch in den zitierten Analysen von Stelleninseraten wurde die Frage nach *geschlechtsspezifischen Unterschieden* in den Soft Skill-Anforderungen gestellt. Auch die pädagogisch und arbeitsmarktlich ausgerichteten Studien zu Schlüsselqualifikationen und vergleichbaren Konzepten gehen nicht darauf ein. Lediglich in ein paar wenigen psychologisch ausgerichteten Untersuchungen zum Zusammenhang von Persönlichkeitszügen und Arbeitsmarkterfolg wird das Geschlecht als relevante Grösse überhaupt einbezogen. So wird bei Frauen eher die Anpassungsfähigkeit betont, während bei Männern die Durchsetzungsfähigkeit im Vordergrund steht. Begründen lassen sich solche Unterscheidungen ähnlich wie andere Aspekte der Geschlechtersegregation auf dem Arbeitsmarkt insgesamt, mit tradierten Stereotypen, die in der Praxis kaum hinterfragt werden und gleichzeitig dazu geeignet sind, die bestehende Machtverteilung zu stabilisieren.

Die aufgrund der empirischen Befunde und theoretischen Überlegungen beschriebenen drei Determinanten von Soft Skill-Anforderungen – Berufsrolle, Betriebscharakter und Geschlecht – werden anhand unserer Daten in Kapitel 4 auf ihre Relevanz hin geprüft und gleichzeitig in Beziehung gesetzt zum langfristigen strukturellen und organisationellen Wandel in der Arbeitswelt. Damit sind die weitern – bisher erst angetönten – Einflussgrössen der Soft Skill-Nachfrage angesprochen: der technologische und organisationelle Wandel. Diesen Wandlungsprozessen, den Triebkräften und Auswirkungen, ist das folgende Kapitel 3 gewidmet.

3 Wandel der Arbeitswelt

Jede Diskussion um die spezifische Charakteristik unserer Arbeitswelt bezieht sich unweigerlich auf eine Vorstellung von Wandel. Erst vor der Kontrastfolie einer Vergangenheit, die in gewissem Masse als anders eingeschätzt wird, gewinnt die Gegenwart ihre Konturen. Dabei ist das Wirtschaftssystem allgemein und die Welt der Erwerbsarbeit im Besonderen aufs Engste mit dem gesamtgesellschaftlichen Wandel verknüpft. Die Moderne ist ja – auf die kürzest mögliche Formel gebracht – zuallererst Wandel. Fortschreitender, in den gesellschaftlichen Institutionen von Anfang an mitgedachter Wandel, weg von überlieferten Verhältnissen, hin zu einer grundsätzlich offen konzipierten Zukunft. Dieser Wandel fällt nicht vom Himmel, sondern ist das letztendlich unintendierte Ergebnis absichtsvoller Einzelhandlungen. Angesichts sich ändernder Handlungsbedingungen sehen sich die relevanten Akteure dazu gedrängt, Veränderungen anzustreben, gerade um die keineswegs in Frage gestellte systemimmanente Zielvorgabe – im Falle des Wirtschaftssystems das Erwirtschaften von Gewinn – weiterhin zu garantieren.

Im vorliegenden Kapitel werden die sich *ändernden Handlungsbedingungen* und den sich aus den darauf reagierenden Einzelhandlungen herausbildenden *Wandel* in der Arbeitswelt dargestellt. Ziel ist es, vor diesem Hintergrund die Verschiebungen in Bezug auf die Qualifikationsanforderungen an die Arbeitnehmer zu begründen und entsprechende Erwartungen an die empirische Analyse zu formulieren. Dabei werden analytisch zwei Ebenen der Betrachtung unterschieden, denen die jeweiligen Unterkapitel gewidmet sind: Auf der *wirtschaftsstrukturellen* Ebene fragen wir nach den Veränderungen in Bezug auf das, *was* getan wird. Dabei geht es also um den Wandel in der Zusammensetzung der Wirtschaft nach Branchen und der Zusammensetzung der Erwerbstätigen nach Tätigkeiten und Berufen. Innerhalb der einzelnen Branchen und Berufe fragen wir dann auf der Ebene der *einzelnen Arbeitsplätze* nach den Veränderungen in Bezug darauf, *wie* etwas getan wird. Dabei geht es also um die Betriebs- und Arbeitsorganisation und die Auswirkungen des innerbetrieblichen Umbaus auf Anforderungen an die Mitarbeiter.

3.1 Die postindustrielle Gesellschaft und der Umbau der Wirtschaftsstruktur

Ausgangspunkt für die folgenden Ausführungen ist die Interpretation des sozio-ökonomischen Wandels in der zweiten Hälfte des 20.

Jahrhunderts als Übergang in eine *postindustrielle Gesellschaft*. Damit sind sowohl Gewichtsverlagerungen in den wirtschaftlichen Tätigkeiten, als auch dadurch induzierte Veränderungen in der Sozialstruktur und im kulturellen Werteselbstverständnis angesprochen. Die Verschiebungen in der *ökonomischen Struktur* werden detailliert unter die Lupe genommen und ihre Auswirkungen auf den Produktions- und Dienstleistungsbereich diskutiert. Das Stichwort des *Wertewandels* verweist anschliessend auf die neuen Ansprüche von Konsumenten und Arbeitnehmern in einer postindustriellen Wohlstandsgesellschaft. Zusammenfassend wird schliesslich nach den Auswirkungen dieser Entwicklungen auf die Anforderungen an *formale und informelle Qualifikationen* der Angestellten gefragt. Zum Abschluss dieses Unterkapitels geht es schliesslich darum, die erwarteten generellen Entwicklungen anhand der empirisch beobachtbaren Verschiebungen in der *Berufsstruktur der Schweiz* zu konkretisieren.

3.1.1 Der postindustrielle Strukturwandel

Ein einflussreicher Theoriestrang, der versucht den ökonomischen Wandel im 20. Jahrhundert auf den Punkt zu bringen und gleichzeitig deren gesellschaftliche Bedeutung einzuschätzen, beschreibt die Entwicklung als Übergang von der *Industriegesellschaft* zur *postindustriellen Gesellschaft* (Touraine 1969; Bell 1973). In einer Wirtschaft, in der nicht mehr die industrielle Güterproduktion, sondern immer spezialisiertere Dienstleistungen im Zentrum stehen – so das zentrale Argument – , würden die klassischen Produktionsfaktoren Energie und Kapital zunehmend an Bedeutung verlieren, während theoretisches und technisches Wissen zu den entscheidenden Grössen würden. Mehr denn je werden so das verfügbare Humankapital zur wichtigsten ökonomischen Ressource und die persönliche Ausbildung der Schlüssel zum Erfolg. Wichtige Aspekte dieser Entwicklung werden in den Vorstellungen eines Übergangs zur *Dienstleistungsgesellschaft* (Dahrendorf 1964; Halmos 1970) oder *Wissensgesellschaft* (Drucker 1969) positiv formuliert. Die diesbezüglich aktuellste Version reagiert unter dem populären Begriff der *Informationsgesellschaft* auf die explosionsartige Entwicklung der Informationstechnologie ab den 1980er Jahren des 20. Jahrhunderts. Gemeint ist damit eine soziale Formation, in welcher die Gewinnung, Verarbeitung und Verbreitung von Informationen zur zentralen Quelle von wirtschaftlicher Produktivität und sozialer Macht wird (Castells 1996).

Nach dem Drei-Sektoren-Modell der Wirtschaft in der Tradition von Clark (1940) und Fourastié (1952) ist die Kombination von technologischem Fortschritt und Wohlstandszuwachs Auslöser für den Wandel der Wirtschaftstruktur. Dabei wird sich im Zuge der wirtschaftlichen Entwicklung das Hauptgewicht der Aktivitäten zuerst vom primären, landwirtschaftlichen Sektor in den sekundären, industriellen Sektor und später in den tertiären, den Dienstleistungssektor, verlagern. Die ökonomische Begründung für diese Modellvorstellung ist in folgenden Entwicklungen zu suchen (Fourastié 1952; Klodt, Maurer & Schimmelpfennig 1996: 17 ff.):

– *Unterschiedliche Produktivitätsentwicklung (Produktivitäts-Bias).* Der technologische Fortschritt – breit verstanden, sowohl auf naturwissenschaftlichen als auch betriebswirtschaftlichen Erkenntnissen fussend – erlaubt im Produktionsbereich eine weitaus grössere Steigerung der Arbeitsproduktivität als im Dienstleistungsbereich, wo die Möglichkeiten zur Mechanisierung und Automatisierung aufgrund des Charakters der zu erbringenden Leistungen sehr viel geringer sind. Dank der fortgeschrittenen Rationalisierung in der Produktion können immer mehr Güter mit weniger Arbeitskräften zu günstigeren Preisen produziert werden.
– *Verschiebungen auf der Nachfrageseite (Nachfrage-Bias).* Von einem steigendem Pro-Kopf-Einkommen profitieren die drei Wirtschaftssektoren in unterschiedlichem Mass: 1. Die Nachfrage nach Nahrungsmitteln ist wenig elastisch, bei steigendem Wohlstand wird ein immer geringerer Anteil des Einkommens für Lebensmittel ausgegeben. 2. Die Nachfrage nach Industriegütern und Dienstleistungen steigt zunächst etwa im Einklang mit dem Durchschnittseinkommen. Bei den langlebigen Industriewaren wird jedoch mit der Zeit die Zunahme deutlich schwächer. Gleichzeitig werden die Industriegüter dank der Produktivitätsfortschritte auch noch billiger, womit zunehmend mehr Geld für den Konsum von Dienstleistungen übrig bleibt. 3. Das Mehr an Freizeit, die wachsende Erwerbsquote von Frauen, die Verberuflichung hauswirtschaftlicher Tätigkeiten, die Urbanisierung, die Zunahme der Möglichkeiten medizinischer Behandlung und die steigende Lebenserwartung führen zu einer ständigen Ausweitung der Nachfrage nach Dienstleistungen.

Diese Faktoren zusammen erklären folgendes Entwicklungsmuster für die beschäftigungsmässige Bedeutung der Wirtschaftssektoren bei fortschreitender technologisch-ökonomischer Entwicklung: Erstens verliert der Agrarsektor zunehmend an Bedeutung, zweitens wächst der industrielle Sektor zunächst deutlich an, erreicht aber einen Höhepunkt, um dann zu stagnieren oder gar zurückzugehen, und drittens wächst die Beschäftigtenzahl im Dienstleistungssektor kontinuierlich, zunächst auf Kosten der Landwirtschaft, dann auch der Industrie. Das schrumpfende Gewicht des Industriesektors *(Deindustrialisierung)* und die gleichzeitige Expansion des Dienstleistungssektors *(Tertiarisierung)* sind miteinander verknüpfte Prozesse, gehen jedoch nicht ineinander auf. Eine analytische Trennung ermöglicht eine genauere Benennung sowohl der Ursachen als auch der zentralen Veränderungen.

a) Deindustrialisierung und Tertiarisierung

In der zweiten Hälfte des 20. Jahrhunderts verringert sich der Anteil an Arbeitskräften, die direkt in der industriellen Güterproduktion arbeiten. Dabei sind sowohl die wirtschaftliche Reife (positive Deindustrialisierung) und ökonomische Krisen (negative Deindustrialisierung) als auch die Spezialisierung und globale Arbeitsteilung (aussenhandelsbezogene Deindustrialisierung) in den letzten dreissig Jahren für die abnehmende Bedeutung des industriellen Sektors als Arbeitgeber verantwortlich (Rowthorn & Wells 1987; Alderson 1999). Dabei schrumpft im Zuge dieses Umbaus der Wirtschaftsstruktur nicht einfach der sekundäre Sektor, sondern auch das Gesicht der industriellen Produktion verändert sich. Mit dem Stichwort der „Tertiarisierung der Produktion“ (Häussermann & Siebel 1995: 24) wird die zunehmende Dienstleistungsintensität der Industrie angesprochen. Einerseits wird die Produktion selbst im Zuge von Automatisierung und Informatisierung immer wissensintensiver, so dass auch ein wachsender Anteil direkt mit der Produktion verbundener Tätigkeiten zunehmend Dienstleistungscharakter annimmt. Andererseits findet ein wachsender Teil der Wertschöpfung nicht mehr in der eigentlichen Produktion statt, sondern über damit verknüpfte Dienstleistungen. Ökonomisch sind Produktion und Dienstleistungen intensiv ineinander verschlungen; eine *gegenseitige* Verknüpfung, welche die klassische sektorielle Abgrenzung zunehmend unscharf macht (Cohen & Zysman 1987; Klauder 1990: 142 f.). Diese Abgrenzung wird im Zuge einer ausgebauten Auslagerung von Unternehmenstätigkeiten an formal unabhängige Drittfirmen nochmals problematischer. Das Outsourcing umfasst unterdessen ja nicht mehr bloss unterstützende Tätigkeiten wie Büroreinigung oder EDV. Viel eher gehen immer mehr Betriebe dazu über, die eigentliche Produktion auszulagern. Statt einer Ware wird eine Marke „produziert". Eine angemessene Bestimmungsgrösse für den wirtschaftsstrukturellen Wandel in Bezug auf die ausgeübten Tätigkeiten und die dafür notwendigen Qualifikationen ist deshalb nicht in der Branchenstruktur zu suchen, sondern viel eher in der Berufs- oder der Tätigkeitsstruktur.

Im Drei-Sektoren-Modell ist die Expansion des tertiären Sektors das Gegenstück zur abnehmenden Bedeutung der industriellen Produktion in der fortgeschrittenen Moderne. Generell lässt sich der postulierte Zusammenhang zwischen wirtschaftlicher Entwicklung (Pro-Kopf-Einkommen) und Tertiarisierungsgrad (sowohl bei der Wertschöpfung als auch bei der Beschäftigung) für alle OECD-Ländern nachweisen (Klodt, Maurer & Schimmelpfennig 1996: 4 ff.). Eine Prüfung der Erklärungshypothesen des Produktivitäts- resp. Nachfrage-Bias zeigt jedoch, dass sowohl die beobachtete Entwicklung als auch dessen Erklärung differenziert einzuschätzen sind. Für die untersuchte westdeutsche Wirtschaft hat der Produktivitäts-Bias ab Mitte der 1970er Jahre seine Bedeutung verloren: die Fortschrittsraten bei der Arbeitsproduktivität von Industrie- und Dienstleistungssektor haben sich weitgehend angeglichen. Zentral ist die Feststellung, dass sich die Produktivitätspotentiale der einzelnen Dienstleistungs-Branchen stark unterscheiden. So bieten *gebundene* Dienstleistungen, bei welchen der direkte Arbeitseinsatz des Produzenten in unmittelbarer räumlicher Nähe zum Konsumenten Voraussetzung ist, weiterhin nur bescheidene Möglichkeiten zur technologiegestützten Produktivitätssteigerung. Im Gegensatz dazu stehen die *ungebundenen* Dienstleistungen, für welche der unmittelbare persönliche Kontakt zwischen Dienstleistungserbringer und Kunde nicht entscheidend ist. Die Entwicklungen der Informations- und Kommunikationstechnologie haben in diesem Bereich die Arbeitsproduktivität beachtlich anwachsen lassen.

Mit dem Effekt des „*disembodiment*" (Bhagwati 1984) ist im Zusammenhang mit der Unterscheidung in gebundene und ungebundene Dienstleistungen eine zentrale Entwicklungstendenz bezeichnet. Es geht um die Bestrebungen, gebundene Dienste dank moderner Technologien entweder in ungebundene Dienstleistungen oder gar in Industriegüter zu überführen. Hier lässt sich die Arbeitsproduktivität mit Hilfe von Kapitaleinsatz stark steigern. In einer „Selbstbedienungsgesellschaft"

(Gershuny 1978) werden immer mehr gebundene Dienste durch eine Kombination von Apparaten und Eigenarbeit ersetzt: Die Waschmaschine ersetzt die Waschfrau, der Bancomat das Schalterpersonal etc. Die Bedienung dieser Automaten – das nicht-rationalisierbare, gebundene Reststück der Dienstleistung – wird zu einem möglichst grossen Teil dem Endverbraucher überlassen oder verbleibt als residuale Hilfsarbeit beim Anbieter (etwa in Form der Person, die den Bancomaten jeweils zu reinigen und mit neuen Noten zu füttern hat). Der Umstand, dass hinter den Apparaten wiederum ein ständig wachsender Anteil von Dienstleistungen steckt – als Forschung und Entwicklung, Programmierung, Marketing, Beratung, Wartung etc. – verweist nochmals auf die entscheidenden Verschiebungen *innerhalb* des tertiären Sektors.

Das bekannte Drei-Sektoren-Modell vermag die Strukturen der Arbeitswelt in der zweiten Hälfte des 20. Jahrhunderts nur ungenügend zu erfassen. Bell (1973) unterscheidet denn auch den *tertiären* Sektor, dem die klassischen Dienste zugeordnet werden, von einem *quartären* (Banken, Versicherungen) und *quintären* (Gesundheit, Bildung, Forschung, Regierung) Wirtschaftssektor. Dabei sind es diese über den traditionellen Dienstleistungsbereich hinausweisenden Sektoren, welche für die Dynamik der postindustriellen Gesellschaft verantwortlich sind. Ganz ähnlich sprechen Stooss & Weidig (1990) in ihrer Untersuchung des Tätigkeitswandels von *primären* und *sekundären* Dienstleistungstätigkeiten. Während der primäre Bereich weitgehend stagniert, expandiert der sekundäre Dienstleistungsbereich mit Tätigkeiten wie Forschung, Management, Beratung und Lehre. Singlemann (1978) schliesslich unterscheidet vier Kategorien von Diensten: *distributive, produktions- (oder unternehmens-) bezogene, soziale* und *persönliche* Dienstleistungen. Diese Einteilung erlaubt auch eine weitere Differenzierung der allgemeinen Tertiarisierungshypothese: Es ist in erster Linie der Anteil an produktionsbezogenen und sozialen Dienstleistungen, der mit einem wachsenden Wohlstand zusammenhängt, während ein grosser Anteil persönlicher und distributiver Dienstleistungen in Ländern mit geringem Pro-Kopf-Einkommen auf die mangelnden Möglichkeiten industrieller Erwerbsarbeit – und damit auf einen Entwicklungsrückstand – hinweist. Tatsächlich sind die „alten", gebundenen, primären Dienstleistungen kein Merkmal der jüngsten Entwicklung, sondern sind für die Moderne seit jeher kennzeichnend. Nicht Hausmädchen und Strassenwischer oder Verkäufer und Coiffeusen sind die Berufe, welche die neue Arbeitswelt charakterisieren. Viel eher sind es PR-Beraterinnen und Physiotherapeuten oder Sozialarbeiterinnen und Informatikingenieure, welche als Beispiele für expandierende Tätigkeitsbereiche dienen können. Für die schwindende Bedeutung von persönlichen Dienstleistungen in den hochindustrialisierten Ländern spielt der Effekt der „Kostenkrankheit" der Dienstleistungen (Baumol 1967) die entscheidende Rolle. Diese „Kostenkrankheit" liegt darin begründet, dass wegen des relativen Produktivitätsrückstands zur Gesamtwirtschaft – wo das generelle Lohnniveau definiert wird – diese Dienste, mit ihrem bescheidenen Potential zur Produktivitätssteigerung, für die Konsumenten immer teurer werden.

Stärker als die Branchenstruktur verändert sich die Tätigkeitsstruktur, d. h. der Anteil Beschäftigter, die – unabhängig davon, in welcher Art von Unternehmen das geschieht – eine bestimmte Tätigkeit ausführen. Einen Versuch, diese Veränderungen zu messen, unternehmen Stooss & Weidig. Sie berechnen Prognosen zum Wandel der Tätigkeitsfelder gestützt auf Daten des deutschen Mikrozensus aus den Jahren 1973 bis 1985. Für den Zeitraum von 1973 bis 2000 schätzen sie den Wandel der Arbeitslandschaft in Deutschland wie folgt (Stooss & Weidig 1990: 44):

- Produktionsorientierte Tätigkeiten (Gewinnen, Fertigen, Montieren, Reparieren, Maschinen einrichten und bedienen): starker Rückgang von 41% auf 31% der Erwerbstätigen;
- Primäre Dienstleistungen (Ein-/Verkaufen, Kassieren, allgemeine Büroarbeit, Lager-, Versand-, Transportarbeit, Reinigen, Bewirten; Sichern): mässiger Rückgang von 42% auf 38% der Erwerbstätigen;
- Sekundäre Dienstleistungen (Disposition, Management, Forschung und Entwicklung; Rechtsberatung; Betreuen/Pflegen, Heilbehandlung, Beraten, Erziehen, Lehren, Publizieren): sehr starke Zunahme von 17% auf 31% der Erwerbstätigen.

Im Detail zeigen sich die expandierenden Tätigkeitsfelder bei der Organisation, Koordination, Disposition und dem Management sowie bei den qualifizierten Fachaufgaben der sekundären Dienstleistungen (wie Publizieren, Beratung und Ausbildung oder Rechtsberatung) sowie bei der Programmierung, Steuerung und Wartung von Maschinen, sowohl in Dienstleistungs- als auch in Produktionsbetrieben (hier allerdings in geringerem Ausmass). Als gemeinsamer Nenner der am stärksten expandierenden Tätigkeiten dürfte sich tatsächlich – wie von Castells (1996) erwartet – der Umgang mit Informationen erweisen. Als *Informatisierung der Arbeitswelt* soll die steigende Bedeutung der Bereitstellung, Verwendung und Verarbeitung von Wissen und Information bezeichnet werden, wie dies für zahlreiche sekundäre Dienstleistungen kennzeichnend ist. Dazu gehören nicht nur eigentliche Wissens-Erarbeiter im engeren Sinne, sondern auch Wissens-Verarbeiter und –Verbreiter (vgl. Arnal, Ok & Torres 2001: 14 ff.). Neben dem Umgang mit Informationen erweist sich auch der direkte Umgang mit Menschen als zweiter expandierender Tätigkeitskomplex. Führung und Coaching, Ausbildung und Erziehung, medizinische und nichtmedizinische Betreuung und Pflege sind herausragende Wachstumsbereiche der postindustriellen Gesellschaft. Als Oberbegriff kann so der Informatisierung der Trend zur *Expansion kommunikativer Tätigkeiten* an die Seite gestellt werden.

Wenn sich in der vorindustriellen Gesellschaft Bauer und Handwerker als idealtypische Werktätige hinter dem Pflug oder in der Werkstatt befanden, war dies in der industriellen Gesellschaft der Fabrikarbeiter am Fliessband oder der Ingenieur im Labor. Der Idealtyp postindustrieller Arbeitskraft ist nun nicht mehr Zudiener der Maschine, sondern ein Informations- und Kommunikationsspezialist. Dieser benötigt nicht nur andere Kenntnisse und Fähigkeiten für seine Arbeit als der Industriearbeiter (ausführlich dazu unten Abschnitt 3.1.5), sondern er stellt auch andere Ansprüche an sein Leben: Sowohl als Konsument als auch als Arbeitnehmer.

b) Konsumwünsche und Arbeitsansprüche in der Wohlstandsgesellschaft

Die Diagnose eines gesellschaftlichen *Wertewandels* hat eine ebenso lange Tradition, wie die Prognose vom Ende der Industriegesellschaft (Inglehart 1977; Klages, Hippler & Herbert 1992). Ein materialistisches, auf ökonomische Leistung und persönliche Sicherheit zentriertes Wertegefüge wird demnach abgelöst durch eine *postmaterialistische* Grundhaltung, die auf Verbesserung der Lebensqualität und Schaffung von Freiräumen zur Selbstverwirklichung abzielt. Das *Ethos der Arbeit* weicht einem Ethos der Selbstverwirklichung (Lalive d'Epinay 1992). Nicht mehr die Sicherung des Überlebens ist das zentrale existentielle Problem, sondern das Erleben des Lebens (Schulze 1992). Die postmaterialistische Gesellschaft ist jedoch keineswegs eine Gesellschaft der eingeschränkten materiellen Ansprüche. Ganz im Gegenteil: Die moralische Neuausrichtung der Subjekte gründet in der historisch einmaligen Ausweitung des materiellen Möglichkeitsraumes in den 1950er und 1960er Jahren des 20. Jahrhunderts.

Entscheidend ist, dass es den westlichen Zentrumsgesellschaften im *keynesianischen Gesellschaftsmodell* der Nachkriegsjahre gelang, wirtschaftliches Wachstum und sozialen Ausgleich derart miteinander zu verknüpfen, dass tatsächlich ein Grossteil der Bevölkerung in einem vorher unbekannten Mass an ökonomischer Sicherheit und Wohlstand partizipieren konnte. Die Relationen sozialer Ungleichheit haben sich in der Boomphase zwar kaum verändert, doch die Lebensbedingungen der meisten Menschen wurden entscheidend verbessert. Die „goldenen Jahre" brachten endlich den Wohlstand, den die Industrialisierung schon seit über hundert Jahren versprochen hatte (Lalive d'Epinay 1991; Hobsbawm 1995). Vor der Erfahrung einer weitgehend gesicherten materiellen Existenz wird nun Raum frei für darüber hinausweisende Bedürfnisse. Der individuelle Entscheidungsspielraum erweitert sich drastisch. Aus der Industriegesellschaft, die sich um die Produktion herum strukturiert, wird die *Konsumgesellschaft* mit ihrem immer breiteren Angebot immer leichter verfügbarer Güter. Unterstützt wird diese Entwicklung nicht zuletzt durch die *Bildungsexpansion* und die konsequente *Arbeitsmarktvergesellschaftung* aufgrund der aussergewöhnlich günstigen Arbeitsmarktbedingungen in der Boomphase. Damit werden die letzten traditionellen, familienwirtschaftlichen Strukturen und Lebenswelten aufgelöst (Ambrosius & Kaelble 1992). Zentral ist diesbezüglich insbesondere der rasante Ausbau des qualifizierten Dienstleistungssektors ab den 1960er Jahren, womit die soziale Mobilität in einem zuvor unbekannten Ausmass erst möglich wird und sich auch neue Ideen und Lebensstile ausbreiten können. Nicht nur das materielle Angebot auf dem Warenmarkt, sondern auch das ästhetische und geistige Angebot an Lebensstilen, Werthaltungen und Erlebnissen erweitern den individuellen Erfahrungshorizont. Materiell und ideell ist der Einzelne schliesslich gezwungen, ständig aus einem immensen Angebot von Waren und Werten auszuwählen: Er findet sich in einer *Multioptionsgesellschaft* (Gross 1994). Der Wunsch nach Selbstverwirklichung und individueller Lebensqualität hat seinen utopischen Charakter verloren und wird mehr und mehr zu einer konkreten, teilweise realisierbaren Alltagsforderung. In der Folge werden die Unternehmen mit neuen Ansprüchen konfrontiert: Als Anbieter ihrer Produkte mit den sich ändernden *Wünschen der Konsumenten* und als Arbeitgeber mit den neuen *Ansprüchen der Arbeitnehmer*.

Der materielle Wohlstand und der Umfang an verfügbarer Zeit verlagern das relative Gewicht der verschiedenen Güter. Wenn sich die Grundbedürfnisse mit einem immer kleineren Teil des Einkommens finanzieren lassen, bleibt mehr Geld für den Konsum von Luxusprodukten und von Dienstleistungen, die das Leben angenehmer gestalten. Entsprechend verschiebt sich die Nachfrage. Doch nicht nur der konsumierte Warenkorb ändert sich, auch das Verhältnis der Menschen zu den Gütern. Nicht mehr der *Gebrauchswert* einer Ware oder Dienstleistung steht im Zentrum, sondern deren *Erlebniswert* (Schulze 1992). Der Entscheid zwischen den unzähligen angebotenen Marken und Modellen wird in einem viel grösseren Mass als früher nicht nur vom erwarteten Gebrauchswert eines Produkts bestimmt, sondern auch vom versprochenen Erlebnis, das mir dieses vermitteln soll. Ein beschleunigter Wechsel der Moden, auffälliges Design und perfektioniertes Marketing sind die Hilfsmittel, mit denen der subjektive Erlebniswert von Produkten jeder Art gesteigert werden soll. Es sind in der Folge diese Unternehmensbereiche, die gegenüber dem eigentlichen Produktionsbereich in einer radikalmodernen Konsumlandschaft an Bedeutung gewinnen: *Produktinnovation*, *Produktgestaltung* und *Marketing*. Wenn die Bedürfnisse weitgehend erfüllt sind, müssen Wünsche geschaffen und Erlebnisse versprochen werden: wichtige Tätigkeiten in der Erlebnisgesellschaft.

Doch nicht nur die Konsumenten, auch die Arbeitnehmer leben in einer radikalmodernen Gesellschaft und artikulieren entsprechende Ansprüche an ihre Arbeit. Die *materiellen Ansprüche* richten sich nach dem gesellschaftlichen Wohlstandsniveau: Das verfügbare Einkommen soll nicht einfach die Grundbedürfnisse decken, sondern darüber hinaus Luxus- und Erlebniskonsum ermöglichen. Die Erfahrung des ausgetrockneten Arbeitsmarktes während des Nachkriegsbooms und die sozialstaatliche Absicherung der Existenz lassen solche Ansprüche auch als legitim erscheinen. Darüber hinaus soll die Arbeit mehr sein, als Quelle des Wohlstands. Die gesellschaftlichen Trends von Individualisierung, Pluralisierung und Subjektivierung reichen vermehrt in die Arbeitswelt hinein. Die *Inhalte der Arbeit* und die *Gestaltung des Arbeitsalltags* müssen diesen Entwicklungen Rechnung tragen, will der Arbeitgeber auch für die besten Arbeitskräfte attraktiv sein (Baethge 1994; Heidenreich 1996). Mitbestimmungsmöglichkeiten, Gestaltungsspielraum, ein Stück Selbstbestimmung und Selbstverwirklichungschancen, Eigenverantwortung und Raum für Eigeninitiative, ja Expressivität sind einige der Charakteristiken einer mehr subjektbezogenen Arbeitsorganisation. Davon profitieren ebenfalls die Arbeitgeber, denen es nicht zuletzt auch darum geht, „die produktiven Potenzen des individuellen Selbstdarstellungsinteresses rationalistisch einzufangen und verfügbar zu machen" (Baethge 1994: 255). Der arbeitende Mensch will als ganzer Mensch, nicht bloss als Arbeitskraft, anerkannt werden. Andererseits ist er auch bereit, sich als ganzer Mensch, über ein enges Pflichtenheft hinaus, mit seiner Arbeit zu identifizieren: Verlangt wird eine *postkonventionelle Arbeitseinstellung* (Heidenreich 1996: 39). Bis anhin scheint es allerdings erst einer gut gebildeten Minderheit – vornehmlich im Bereich der sekundären Dienstleistungen – vorbehalten zu sein, solche Ansprüche im Arbeitsalltag auch erfolgreich einzufordern (vgl. dazu Abschnitt 3.2.5).

Über die direkte *wirtschaftsstrukturelle* Entwicklung hinaus, können wir also erwarten, dass sich auch die *kulturellen* Verschiebungen im Selbstverständnis des spätmodernen, postindustriellen Konsumenten und Arbeitnehmers auf die Art der von den Betrieben verlangten Qualifikationen im Bereiche der Soft Skills auswirkt.

3.1.2 Postindustrielle Qualifikationsanforderungen

Die Entwicklungen, die unter dem Stichwort der *postindustriellen Gesellschaft* zusammengefasst wurden, verändern die Arbeitswelt auf der Ebene der *Wirtschaftsstruktur*. Da sich die einzelnen Tätigkeitsbereiche in Bezug auf die damit verknüpften *Qualifikationsanforderungen* typischerweise unterscheiden, lässt dieser Strukturwandel entsprechende Veränderungen im Gesamtgefüge der nachgefragten Qualifikationen erwarten. Dies selbst dann, wenn für dieselbe Art von Tätigkeit über die Jahre immer dieselben Qualifikationen vorausgesetzt würden. Wenn beispielsweise – wie in den 1960er Jahren – die Nachfrage nach privaten Hausangestellten aufgrund der erwähnten „Kostenkrankheit" rapide zusammenbricht, auf der anderen Seite jedoch viele Stellen im administrativen Bereich entstehen, ändert sich nicht nur die Berufsperspektive für junge Frauen, sondern auch die ausbildungsmässigen und persönlichen Voraussetzungen. Nicht mehr „Kochen können" und „Treue und Ehrlichkeit" sind gefragt, sondern etwa „Maschinenschreiben und Stenografie" sowie „Stressresistenz und gute Auffassungsgabe".

Welches sind nun die wichtigsten Veränderungen in Bezug auf die arbeitsmarktrelevanten Qualifikationen? Da im expandierenden, sekundären Dienstleistungssektor durchschnittlich höhere Anforderungen an die Ausbildung gestellt werden als im Produktionsbereich, lässt bereits dieser Strukturwandel einen *Anstieg der formalen Bildungsanforderungen* erwarten. Tendenziell noch deutlicher sind die Unterschiede nach formalem Ausbildungsniveau auf der Ebene von Berufsgruppen. Es ist vor allem die deutlich wachsende Gruppe der „Wissensarbeiter" – und zwar sowohl im Dienstleistungs- als auch im Industriebereich – die durchschnittlich über den höchsten Ausbildungsabschluss verfügt, während die produzierenden Berufe den tiefsten Anteil Personen mit höherer Ausbildung aufweisen (Arnal, Ok & Torres 2001: 20). Der mit der Deindustrialisierung verbundene Verlust unqualifizierter Stellen im inländischen Produktionsbereich, der Rückgang der Nachfrage nach formal meist unqualifiziertem Hilfspersonal vor allem in privaten Haushalten und die Expansion im Hochqualifikationsbereich der unternehmensbezogenen und sozialen Dienstleister führt über den gesamten Arbeitsmarkt zu einer deutlichen Zunahme der formalen Qualifikationsanforderungen. Tatsächlich lässt sich der Grossteil der über die letzten 50 Jahre gestiegenen Ausbildungsanforderungen in der Schweiz auf Verschiebungen in der Wirtschaftsstruktur zurückführen (Sacchi, Salvisberg & Buchmann 2005).

Entscheidend für den Wandel im Hinblick auf *Soft Skills* sind die beiden dargestellten Haupttrends der berufsstrukturellen Verschiebungen: Die Informatisierung der Arbeitswelt und die Expansion kommunikativer Tätigkeiten. Mit der steigenden Bedeutung von Berufsfeldern, deren zentrale Tätigkeit sich auf den Umgang mit Wissen und Information bezieht, steigt insgesamt auch der Bedarf an einschlägigen persönlichen Qualitäten. Insbesondere kognitive und methodische Fähigkeiten und Stärken gewinnen an Bedeutung. Dazu gehören etwa eine schnelle Auffassungsgabe, Lernbereitschaft und -fähigkeit, Abstraktionsvermögen, Urteilskraft, aber auch Offenheit für Neues und Kreativität. Die wachsende Bedeutung der Berufe in zwischenmenschlich anspruchsvollen Bereichen verlangt demgegenüber nach erweiterten kommunikativen Stärken, wozu nicht nur die Fähigkeit gehört, sich mündlich und schriftlich auszudrücken, sondern auch zuzuhören und Empathie zu empfinden oder sich Gehör zu verschaffen und durchzusetzen. Generell kann erwartet werden, dass intellektuelle, methodische und soziale Kompetenzen an Bedeutung gewinnen und die Wichtigkeit von Körperkraft und handwerklichem Geschick schwindet, wenn sich die zentrale Tätigkeit – in der Terminologie Bells – vom „Spiel gegen die technisierte Natur" zum „Spiel zwischen Personen" verlagert.

Neben dem berufsstrukturellen Wandel wurde unter dem Stichwort des Wertewandels auch die *kulturelle Dimension* der ökonomischen Entwicklung angesprochen. Der genannte Trend zum Erlebniskonsum wertet nicht nur gewisse Tätigkeiten wie Produktegestaltung, Werbung und Marketing auf, sondern gibt auch den damit verbundenen persönlichen Eigenschaften ein deutlich grösseres Gewicht. Kreativität, Ideenreichtum, Phantasie, Offenheit für Neues, aber auch die Fähigkeit, die neuen Ideen zu kommunizieren, sind gefragte Eigenschaften bei den Mitarbeitern und können einem Unternehmen einen entscheidenden Konkurrenzvorteil sichern. Kreativität ist nur möglich, wenn auch ein gewisser Freiraum zur Ausfüllung einer Aufgabe gegeben ist. Diese Forderung entspricht gleichzeitig den Wünschen einer Arbeitnehmerschaft, die ihre Subjektivität vermehrt in die Arbeitswelt einbringen will. Voraussetzung für einen vergrösserten Gestaltungsspielraum in der täglichen Arbeit ist allerdings ein hohes Mass an Selbststeuerungsfähigkeit. Dazu gehören persönliche Qualitäten wie Selbstständigkeit, Verantwortungsbewusstsein, eine positive Arbeitseinstellung und überdurchschnittliche Motivation sowie die Fähigkeit, sich und seine Arbeit selbst organisieren zu können. Dieses Bündel an Soft Skills dürfte denn auch eine arbeitsmarktliche Aufwertung erfahren.

Zusammenfassend lassen sich für die Entwicklung des gesamtwirtschaftlichen Qualifikationsbedarfs angesichts des postindustriellen Strukturwandels folgende Erwartungen formulieren:

- Die durchschnittlichen Anforderungen an die formale Ausbildung steigen deutlich.
- Bei den Soft Skills dürften folgende Kompetenzbereiche klar aufgewertet werden:
  - Methodenkompetenzen: insbesondere Lernfähigkeit, Abstraktionsfähigkeit, Offenheit für Neues, Organisations- und Planungsfähigkeiten, Kreativität;
  - Sozialkompetenzen: insbesondere kommunikative Stärken;
  - Selbstkompetenzen: insbesondere Selbststeuerungsfähigkeit und Motivation.

3.1.3 Der berufsstrukturelle Wandel in der Schweiz

Die postulierte generelle Entwicklung einer sich deindustrialisierenden Wirtschaft und einem Umbau der Dienstleistungslandschaft wird im Folgenden am Beispiel des Wandels der Berufsstruktur in der Schweiz genauer untersucht. Es geht dabei um die Frage, inwieweit die erwarteten Trends sich in der Schweiz tatsächlich beobachten lassen. Grundlage für die Darstellung sind die Erwerbstätigenzahlen der Schweizerischen Volkszählungen 1970 bis 2000, die zu 14 Berufsgruppen zusammengefasst werden. Tabelle 3.1 zeigt die entsprechenden Veränderungsraten im Vergleich der Jahre 2000 und 1970, Abbildung 3.1 die jeweiligen Anteile pro Volkszählungsjahr. Die Zahlen zeigen deutlich, wo die grossen Verschiebungen stattgefunden haben: Während sich die Erwerbstätigen-

Tabelle 3.1: Berufsgruppen: Anteile und Veränderungsraten Schweiz 1970–2000

Berufsgruppen[1]	Mittlerer Anteil (%)	Veränderung 2000/1970
Landwirtschaftliche Berufe	6.04	0.43
Übrige industrielle und gewerbliche Berufe	7.00	0.45
Berufe der Metall-, Maschinen-, Elektro- und chemischen Industrie	10.38	0.46
Hauswirtschafts- und Reinigungsberufe	3.99	0.62
Berufe des Bau- und Ausbaugewerbes	7.52	0.67
Berufe in Transport, Lager und Sicherheit	7.98	0.91
Kaufmännische Angestellte	15.22	0.99
Gastgewerbliche Berufe	4.94	1.00
Verkaufs- und Handelsberufe	8.12	1.10
Ingenieure und technische Spezialisten	7.38	1.44
Berufe in Erziehung, Wissenschaft und Kultur	8.02	2.11
Berufe in Gesundheit und Körperpflege	5.87	2.39
Managementberufe	4.96	3.92
Dienstleistungskaufleute	2.57	5.36

1 Berufsgruppen geordnet nach steigender Veränderungsrate (1 bedeutet keine Veränderung).

Quelle: Schweizerische Volkszählungen, BISS; eigene Kategorisierung. (Die Volkszählungszahlen wurden von George Sheldon für das Berufsinformationssystem Schweiz (BISS) aufbereitet und harmonisiert. Grundlage sind alle Erwerbstätigen (ohne Lehrlinge), die mindestens 6 Stunden einer Erwerbsarbeit gegen Bezahlung nachgehen und älter als 14 Jahre sind. Die Zusammenfassung zu 14 Berufsgruppen erfolgt analog zum Vorgehen bei den Stelleninseraten. Im Anhang Tabelle A.1 findet sich die dazugehörige Darstellung der Kategorienbildung. Vergleichbaren Daten der älteren Volkszählungen sind nicht verfügbar.)

anteile in industriellen und gewerblichen Berufen etwa halbierten, haben sich diese Anteile in den sozialen Dienstleistungen mehr als verdoppelt, und im Bereich anspruchsvoller unternehmensbezogener Dienste sogar vervier- bis verfünffacht. Im mehr oder weniger stabilen Bereich finden wir die Berufe im Bereich distributiver Dienstleistungen (Transport, Handel), die kaufmännischen Angestellten und die gastgewerblichen Berufe. Diese Beobachtungen entsprechen den erwarteten Trends einer Deindustrialisierung einerseits und einer Gewichtsverlagerung im Dienstleistungsbereich andererseits.

Auffallend – weil gewissermassen aus der Reihe tanzend – sind zwei Bereiche: Als einziger Dienstleistungsbereich zeigen die Erwerbstätigen bei den persönlichen Diensten in Haushalt und Reinigung eine deutlich abnehmende Tendenz – und illustrieren damit den Effekt der erwähnten „Kostenkrankheit" gebundener Dienstleistungen. Andererseits sind die Ingenieure und technischen Fachkräfte die einzige technische Berufs-

Abbildung 3.1: Wandel der Berufsstruktur in der Schweiz 1970–2000

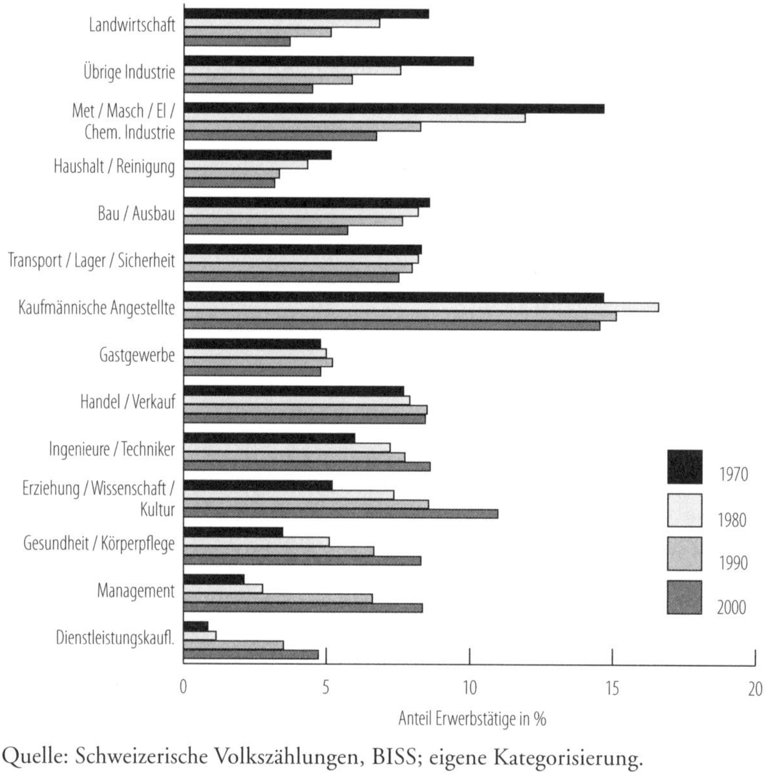

Quelle: Schweizerische Volkszählungen, BISS; eigene Kategorisierung.

gruppe mit wachsendem Trend. Allerdings sind darin sowohl Tätigkeiten zusammengefasst, die eng mit der Produktion selbst verknüpft sind (etwa Ingenieure) als auch solche, die eher Dienstleistungscharakter haben (etwa in der Informatik). Sie illustrieren ihrerseits die Bedeutung der postindustriellen „Wissensarbeiter".

Ein Blick auf Abbildung 3.1 zeigt, dass die wesentlichen Veränderungen in den Anteilswerten stetig erfolgt sind: Sowohl Berufsgruppen mit abnehmender als auch solche mit steigender Tendenz zeigen eine stufenförmige Entwicklung von Erhebung zu Erhebung. Damit wird der Charakter dieser Veränderungen als langfristiger Strukturwandel besonders deutlich. Ausnahmen sind lediglich die insgesamt stabilen Bereiche, allen voran die kaufmännischen Angestellten, deren Anteil von 1970 zu 1980 deutlich expandiert, um in den Folgejahren dann wiederum zurückzugehen.

Die grossen Linien der strukturellen Verschiebungen werden in einer Zusammenfassung der einzelnen Berufskategorien besonders deutlich. Oben wurde auf die Prognose von Stooss & Weidig (1990) zur Entwicklung der Tätigkeitslandschaft in Deutschland über den Zeitraum von 1973 bis 2000 hingewiesen. Die Autoren unterscheiden drei Tätigkeitsfelder mit deutlich abweichenden Entwicklungstrends: Produktionsorientierte Tätigkeiten sowie primäre und sekundäre Dienstleistungen. In Annäherung an diese Tätigkeitskategorien lassen sich die Berufsgruppen analog zusammenfassen.[19] Entsprechend werden die Berufe im produzierenden Bereich zu den produktionsorientierten Tätigkeiten zusammengefasst und die Berufe im Dienstleistungsbereich gemäss den von Stooss & Weidig angegebenen Tätigkeiten (vgl. oben, Abschnitt 3.1.4) auf primäre und sekundäre Dienstleistungstätigkeiten aufgeteilt. Unsere in dieser Hinsicht besonders heterogene Kategorie der Ingenieure und Techniker wird je hälftig den produktionsorientierten Tätigkeiten und den sekundären Dienstleistungen zugeordnet. Abbildung 3.2 zeigt die aufgrund der Berufsangaben geschätzte Entwicklung der Tätigkeitsstruktur.

Während sich die Anteile produktionsorientierter Tätigkeiten und sekundärer Dienstleistungen spiegelbildlich entwickeln, bleibt der Anteil an primären Dienstleistungstätigkeiten fast stabil. Dabei sind es rund 20% der Erwerbstätigen, welcher gewissermassen die Seiten

---

19 Damit wird eigentlich nicht die Tätigkeitsstruktur, sondern die Berufsstruktur erfasst, wobei hier die vereinfachende Annahme getroffen wird, dass sich aus dem Beruf die jeweilige Haupttätigkeit abschätzen lässt.

Abbildung 3.2: Wandel der Tätigkeitsstruktur in der Schweiz 1970–2000

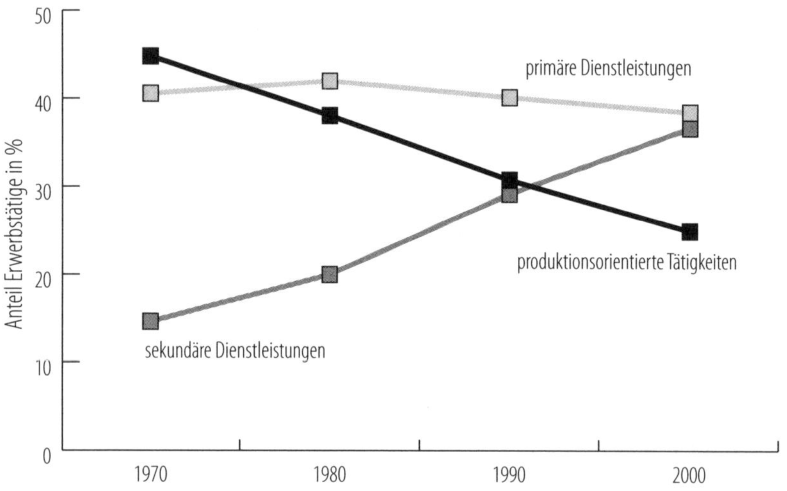

Quelle: Schweizerische Volkszählungen, BISS; eigene Kategorisierung

wechselt. Der hier beobachtete Wandel ist noch etwas ausgeprägter als die Prognosen von Stooss & Weidig für Deutschland, wobei sich die Zahlen angesichts unserer Annäherung über die Berufsgruppen und der landesspezifischen Unterschiede doch sehr gleichen.[20]

Die beobachteten Verschiebungen in der Berufsstruktur in der Schweiz entsprechen also durchaus den Erwartungen. Einem starken Abbau industrieller Tätigkeiten steht die parallele Expansion bei den sekundären – unternehmensbezogenen und sozialen – Dienstleistungen gegenüber. Entsprechend müssten sich die mit diesem Strukturwandel in Verbindung gebrachten Veränderungen hin zu den dargestellten „postindustriellen Qualifikationsanforderungen" auf dem Schweizer Arbeitsmarkt ebenfalls deutlich manifestieren. Während sich die Erwartung steigender formaler Ausbildungsanforderungen in der Schweiz klar bestätigt (Sacchi, Salvisberg & Buchmann 2005), sind Ausmass und Wirkungskräfte in Bezug auf die Trends in der arbeitsmarktlichen Soft

20 Stooss & Weidig (1990: 44) prognostizieren folgende Entwicklungen für den Anteil der Erwerbstätigen 1970–2000 (in Klammern die Zahlen gemäss unserer volkszählungsbasierten Näherung): produktionsorientierte Tätigkeiten von 41 zu 31% (45 zu 25%), primäre Dienstleistungen von 42 zu 38% (41 zu 38%) und sekundäre Dienstleistungen von 17 zu 31% (15 zu 37%).

Skills-Nachfrage das Thema der vorliegenden empirischen Untersuchung (Kapitel 4). Vorher wenden wir uns aber noch dem innerbetrieblichen Wandel zu, von dem wir ebenfalls gewichtige Auswirkungen auf die Veränderungen in den betrieblichen Qualifikationsanforderungen erwarten.

3.2 Die postfordistische Wirtschaft und der Umbau der Arbeitsplätze

Nach der Darstellung der postindustriellen Veränderungen in der Wirtschaftsstruktur und ihren Auswirkungen auf die Qualifikationsstruktur geht es in diesem Abschnitt nun um den *Wandel innerhalb der Betriebe und an den Arbeitsplätzen* selbst. Neue Formen wie Unternehmen aufgebaut sind und Produktionsabläufe organisiert werden, führen dazu, dass auch bei gleich bleibenden Bezeichnungen für Berufe und Funktionen sich die Erwartungen an die jeweiligen Arbeitnehmer wandeln und sich die Anforderungen in Bezug auf formale und informelle Qualifikationen verändern. Ausgangspunkt für die folgenden Ausführungen ist die Diskussion um einen tiefgreifenden *Umbau der Wirtschaft* im letzten Viertel des 20. Jahrhunderts. Die sich globalisierende Konkurrenzsituation und die Möglichkeiten der modernen Technologien verändern die Handlungsbedingungen der wirtschaftlichen Akteure und begünstigen neue Formen der Arbeits- und Betriebsorganisation. Unter den Stichworten der *Flexibilisierung* und *systemischen Rationalisierung* werden Ziel und Strategie der Unternehmen unter den neuen Bedingungen präziser gefasst werden. Die daraus abgeleiteten *Prinzipien für die Betriebsorganisation* und die *Umgestaltung der Arbeitsbeziehungen* werden anschliessend im Detail dargestellt, um schliesslich nach den Auswirkungen dieser Organisationsprinzipien auf die *Berufsrolle* und die *qualifikatorischen Anforderungen* zu fragen. Die aufgrund der idealtypischen Beschreibung der neuen Organisationsprinzipien formulierten Erwartungen an die Entwicklung der Qualifikationsanforderungen müssen dann allerdings vor dem Hintergrund der *empirisch beobachteten Verbreitung* der neuen Arbeitsformen stark relativiert werden.

3.2.1 Das postfordistische Organisationsparadigma

Parallel zur Gesellschaftsdiagnose einer neuen, radikalisierten Moderne (Beck 1983, 1986) oder posttraditionalen Gesellschaft (Giddens 1994) widmen sich verschiedene Autoren seit Mitte der 1980er Jahre dem Wandel des wirtschaftlichen Systems und den arbeits- und betriebsorganisationellen Grundsätzen, welche den posttraditionalen Individualisierungsschub in der Arbeitswelt unterlegen (Piore & Sabel 1984; Offe 1985; Halal 1986; Lash & Urry 1987; Harvey 1990). Auch hier – so die Behauptung – stehen die Traditionen der „alten" Moderne zur Disposition. Die grossbetrieblich-fordistische Massenproduktion würde zugunsten einer flexiblen Spezialisierung in kleineren Produktionseinheiten an Bedeutung verlieren. Mit dem Schwinden der alten ökonomischen Grossstrukturen ändere sich gleichzeitig das Gesicht der Güterproduktion: „lean production", „systemische Rationalisierung", „flexible Fertigungssysteme", „outsourcing" und „subcontracting", die Wiedergeburt des Kleinunternehmers, Abbau betrieblicher Hierarchien, Kunden- und Marktorientierung etc. sind einige der Schlagworte des *neuen*, *postfordistischen* oder *desorganisierten Kapitalismus*. Dies gilt für den Produktionsbereich gleichermassen, wie für den Dienstleistungssektor: Überall sei ein vergleichbares Muster von Dezentralisierung, Flexibilisierung und Demontage verfestigter Strukturen zu registrieren. Als Haupttriebkräfte dieser Entwicklung werden die Transnationalisierung der wirtschaftlichen Tätikgeit und die Dynamik der Computertechnologie genannt.

a) Transnationalisierung und neue Technologien

Wenn auch die quantitative Bedeutung aktueller globaler Wirtschaftsintegration umstritten ist (Hirst & Thompson 1996), bleiben doch wichtige Gründe, die es gerechtfertigt erscheinen lassen, die *Transnationalisierung* als ein zentraler Faktor für die sich wandelnden ökonomischen Handlungsbedingungen anzusehen (für einen Überblick vgl. Trinczek 1999). Zentrales Argument ist dabei die neue *Qualität* der globalen Integration und Vernetzung. Diese zeigt sich etwa in der explosionsartigen Ausweitung transnationaler Unternehmen, der Auslanddirektinvestitionen, aber auch strategischer Allianzen und Netzwerken auf länderübergreifendem Niveau (für die Schweiz vgl. de Pury, Hauser & Schmid 1995). Grundlegender noch ist die „Globalisierung des Entscheidungshorizonts". Angesichts der radikalen Erweiterung des realen Möglichkeitsraums für ökonomische Akteure dank gesunkenen Transport- und Transaktionskosten schlägt sich Globalisierung nicht nur in Handelsstatistiken nieder, sondern gleichermassen in der lokalen Entscheidungslogik: Die „Opportunitätskosten der binnenwirtschaftlichen Option sind drastisch gestiegen" (Wiesenthal 1999: 513). Vielleicht am Folgenschwersten ist die weit fortgeschrittene Globalisierung der Finanzmärkte. Im globalen Wettbewerb um Kapital sieht sich das einzelne Unternehmen ständig öffentlich bewertet. Es genügt nicht mehr, ein konkurrenzfähiges Produkt erfolgreich zu verkaufen, sondern die damit erzielte Rendite muss immer mehr einem globalen Vergleich standhalten. Dieser „imperativ of at least 13 per cent return on capital employed“ (Williams 2000: 6) zwingt zu erhöhten Anstrengungen bezüglich *Senkung der Produktionskosten* sowie zu *Restrukturierungsmassnahmen*, die das eingesetzte Kapital besser nutzen (Beschleunigung der Produktionszyklen, just-in-time und lean production) und die Eigenkapitalbasis verkleinern (outsourcing, subcontracting, downsizing) (vgl. Aglietta 2000; Froud, et al. 2000).

Neben der Transnationalisierung gilt die *technologische Entwicklung* als zentrale Triebkraft für den Umbau der Wirtschaftswelt. In der Theorietradition der postindustriellen und Informationsgesellschaft wird der Technologie *der* zentrale Platz zugewiesen für die Erklärung nicht nur des wirtschaftlichen, sondern darüber hinaus des sozialen Wandels generell. In unserer analytischen Trennung nach wirtschaftsstrukturellen Verschiebungen einerseits und dem Umbau an den Arbeitsplätzen andererseits, ist auch der Technologieeffekt differenziert zu betrachten. Während sich im ersten Fall die Technologie in erster Linie aufgrund der divergierenden Produktivitätsentwicklung auf die Branchen- und Berufsstruktur auswirkt, stellt sich hier die Frage nach den Folgen des Einsatzes moderner Informations- und Kommunikationstechnologien auf der Ebene der Betriebsorganisation und der Arbeitsplätze.

Es herrscht weitgehend Einigkeit darüber, dass die Auswirkungen der neuen Technologien auf die Arbeitswelt beträchtlich sind und künftig noch sehr viel weitreichender sein werden (für eine Übersicht vgl. Form, et al. 1988). In der Tradition von Bell (1973) werden diese Auswirkungen grundsätzlich positiv beurteilt: Die menschlichen Tätigkeiten werden anspruchsvoller und komplexer, den Arbeitnehmern wird mehr Eigenverantwortung übertragen, die Arbeitsqualität wird gesteigert, während repetitive, gefährliche und schmutzige Tätigkeiten von Maschinen übernommen werden. Pessimistisch eingeschätzt werden die Folgen von Technisierung und Rationalisierung in der marxistischen Perspektive. Wie bereits die frühe Mechanisierung wird gemäss dieser Einschätzung auch die Automatisierung zu einer zunehmenden Abwertung der Arbeitskraft und ihrer Fähigkeiten führen. Dequalifizierung und Entmündigung des arbeitenden Menschen sind die Folge (Braverman 1974). Spätere Untersuchungen (etwa Spenner

1983; Kern & Schumann 1984) weisen schliesslich darauf hin, dass je nach Tätigkeitsbereich unterschiedliche Effekte des Technikeinsatzes auftreten. Chancen und Risiken der Einführung neuer Technologien sind ungleich verteilt. Differenzierte Betrachtungen lassen den oft unausgesprochenen Technikdeterminismus der zitierten Vorstellungen hinter sich. Technologieeffekte sind nicht selbstevident, sondern hängen von der Interpretation und den Handlungsstrategien der involvierten menschlichen Akteure ab (Grint & Woolgar 1997), aber auch vom institutionellen und organisationellen Umfeld, welches Strategie und Umsetzung des Technikeinsatzes mitformt (Form, et al. 1988; Spenner 1988; Kelley 1990; Edwards 1995). Dabei nimmt gerade die neue Informationstechnologie viel weniger vorweg als die Mechanisierung und Automatisierung der klassischen Massenproduktion. Der Gestaltungsspielraum für die Arbeitsorganisation ist damit grösser geworden (Hage & Powers 1992). Die neuen Technologien sind als ein vielseitig einsetzbares Werkzeug zu verstehen, das dem Unternehmer und dem Arbeitnehmer erlaubt, seine Ziele innerhalb des vorgegebenen Handlungsrahmens zu verfolgen. Zugleich sieht sich der ökonomische Akteur durch den wachsenden Wettbewerbsdruck aber auch gezwungen, das neue Potential zur Steigerung betrieblicher Effizienz und Flexibilität optimal zu nutzen. Die zur Verfügung stehenden Informations- und Kommunikationstechnologien ermöglichen die fortgeschrittene internationale Arbeitsteilung, die Globalisierung der Finanzmärkte, die Steigerung von Effizienz und Qualität der Produktion, das raschere Erkennen von und Reagieren auf sich ändernde Marktbedürfnisse, die Flexibilisierung der Betriebsorganisation sowie die Differenzierung der Produkte (OECD 1996b). In diesem Sinne verändert die Verfügbarkeit neuer technischer Werkzeuge auch die Handlungsbedingungen selbst: Der Möglichkeitsraum für unternehmerisches Handeln wird ausgeweitet. Andererseits kanalisiert der verschärfte Wettbewerb die möglichen Unternehmensstrategien. Somit entwickelt das technologische Werkzeug durchaus seine Eigendynamik in Richtung Diversifizierung, Flexibilisierung und Beschleunigung der Produktion und ist in diesem Sine durchaus ein Katalysator des organisationellen Wandels.

b) Flexibilisierung und systemische Rationalisierung

Eine der Grundcharakteristiken der alten, *organisierten Moderne* (Wagner 1994) war der Versuch, die Kontingenz menschlichen Handelns durch ein möglichst dichtes *Regelwerk* aufzufangen – in der Wirtschaft genau so wie in der Politik. Das entsprechende organisationelle Paradigma kann als *tayloristisch-bürokratisches Regime* bezeichnet werden. Mit den komplexeren Handlungsstrukturen, die zusammenfassend als Übergang zu einer neuen, radikalisierten Moderne bezeichnet werden können, wird diese Detailverregelung als eine zunehmend ineffiziente Lösung wahrgenommen – wenn nicht gar als schiere Unmöglichkeit. Im Folgenden geht es nun darum, diesen bisher in allgemeinen Begriffen skizzierten Wandel präziser zu fassen und die Strategien der Unternehmen aufzuzeigen, wie diese neuen Bedingungen organisationell verarbeitet werden.

Kontroverser Ausgangspunkt ist die These der *flexiblen Spezialisierung* (Piore & Sabel 1984), welche postuliert, dass das fordistische Paradigma der Massenproduktion einheitlicher Güter in zentral gelenkten Grossbetrieben zur Befriedigung eines standardisierten Massenkonsums mit dem Ende der organisierten Moderne stark an Bedeutung verliert. Das neu entstehende Produktionssystem sei gekennzeichnet durch die Fabrikation stark diversifizierter Güter in Kleinserien, hergestellt von qualifizierten Arbeitskräften in eher handwerklichen Produktionseinheiten, die ihrerseits netzwerkartig miteinander verbunden seien und sehr rasch auf sich ändernde Marktsituationen reagieren könnten. Getragen würde diese Entwicklung von sich ändernden Konsumwünschen, einer neuen Arbeitsphilosophie und insbesondere den Möglichkeiten, welche die modernen Technologien bieten. Wenn sich das so umrissene Produktionsparadigma auch noch nicht allgemein durchgesetzt habe, sei es doch das am ehesten Erfolg versprechende Konzept, angesichts der Herausforderungen der näheren Zukunft. Ob es sich bei der flexiblen Spezialisierung allerdings um eine empirisch haltbare These handelt, scheint aber zweifelhaft (Williams, et al. 1987). Dem Mythos von der steigenden Bedeutung der Kleinunternehmen als Arbeitgeber und Innovatoren tritt auch Harrison (1994) mit empirisch gestützten Argumenten entgegen. Die ökonomische Entscheidungsmacht und das Potential, die steigenden Kosten für Forschung, Entwicklung und globales Marketing zu tragen, bleiben in den Grossorganisationen konzentriert. An ihnen hängt letztlich auch der überwiegende Teil aller Arbeitsplätze. Diese Konzentration nimmt weiter zu – „Elefantenhochzeiten“ prägen die Wirtschaftsberichterstattung in den Medien. Der eigentliche Wandel ist woanders auszumachen: In der Restrukturierung der Betriebsorganisation im Innern sowie der Neugestaltung der Beziehungen nach aussen. Harrison (1994: 8 f.) spricht von „concentration without centralization“:

Die Kontrolle über die Ressourcen wird konzentriert, die eigentlichen Aktivitäten erfolgen jedoch zunehmend dezentral. Allgemeines Ziel dieses Umbaus ist ein Zugewinn an Flexibilität. Diese *Flexibilisierung der Organisation* kristallisiert sich als gemeinsamer Nenner der unterschiedlichen Thesen über das neue Produktionsregime heraus. Und auch die Argumente sind im Kern identisch: Angesichts der Herausforderungen einer radikalmodernen Wirtschaft bleibt ein Unternehmen nur dann erfolgreich, wenn der rasante Wandel und die gesteigerte Unsicherheit ökonomischen Handelns durch eine ausgesprochen wandlungs- und reaktionsfähige Organisationsform aufgefangen werden können.

Ökonomisch präziser fassen lässt sich der Zusammenhang von veränderten Handlungsbedingungen und den Bemühungen um Flexibilität der Organisation mit dem Transaktionskostenansatz. Die mit einer bestimmten Organisations- und Kontrollform verbundenen Transaktionskosten sind abhängig von der *Häufigkeit* derselben Transaktion, den damit verbundenen *Unsicherheiten* und der *Spezifität* der involvierten Produktionsfaktoren: Je häufiger dieselbe Transaktion stattfindet, je mehr Risiken damit einhergehen und je spezifischer die nötigen Faktoren, desto eher ist es ökonomisch sinnvoll, die Transaktionen in das Unternehmen zu integrieren (Williamson 1981: 555). Wenn nun, wie in der Radikalmoderne, die Transaktionen vielfältiger und unstandardisierter werden, sich die Unsicherheiten und Ungewissheiten externer Transaktionen laufend verschieben und – insbesondere dank den neuen Informationstechnologien – sich die Faktorspezifität mindestens teilweise reduzieren lässt, wächst damit die Notwendigkeit, den optimalen Mix von selbst erbrachten und marktvermittelt zugekauften Leistungen immer wieder neu zu definieren. Organisationelle Flexibilität bezieht sich also auf die Reaktionsfähigkeit des Unternehmens nicht nur gegenüber einer sich wandelnden Nachfragesituation, sondern auch gegenüber sich ändernden relativen Preisen der Organisationsvarianten. Flexibilität per se ist ja nicht das Ziel, sondern letztlich ein Mittel zur Effizienzsteigerung. Das flexible Unternehmen versucht durch betriebsinterne und anstellungspolitische Massnahmen seine funktionale, numerische und finanzielle Beweglichkeit zu optimieren. Dabei entscheidet die Einsetzbarkeit von Arbeitskräften und Anlagen für rasch wechselnde Aufgaben und die Bereitstellung neuer Produkte über die *funktionale Flexibilität*. *Numerische Flexibilität* bezieht sich dagegen auf die kurzfristige Anpassung der Anzahl Lohnempfänger an die Marktsituation, und *finanzielle Flexibilität* soll schliesslich trotz eines Minimums an gebundenem Kapital die Reaktionsfähigkeit des

Unternehmens sicherstellen (Atkinson & Meager 1986). Ein theoretisch gehaltvoller Ansatz, der die Strategien zur Ausweitung organisationeller Flexibilität auf den Punkt zu bringen versucht, findet sich im Konzept der *systemischen Rationalisierung* (Bechtle 1994).

Diese Rationalisierungsstrategie nimmt das tayloristische Ziel der Effizienzsteigerung wieder auf und gibt ihm gleichzeitig eine neue Qualität, indem das alte Rezept der Zerlegung der Arbeitsabläufe überwunden wird. In der *Binnenperspektive* geht es darum, „*funktional unterschiedliche* Teilsysteme mit *eigenen* Rationalitätskriterien auszudifferenzieren, um ein der Komplexität und Kontingenz der Märkte entsprechendes Niveau an Eigenkomplexität und Veränderbarkeit zu erreichen." Die entscheidende neue Stossrichtung erhält die systemische Rationalisierung aber durch den Einbezug der *Aussenperspektive*: „Der betriebliche Gesamtablauf wird in Beziehung gesetzt zu vor- und nachgelagerten Liefer-, Distributions- und Konsumationsstufen oder -phasen. Im Prinzip geht es also um den gesamten Reproduktionsprozess oder -zyklus eines bestimmten Kapitals" (Bechtle 1994: 46, Hervorhebungen im Original). Gefragt sind *Gesamtstrategien*, „ganzheitliche, Arbeits- und Unternehmensorganisation als Einheit fassende und abstimmende Konzepte, die auf Restrukturierung gleichermassen in der Produktion wie im breiten Spektrum von Forschung und Entwicklung, von Fremd- und Eigenfertigung, von Produktionsplanung und Organisation bis hin zu den Vertriebskonzepten abzielen" (Schumann, et al. 1994a: 12). Das Ziel *interner Flexibilisierung* wird durch eine Reorganisation von Arbeit und Betriebsabläufen erreicht, die *externe Flexibilisierung* durch eine Neudefinition der Aussengrenzen des Unternehmens. Möglich wird solch ein anspruchsvolles Programm erst durch den Einsatz der fortgeschrittenen Informations- und Kommunikationstechnologien mit ihrem Potential, konkrete Abläufe, menschliche Handlungen, spezifische Handlungsziele und Informationen unterschiedlichster Art in abstrakter Form in einen informatorischen Gesamtzusammenhang einzubinden. Die elektronische Datenverarbeitung erlaubt so eine wesentlich weiter reichende Abstimmung und Integration einzelner Teilprozesse, eine Optimierung der innerbetrieblichen wie auch überbetrieblichen Informationsflüsse sowie fast verzögerungsfreie Kontroll- und Eingriffsmöglichkeiten. In ihrem ganzheitlichen Ansatz nimmt die neue Rationalisierungsstrategie auch die dispositiven Tätigkeiten in Planung, Organisation, Führung und Kontrolle nicht aus (Baethge & Oberbeck 1986). Neben dem Begriff der systemischen Rationalisierung gibt es eine ganze Anzahl weiterer Begrifflichkeiten, welche die Strategien eines umfassenden organisationellen Umbaus von Unternehmen zu fassen versuchen. Am bekanntesten sind sicherlich *lean production*[21] und *lean management*, welche nicht nur die Verschlankung der Unternehmensstrukturen und Konzentration auf die Kerntätigkeiten beinhalten, sondern eine durchgehende Optimierung der Produktion im Sinne des „mit weniger mehr erreichen“ (Womack, Jones & Roos 1990; Weber 1994).

c) *Die neuen Prinzipien der Unternehmensorganisation*

Das Ziel einer gesteigerten Flexibilität versuchen die Unternehmen durch ein Bündel von Massnahmen zu erreichen. Im Folgenden werden die zentralen Prinzipien des neuen Organisationsparadigmas vorgestellt. Dazu wird der Stand der einschlägigen Diskussion in seinen wichtigsten Aussagen zusammengefasst (vgl. dazu Boyer 1992: 56 ff. und 99 f.; OECD 1996b: 130). Diese idealtypische Beschreibung abstrahiert von national geprägten Typen neuer Organisationsformen, die unterschiedliche Akzente setzen (vgl. dazu Appelbaum & Batt 1994: 43 ff.).

1. *Optimierung der Produktionsabläufe:* Die ursprünglichen Strategien wissenschaftlicher Betriebsführung werden in einem grösseren Rahmen wieder aufgenommen: Nicht mehr nur die Arbeitsproduktivität, sondern die Gesamtfaktorproduktivität wird maximiert.
2. *Integration aller Arbeitsschritte:* Forschung, Entwicklung, Produktion und Marketing folgen nicht mehr linear aufeinander, sondern reziproke Koordinationsmechanismen sorgen für eine Beschleunigung und Flexibilisierung der Produkte- und Prozessinnovation.
3. *Dezentralisierung von Kompetenz und Verantwortung:* Flache Hierarchien, die Delegation von Entscheidungskompetenz an die ausführenden Mitarbeiter und die Orientierung an Zielen, statt die Vorgabe von Arbeitsabläufen entspricht dem Grundsatz der Ausdifferenzierung teilautonomer Teilsysteme, denen eine beschränkte Eigenlogik zugestanden wird. Organisatorisch erfolgt diese Dezentralisierung durch Bildung von unterschiedlich eigenständigen Betriebseinheiten, Profitcenters und Arbeitsteams

---

21 Lüde (1996: 108) bezeichnet „lean production“ als „japanische Variante der systemischen Rationalisierung“.

unter dem Dach eines Unternehmens oder gar die vollständige Auslagerung einzelner Geschäftsbereiche.

4. *Neuartige Koordinations- und Kontrollmechanismen:* Die tayloristische Koordination durch Vorgabe der Arbeitsabläufe wird ersetzt durch Zielvorgaben im Sinne der Interessen des Gesamtunternehmens. Dabei ist die neue Autonomie der Zielerfüllung nach eigenen Regeln nicht mit dem Wegfallen von Kontrollen und gar dem Ende betrieblicher Herrschaft zu verwechseln. Integrierte EDV-gestützte Kontrollinstrumente erlauben die Erfassung des Leistungsprozesses mit Fokus auf permanente Erfolgsmessung, ohne dass dazu die einzelnen Handgriffe überwacht werden müssen.[22]
5. *Abbau der Arbeitsteilung innerhalb der Firma:* Die Zuweisung umfassenderer Aufgabenbereiche – die etwa Produktionsarbeiten, Wartung, Lagerhaltung und Bestellwesen, aber auch eigentliche Managementfunktionen wie Planung und Kontrolle umfassen können – an die einzelnen Arbeitskräfte wird als Quelle von Effizienz- und Qualitätssteigerung wahrgenommen.
6. *Qualitätssicherung zu vernünftigen Kosten:* Die moderne Elektronik in Entwicklung und Fertigung erlaubt die früher kaum zu erreichende Kombination von billiger Produktion in grossen Serien und hoher Qualität. Eine besondere Bedeutung kommt dabei der adäquaten Organisation von Produktionsablauf und Unternehmensaufbau zu („Total Quality Management"; vgl. Zink 1994).
7. *Vernetzung und Allianzbildung:* Die Vernetzung hochkompetenter teilautonomer Unternehmenseinheiten und/oder die Einbindung entsprechender Dritter ermöglichen sowohl Spezialisierungs- als auch Koordinationsgewinne. Die Herausforderung an das Management besteht darin, realisierte und mögliche interne und externe Prozesse systematisch aufeinander zu beziehen und kontinuierlich zu überdenken (Bieber 1992).

---

22 Zur Illustration: Mit ein Grund für den steigenden Druck auf die Mitarbeitenden „ist ein Phänomen, das die Bankleute ‚den gläsernen Kundenberater' nennen. Gemeint ist damit, dass Vorgesetzte mit den eingesetzten Computersystemen jeden Tag genau messen können, was ein Berater in der Bank erwirtschaftet hat. Stimmt die Leistung nicht, folgt die Rüge umgehend" (Tages-Anzeiger vom 13. Juli 2004; Seite 25).

8. *Gegenseitige Abhängigkeit von Zulieferern:* Kompetente und innovative Zulieferbetriebe werden unentbehrlich und von den zentralen Grossunternehmen entsprechend gefördert und eingebunden. Demgegenüber steht allerdings auch eine grosse Abhängigkeit der oft sehr spezialisierten Zulieferer von ihrem jeweiligen Auftraggeber. Eine Abhängigkeit, verbunden mit der latenten Drohung, gegebenenfalls einen anderen, besseren, billigeren Zulieferer zu wählen.
9. *Engere Beziehung zwischen Herstellern und Verbrauchern:* Ein direkter wechselseitiger Kommunikationsfluss zwischen Entwicklern und Verbrauchern führt zu aufbauendem Lernen und senkt das Risiko von Fehlschlägen. Grundsätzlich zielt die gesamte Unternehmenstätigkeit auf den Kunden resp. seine Konsumbereitschaft („customer driven company"). Die Definition eines möglichst konturenscharfen Kundenprofils ermöglicht die Ausrichtung der angebotenen Leistungen einer Unternehmenseinheit nach diesem Zielpublikum.
10. *Aufwertung der Qualifikation der Mitarbeiter:* Die Ausweitung des Aufgabenspektrums und die Verschiebung zu vermehrt kontrollierenden und abstrahierenden Tätigkeiten im Zuge der Reorganisation und Computerisierung führen zu einer Aufwertung intellektueller Fähigkeiten und fachunspezifischer persönlicher Tugenden. Die menschlichen Ressourcen eines Unternehmens werden als wesentlicher Konkurrenzvorteil erkannt. Entsprechend anspruchsvoll ist auch die Selektion der Mitarbeiter. Zusätzlich gilt es aber, sowohl das Fachwissen als auch die fachübergreifenden Fähigkeiten der Arbeitnehmer laufend zu fördern.
11. *Materielle und ideelle Bindung der Kernbelegschaft:* Die Bindung der Arbeitnehmer an den Betrieb und seine Ziele sind eine Voraussetzung für den langfristigen Erfolg einer derartigen Arbeitsorganisation. Anreize dafür erbringt das Unternehmen in Form von attraktiven Arbeitsbedingungen, einer erhöhten Arbeitsplatzsicherheit und einer angemessenen finanziellen Beteiligung am Rationalisierungsgewinn. Die Schaffung und Förderung einer expliziten Betriebskultur mit dem Ziel der Verpflichtung auf gemeinsame Werte und Normen dient der Stärkung einer postkonventionellen Arbeitsmoral im Rahmen der betrieblichen Interessen.

Von dieser umfassenden Neuorientierung ist also sowohl die eigentliche *Unternehmensstrategie* betroffen wie auch die konkrete *Organisation* von Produktionsabläufen und Aufgabenteilung auf allen Ebenen des Betriebs. Diese Umstellungen verlangen nach einer entsprechenden *Personalpolitik,* und idealerweise wird auch die *Arbeitgeber-Arbeitnehmer Beziehung* auf eine neue Basis gestellt. In der oft zitierten Terminologie von Burns & Stalker (1968) kann die „alte" fordistisch-tayloristische Unternehmensform idealtypisch als *mechanistischer* Organisationstyp der „neuen" post-fordistischen Form als *organischer* Typ gegenübergestellt werden. Diese Idealtypen beschreiben die Pole, zwischen denen sich die einzelnen Unternehmen einordnen lassen. Während das mechanistische Modell in einer stabilen Unternehmensumwelt seine Stärken zeigt, ist das organische Modell rasch und unvorhersehbar sich ändernden Bedingungen angepasst – was unserer Beschreibung der radikalmodernen Wirtschaftswelt entspricht. Demgemäss lässt sich über die Zeit eine Ausbreitung des organischen Organisationstyps erwarten (Zammuto & O'Connor 1992).

Jede Beschreibung des organisationellen Wandels, die sich – wie oben – auf die Auswirkungen auf die Kernbelegschaft konzentriert, bleibt allerdings lückenhaft. Während sich die von den Unternehmen angestrebte funktionale Flexibilität in Neuerungen niederschlägt, bei der komplexere Aufgaben von höher qualifizierten und entsprechend belohnten Arbeitnehmern ausgeführt werden, führt das Bestreben nach numerischer Flexibilität gleichzeitig zur *Ausdifferenzierung unterschiedlicher Arbeitsverhältnisse.* Diese umfassen periphere und entstandardisierte Beschäftigungsverhältnisse im Unternehmen selbst oder bei Zulieferbetrieben. Um das Bild der neuen Prinzipien der Betriebsorganisation zu vervollständigen, wird deshalb die obige Liste um zwei Punkte erweitert, welche diese Differenzierung beschreiben:

12. *Segmentierung des Arbeitsmarktes:* Das über 170-jährige Babbage'sche Prinzip ist auch in der Radikalmoderne gültig: „Wir haben also gesehen, dass die Arbeitsteilung, bei mechanischen, wie bei geistigen Arbeiten darin besteht, dass man nur genau so viel Geschicklichkeit und Kenntnis zu erkaufen und anzuwenden braucht, als zu jedem Prozess nötig sind" (Babbage 1999: 152 f.). Einfache Arbeiten lassen sich durch unqualifizierte Arbeitskräfte billiger erledigen. Unter den Prämissen der systemischen Rationalisierung bedeutet dies, dass die Aufwertung der Mitarbeiter auf diejenigen Positionen beschränkt bleibt, deren nicht substituierbare Qualifikationen auch den entsprechenden betrieblichen Nutzen erwarten lassen. In dem Masse, wie einerseits weiterhin anspruchslose Arbeiten zu erledigen sind und andererseits entsprechende Arbeitskräfte zur Verfügung stehen, wird sich ein Arbeitsmarktsegment für unqualifizierte oder wenig belastbare Arbeitskräfte erhalten, das wenig attraktive Arbeiten zu schlechten Bedingungen bereithält. Mit der gleichzeitigen Aufwertung der Tätigkeiten in Kernbereich wird der Graben zwischen dem Jedermann-Arbeitsmarkt und dem Arbeitsmarkt für qualifizierte Fachleute zusätzlich vertieft. Während die funktionale Flexibilität durch die gut qualifizierten Mitarbeiter in den Kernbereichen sichergestellt wird, sorgen die wenig qualifizierten Angestellten in peripheren Bereichen für die entsprechende numerische Flexibilität (vgl. OECD 1996b: 130). Dabei kommt es zu einer doppelten Segmentierung des Arbeitsmarktes: Einerseits innerhalb einzelner Unternehmen, die verschiedene Kategorien von Mitarbeitern unterscheiden, andererseits aber auch zwischen denjenigen Firmen, die sich für eine „high road"-Strategie modernster Organisations- und Produktionsformen entscheiden und solchen, die eine „low road"-Strategie möglichst kostengünstiger Massenproduktion mit unqualifizierten Arbeitskräften wählen (Kalleberg 2003). Für die anspruchsvollen Stellen im Kernbereich der Firmen und in den Unternehmen des Kernbereichs der Wirtschaft sind nur die besten Leute gut genug. Diese werden auch entsprechend gesucht, gepflegt und gefördert. Die anderen bleiben aussen vor und haben wenige Chancen, den Zugang zum Kernbereich je zu finden. Unter dem doppelten Druck von Automatisierung und/oder Auslagerung in Billiglohnländer dürften sich die Arbeitsplätze im peripheren Bereich schliesslich in Tätigkeitsbereichen konzentrieren, die von beidem weniger betroffen sind. So sind es weniger die traditionellen Fliessbandarbeiten in der Industrie, welche den Jedermann-Arbeitsmarkt der Radikalmoderne in den Zentrumsländern prägen, sondern persönliche und distributive Dienstleistungen, wo nur beschränkt automatisierbare manuelle Tätigkeiten weiterhin vor Ort zu erledigen sind (Goos & Manning 2003).

13. *Entstandardisierung der Arbeitsverhältnisse:* Die Möglichkeiten zur Flexibilisierung des Arbeitskräfteeinsatzes sind mit der

Segmentierung in Kern und Peripherie nicht erschöpft. Parallel zum tayloristisch-bürokratischen Arbeitsregime wurde das Normalarbeitsverhältnis geschaffen: Auf Dauer angelegte Vollzeitbeschäftigung mit standardisierter Arbeitszeit, rechtlich vorgegebenen Leitplanken der sozialen Sicherung und dem Versprechen eines einigermassen vorhersehbaren Berufsverlaufs zwischen Ausbildungsabschluss und Pensionierung (Kress 1998). Die mit diesem Modell einhergehenden Rigiditäten erscheinen unter den Handlungsbedingungen der Radikalmoderne nun weniger als Stabilitätsfaktor, sondern zunehmend als doppelter Hemmschuh für Unternehmen und Arbeitnehmer. Auf der Ebene der individuellen Arbeitsverhältnisse einsetzende Massnahmen der Differenzierung sollen es dem Unternehmen erlauben, seine Flexibilität sowohl in Bezug auf Schwankungen auf dem Absatz- und Arbeitsmarkt als auch im Hinblick auf die optimale Betriebsorganisation und Anlagennutzung zu maximieren. Andererseits erscheint das klassische Normalarbeitsmodell aber auch als Hindernis aus der Sicht derjenigen Arbeitnehmer, die nach einem neuen Verhältnis von Berufsarbeit, Familie und Freizeit suchen und bereit und fähig sind, für neue Freiheiten auch neue Unsicherheiten auf sich zu nehmen. Betriebliche Interessen und individuelle Präferenzen können sich dabei durchaus entsprechen (Grote 1996).[23] Im Zentrum der neuen, atypischen, entstandardisierten Arbeitsverhältnisse steht die Flexibilisierung der Arbeitszeit (etwa Teilzeitarbeit, Temporäranstellung, variable Arbeitszeit, geringfügige Beschäftigung, Lebensarbeitszeitmodelle) und neue Vertragsformen (etwa Job-Sharing, Leiharbeit, Heimarbeit, Telearbeit, (unechte) Selbstständigkeit) (Kress 1998).

---

23 Wenn bei diesem Argument allerdings völlig vergessen geht, dass auch hier Chancen und Risiken sehr ungleich verteilt sind, entstehen zuweilen Aussagen, die ganz platt die Durchsetzung betrieblicher Interessen als Gewinn fürs Individuum preisen: „Variable, autonome, individuelle Wahlzeit-Arbeit beendet nun weitgehend die Unterordnung des privaten Lebens unter die standardisierten Arbeitszeitvorgaben der Betriebe und ermöglicht eine selbstbestimmte und familiengemässe Lebensplanung – nach dem eigenen Biorhythmus“ (Then 1994: 187). Wie wohl der Biorhythmus einer Verkäuferin mit „variabler Arbeitszeit“ (d. h. in der Regel: auf Abruf) aussehen mag?

3.2.2 Komplexifizierung der Berufsrollen und Wandel der Qualifikationsanforderungen

Vor dem Hintergrund der obigen Darstellungen lässt sich ein idealtypisches Bild des prognostizierten organisationellen und kulturellen Wandels hin zu neuen Formen der Arbeits- und Betriebsorganisation zeichnen. Tabelle 3.2 stellt zentrale Elemente zur modellhaften Beschreibungen der „alten" und „neuen" Arbeitswelt zusammen und bündelt die Argumentation im Hinblick auf den Wandel der Qualifikationsanforderungen. Während in der Arbeitswelt der traditionellen Moderne die fordistisch-tayloristische Form der Arbeitsorganisation paradigmatisch war, sind in der posttraditionalen Arbeitswelt die Prinzipien der systemischen Rationalisierung prägend. Statt des mechanischen Organisationstyps, mit seinen Grundsätzen der Zentralisierung, Befehlserteilung und Kontrolle gewinnt der organische Organisationstyp mit der Betonung dezentralisierter Entscheidungsstrukturen und der Delegation von Verantwortung an Bedeutung. Während die klassische (Gross-)Technologie mit ihrer Vorgabe standardisierter Situationen die Arbeitshandlungen prägte, haben die neuen computergestützten Technologien weniger einen Maschinencharakter, sondern gleichen flexibel einsetzbaren Instrumenten, die laufend anspruchsvolle Entscheidungen über den Arbeitsablauf verlangen. Der Einsatz moderner Informationstechnologien erlaubt damit die Verdichtung der Arbeit in mehrfacher Hinsicht. Einerseits erfolgt eine *inhaltliche Verdichtung* durch Konzentration auf fachlich anspruchsvollere Funktionen, andererseits eine *zeitliche Verdichtung* durch das erhöhte Tempo, in dem verschiedene Fälle bearbeitet und Entscheidungen gefällt werden müssen und schliesslich eine *Verdichtung der Kommunikation* infolge erhöhter Kooperations- und Koordinationserfordernisse (Baethge & Baethge-Kinsky 1995: 150; zum Stichwort Kommunikationsarbeit vgl. auch Knoblauch 1996). Da Computertechnologie die Voraussetzungen dafür schafft, dass organisatorisch ein guter Teil der Routinearbeiten der Maschine übertragen werden kann, konzentriert sich die menschliche Arbeitskraft vermehrt auf anspruchsvollere, wenig standardisierte, entscheidungs- und abstimmungsintensive Tätigkeiten.

Doch auch die Angestellten entwickeln neue Ansprüche an ihre Arbeit. Angesichts der grundsätzlich als abgesichert eingeschätzten materiellen Versorgung und vor dem Hintergrund eines stark erweiterten Erfahrungshorizonts wird das Recht auf individuelle Selbstverwirklichung auch in der Arbeitswelt eingefordert. Dazu gehören der Anspruch nach

Tabelle 3.2: Modell der „alten" und „neuen" Arbeitswelt

	Alt	Neu	
Organisationsparadigma	Fordismus-Taylorismus	systemische Rationalisierung	(Bechtle 1994)
Organisationstyp	mechanisch	organisch	(Burns & Stalker 1968)
Managementkonzept	Zentralisierung, Dekret und Kontrolle	Dezentralisierung, Eigenverantwortung und Selbstkontrolle	(Heidenreich 1996)
Rolle der Technologie	Maschinen bestimmen Arbeitsorganisation und prägen standardisierte Situationen	Instrumente als differenziert eingesetzte Hilfsmittel. Entscheidungs- und abstimmungsintensive Tätigkeiten verbleiben	(Hage & Powers 1992; Autor, Levy & Murane 2003)
Anspruch an die Arbeit	materielle Gratifikation und sozialer Status	zusätzlich Selbstentfaltung und Selbstwertgefühl	(Baethge 1994)
Berufsrollen	Prinzip der Rationalisierung; beschränktes Rollenset	Prinzip der Komplexifizierung; erweitertes Rollenset	(Hage & Powers 1992)
zentrale Arbeitstugend	Lernen und Befolgen von Regeln und Befehlen; Fremdverpflichtung	Regelfindung; situatives Lösen von Problemen; Selbstverpflichtung	(Hage & Powers 1992; Hammer & Champy 1996)
Kompetenzrealisierung	statisch	dynamisch	

zusätzlichen eigenen Gestaltungsmöglichkeiten und der Wille, sich selbst wenigstens ein Stück weit als Entscheidungs- und Verantwortungsträger wahrzunehmen. Diese Ansprüche korrespondieren mit den unterschiedlichen idealtypischen Berufsrollen unter fordistischen resp. postfordistischen Bedingungen: Einerseits das aufgabenzentrierte, heteronome, stark formalisierte *beschränkte Rollenset* in einer als relativ stabil eingeschätzten Umwelt, andererseits das problemzentrierte, autonomer kontrollierte und personifizierte stark *erweiterte Rollenset*, abgestimmt auf ständig sich wandelnde Umweltbedingungen.

Pointiert umschreiben die Apologeten eines radikalen Umbaus der Unternehmensprozesse die Neuausrichtung der Berufsrollen:

> „Durch Reengineering eines Prozesses werden aus eng definierten, aufgabenorientierten Positionen multidimensionale Berufsbilder. Menschen, die sich früher lediglich an ihre Anweisungen zu halten hatten, treffen nun eigene Entscheidungen. (...) Das alte Modell beruhte auf einfachen Aufgaben für einfache Menschen; das neue hingegen bietet facettenreiche Berufe für intelligente

> Menschen, wodurch die Eintrittsbarrieren in die Erwerbstätigkeit erhöht werden. Nach dem Business Reengineering werden nur wenige simple Routinetätigkeiten für ungelernte Kräfte bereitstehen. (...) Ein aufgabenorientiertes, konventionelles Unternehmen erwartet von seinen Mitarbeitern, dass sie sich an die vorgegebenen Regeln halten. Im Gegensatz dazu wollen Unternehmen, die sich dem Business Reengineering verschrieben haben, keine Beschäftigten, die sich getreulich an Regeln halten können, sondern Mitarbeiter, die ihre eigenen Regeln aufstellen" (Hammer & Champy 1996: 90 ff.).

Die zentralen Arbeitstugenden unter fordistisch-tayloristischen Bedingungen sind – in idealtypischer Beschreibung – die Fähigkeit, Regeln zu erlernen, Befehle zu verstehen und der Wille, diese auch zu befolgen. Im neuen System sind feststehende Regeln die Ausnahme. Entscheidend ist nun die Fähigkeit, selbst Regeln zu setzen. Nicht Weisungen sollen ausgeführt, sondern Probleme gelöst werden. Die neue Arbeitswelt ruft somit nach neuen Arbeitskräften – oder zumindest nach einem neuen Verständnis der Rolle des Arbeitnehmers und seinen Qualifikationen. Gefordert sind Soft Skills wie *Flexibilität, Kreativität sowie Problemlösungsfähigkeiten* angesichts wenig vorhersehbarer komplexer Aufgabenstellungen (Autor, Levy & Murane 2003). Mit der Einführung der neuen Praktiken und Technologien ist zudem eine horizontale (breiterer Aufgabenkatalog: Job Enlargement) und vertikale (Einbezug von Kontroll- und Managementaufgaben: Job Enrichment) Ausweitung des Aufgabenspektrums und des Verantwortungsbereichs verbunden (Murnane & Levy 1996; OECD 1996b: 146; Caroli 2001). Diese Umstellungen verlangen nicht nur nach einem *breiteren Katalog von Kenntnissen* und der *Bereitschaft und Fähigkeit ständig Neues zu lernen*, sondern auch nach erweiterten *Kommunikations- und Abstimmungsfähigkeiten* (Zammuto & O'Connor 1992). Ausserdem werden *persönliche Einstellungen* umso wichtiger für die Arbeitsleistung, je offener die Arbeitssituation definiert ist und je mehr Autonomie dem Individuum in der Ausführung einer Tätigkeit zugeschrieben wird (Cappelli 1995: 111).

Wenn wir davon ausgehen, dass in der Arbeitswelt eigene Kompetenzen in der Form von Arbeitsleistung realisiert werden sollen, können wir den Modus dieser Realisierung unter fordistischen Bedingungen als statisch bezeichnen. Die Art und Weise der Kompetenzrealisierung in Bezug auf eine bestimmte Aufgabe ist weitgehend vorgegeben. Nicht so unter den neuen Verhältnissen. Hier sollen die Kompetenzen dynamisch umgesetzt werden, in aktiver Auseinandersetzung mit dem jeweils anstehenden Problem. Dabei ist von vornherein weder in jedem Fall der Charakter des Problems selbst klar, noch wie eine passende Lösung aussehen soll. Die Kompetenzen realisieren sich nicht in erster Linie im korrekten Ausführen von Rezepten, sondern in der Fähigkeit, eigene Lösungswege zu kreieren und diese umzusetzen. Dass die Verfügbarkeit der entsprechenden Kompetenzen die Basis dafür bildet, ist unbestritten. Angesichts des breiteren und unstandardisierteren Tätigkeitsspektrums muss diese Basis dabei nicht nur umfassender sein als im alten System, sondern auch qualitativ anders eingesetzt werden.

Selbstverständlich zeichnet diese zugespitzte Gegenüberstellung von „alter" und „neuer" Arbeitswelt nicht ein differenziertes Bild *realer* Zustände und Entwicklungen. Aufgrund der dargestellten Überlegungen lässt sich allerding erwarten, dass in der Arbeitswelt eine deutliche *Gewichtsverschiebung* festzustellen ist und das fordistisch-tayloristische Regime der Unternehmensorganisation im Verlauf der letzten 50 Jahre stark an Bedeutung verloren hat, während sich gleichzeitig das neue Modell mehr und mehr ausbreitet. Entsprechend müssten sich auch die Anforderungen an die Qualifikationen der Arbeitnehmer verschoben haben, hin zu einer Betonung dynamisch zu realisierender Kompetenzen. Inwieweit dieser Wandel in der Praxis zu beobachten ist, ist eine empirisch zu beantwortende Frage.

3.2.3 Die Bedeutung der neuen Organisationsprinzipien in der Praxis

Hinter der Erwartung, dass seit den 1990er Jahren dynamische Soft Skills wesentlich an Bedeutung gewonnen haben, stecken zwei theoretisch nicht unplausible Behauptungen: Einerseits die, dass es einen Zusammenhang von neuen Formen der Arbeitsorganisation und dem Einsatz neuer Technologien mit sich ändernden Qualifikationsanforderungen gibt und andererseits die , dass sich diese Neuerungen in der Arbeitswelt tatsächlich in nennenswertem Umfang ausgebreitet haben. Im Folgenden werden für beide Behauptungen empirische Evidenzen zusammengetragen, die auch dazu dienen sollen die generelle Erwartung an die Entwicklung der Qualifikationsnachfrage nötigenfalls zu präzisieren

a) Der Zusammenhang von Technologie, Arbeitsorganisation und Qualifikationsanforderungen

Empirische Studien zu den Auswirkungen von organisationellem Wandel und technologischen Neuerungen auf die Qualifikationsanforderungen befassen sich vor allem mit den *formalen Ausbildungserfordernissen*. Die moderne Informationstechnologie zeigt einen engen Zusammenhang mit dem verlangten Ausbildungsniveau (vgl. Machin & van Reenen 1998; Chennells & van Reenen 1999; Falk & Seim 1999; für die Schweiz: Kugler & Spycher 1992). Doch auch neue Formen der Arbeitsorganisation steigern die Nachfrage nach gut ausgebildeten Angestellten und verkleinern den Anteil schlecht qualifizierter Mitarbeiter (OECD 1996b; Gerlach & Jirjahn 1998; Caroli 2001; Bresnahan, Brynjolfsson & Hitt 2002; Eschuk 2003; für die Schweiz: Arvanitis 2005). Da Studien zum „Skill Bias" der Informationstechnologie in der Regel den Einfluss organisationeller Grössen nicht kontrollieren und andererseits eine enge Komplementarität von Technologie und Organisation besteht (Bresnahan, Brynjolfsson & Hitt 2002), darf die empirische Evidenz für den technologiebedingten Ausbildungseffekt mindestens zu einem Teil auch als Hinweis auf die Auswirkung organisationeller Neuerungen gelesen werden. So findet Caroli (2001) bei ihrer Sichtung verschiedener europäischer und amerikanischer Studien Hinweise darauf, dass dem organisationellen Wandel eine deutlich grössere Erklärungskraft für steigende Ausbildungsanforderungen zukommt, als den technologischen Neuerungen.

Im Gegensatz zu den Anforderungen an die formale Ausbildung, steht die Frage nach den Auswirkungen des organisationellen und technologischen Wandels auf die notwendigen *Soft Skills* weit seltener im Zentrum empirischer Untersuchungen. Cappelli & Rogovsky (1994) zeigen, dass Mitarbeiter die an sie gestellten Anforderungen als leicht höher einschätzen, wenn sie unter Bedingungen arbeiten, die sich den neuen Organisationsprinzipien annähern. Dies trifft sowohl für das zu, was die Autoren unter Grundfähigkeiten zusammenfassen (lesen, schreiben, rechnen, Verantwortungsbewusstsein) als auch für interpersonale Fähigkeiten und Arbeitsplatzkompetenzen. Insgesamt kommen die Autoren zur Einschätzung, dass die mit neuen Organisationspraktiken verbundenen erhöhten *technischen Anforderungen* weniger zentral sind als die notwendigen *Verhaltensdispositionen*, etwa für die Zusammenarbeit in Teams. Entsprechend scheint die technische Seite der neuen Praktiken relativ leicht erlernbar, während die eigentliche *Sozialisation* der Mitarbeiter zur entscheidenden Grösse wird (Cappelli & Rogovsky 1994: 217).

Eine Betriebsbefragung aus der Schweiz kommt zum Schluss, dass Veränderungen in Richtung neuer Organisationskonzepte mit einem deutlichen Anstieg funktionsübergreifender Qualifikationsanforderungen (insbesondere Selbst- und Sozialkompetenzen) verknüpft sind (Meierhans 1999, vgl. zu dieser Studie auch Abschnitt 3.2.5). Eine repräsentative amerikanische Unternehmensbefragung weist darauf hin, dass neue Formen der Arbeitsorganisation einen besonders starken Zusammenhang mit erhöhten Anforderungen an Problemlösungsfähigkeiten und interpersonale Kompetenzen zeigen, während die neue Produktionstechnologie in erster Linie nach technischen Kompetenzen, insbesondere Computerkenntnissen, verlangen (Gale, Wojan & Olmsted 2002). Ganz ähnlich findet Caroli (2001) Hinweise darauf, dass technologischer Wandel eher nach spezifischen Fähigkeiten verlangt („*skill-biased*") und demgegenüber der organisationelle Wandel höhere Ansprüche an das allgemeine Ausbildungsniveau stellt („*knowledge-biased*"). In Bezug auf die formale Ausbildung spielen allerdings weniger das dabei akkumulierte Wissen und die entsprechenden Sachkompetenzen die entscheidende Rolle, sondern das, was Bowles, Gintis & Osborne (2001a) „*noncogitive effects of schooling*" nennen. Die Autoren stellen fest, dass die arbeitsmarktliche Bewertung zusätzlicher Schuljahre (etwa in Bezug auf den erzielten Lohn) deutlich über den messbaren Effekt der dadurch verbesserten kognitiven Fähigkeiten hinausgeht. Wenn man davon ausgeht, dass Arbeitgeber relevante Fähigkeiten belohnen, muss es sich dabei also um Soft Skills handeln, von denen offensichtlich allgemein angenommen wird, dass diese im Zuge eines Ausbildungsganges über die Sachkompetenzen hinaus auch noch vermittelt werden. Diese Vermutung wird dadurch gestützt, dass ein niveaumässig gleichwertiger Prüfungsabschluss, der unabhängig von einem Ausbildungsgang erworben werden kann, kaum lohnrelevant ist. Ausgehend von diesen Überlegungen kann der empirisch gut gestützte Zusammenhang von Arbeitsorganisation und Technologie mit den formalen Ausbildungsanforderungen auch als Indikator für die Bedeutung von Soft Skills gelesen werden. Tatsächlich umfassen schulische Lernziele ja explizit und implizit nicht nur Sachwissen sondern auch methodische Fähigkeiten (wie Lerntechnik oder Informationsbeschaffung), soziale Kompetenzen (wie Zusammenarbeit in der Gruppe oder Kommunikationsfähigkeiten) und persönliche Einstellungen (wie Leistungsbereitschaft oder

Durchhaltevermögen). Damit sind genau jene Bereiche angesprochen, die oben als entscheidend für die Berufsrolle in einer reorganisierten Arbeitswelt bezeichnet wurden.

Empirische Untersuchungen über den Zusammenhang betrieblicher Neuerungen mit Soft Skill-Anforderungen liefern ein ausgesprochen bruchstückhaftes Bild. Generell scheinen mit der Einführung neuer Organisationsformen und Technologien die Ansprüche bei den Soft Skills tatsächlich zu steigen und zwar in allen drei Kompetenzbereichen: den Methodenkompetenzen, den Sozialkompetenzen und den Selbstkompetenzen. Das Ausmass dieses Wandels hängt allerdings davon ab, wie stark sich die neuen Arbeitsformen bisher *tatsächlich ausgebreitet* haben und sich weiter ausbreiten. Dieser Frage ist der nächste Abschnitt gewidmet.

b) Die Diffusion neuer Formen der Betriebsorganisation

Für die Verfasser einer viel beachteten Studie über die Automobilindustrie ist die Richtung der Entwicklung klar: Sie schliessen ihre Untersuchung mit der Einschätzung, dass im 21, Jahrhundert die „Lean Production" sowohl die industrielle Massenproduktion als auch die Reste traditioneller handwerklicher Herstellungsverfahren auf breiter Front ersetzen und zum weltweiten Standard industrieller Fertigung wird (Womack, Jones & Roos 1990). Die neuen Organisationsprinzipien – inspiriert vom Weltmarkterfolg der japanischen Unternehmen – wurden in den 1990er Jahren wiederholt als *der* Erfolg versprechende Weg zur Genesung der kriselnden europäischen Wirtschaft gepriesen. Insbesondere der Automobilindustrie wurde das japanische Rezept verschrieben: lean production, lean management, just-in-time-production etc. (Weber 1994). Angesichts des immensen Konkurrenzdrucks schien die „schlanke Zukunft" unausweichlich: „Sie haben die Wahl: Entweder entschliessen Sie sich zu betrieblichem Reengineering – oder Sie können Ihren Betrieb abmelden" (Morris & Brandon 1994: 15). So propagieren Unternehmens- und Managementberater das Programm der Veränderung zuweilen ausgesprochen pointiert. Unter dem Titel des „Business Reengineering" heisst es radikal Abschied nehmen von den Traditionen: „Arbeitsteilung, Betriebsgrössenvorteile, hierarchische Kontrolle und all die anderen Elemente aus den Anfangsstadien der wirtschaftlichen Entwicklung" werden endgültig verworfen (Hammer & Champy 1996: 70). Ein eigentlicher *Paradigmenwechsel* erscheint damit unumgänglich.

Boyer (1992: 66) warnt allerdings vor einer Überschätzung des bisherigen *Wandlungstempos* und meint, dass das neue Modell „häufiger verbal unterstützt, als tatsächlich durchgeführt" wird. Wie die folgenden Untersuchungen zeigen, hat der postulierte Paradigmenwechsel denn auch in den 1990er Jahren (noch?) keineswegs zu einer tief greifenden Umwälzung der Unternehmens- und Arbeitsorganisation geführt. Empirische Studien zum Wandel der Betriebs- und Arbeitsorganisation beruhen meist auf Unternehmensbefragungen oder auf Fallstudien, die Befragungen von Betriebsleitung und Mitarbeitern mit Beobachtungen vor Ort kombinieren. Eine amerikanische Studie, die eine Vielzahl von Untersuchungen aus den Jahren 1970 bis 1992 verarbeitet, schätzt die Entwicklungen insgesamt als sehr bescheiden ein. Während zwar zahlreiche Unternehmen *vereinzelte Massnahmen* im Sinne der neuen Organisationsprinzipien eingeführt haben, bleiben diese in der Regel Stückwerk. *Gezielte, umfassende Neuerungen* sind eine grosse Seltenheit (Appelbaum & Batt 1994: 8). Doch auch in Betrieben, die neue Praktiken eingeführt haben, betrifft dies in der Regel nur eine Minderheit der Angestellten. Eine neuere Untersuchung, die auf den für die USA repräsentativen Daten des „National Employer Survey" der Jahre 1994 und 1997 beruht, bestätigt die Einschätzung von Appelbaum & Batt. Während zwar einzelne neue Praktiken der Arbeitsorganisation in vielen Unternehmen eingeführt werden, finden sich umfassende Umgestaltungen lediglich in 1% der amerikanischen Unternehmen. Eigentliche „high performance workplaces" bleiben ein vernachlässigbares Phänomen und zeigen über den Untersuchungszeitraum auch keine signifikante Zunahme (Blasi & Kruse 2001: 30). Interessanterweise sind dabei die Unterschiede zwischen den Branchen ausgesprochen klein – sowohl was die Häufigkeit in der Realisierung neuer Praktiken anbelangt als auch in Bezug auf den Wandel zwischen den beiden Erhebungsjahren. Alles in allem zeigen die amerikanischen Studien angesichts der grossen Erwartungen ein doch sehr ernüchterndes Resultat. Je nach Operationalisierung ergeben sich zwar ansehnliche Werte für die Diffusion einzelner neuer Praktiken der Arbeitsorganisation (vgl. etwa Gittleman, Horrigan & Joyce 1998; Osterman 1994; für Europa OECD 1996b: 132 ff.). Solche Einzelmassnahmen – die meist zudem nur eine Minderheit des Personals betreffen – sollten jedoch nicht mit einer umfassenden Umgestaltung der Arbeitswelt verwechselt werden. Eine der seltenen Studien (wiederum aus den USA), die auf einer Arbeitnehmerbefragung beruht, verweist allerdings darauf, dass der erlebte Wandel trotzdem nicht vernachlässigbar ist (Leigh & Gifford 1999). So geben 40% der Befragten an, im Verlauf eines Jahres eine Veränderung an ihrem Arbeitsplatz verzeichnet zu haben, die es notwendig machte, sich neue Fähigkeiten anzueignen. Bei rund 23% der Befragten handelt es sich dabei um eine Änderung, die dem organisationellen Wandel zugeschrieben werden kann.

Detaillierte Studien über den Strukturwandel der Industriearbeit in Deutschland kommen zu einem vorsichtig-positiven Befund (Kern & Schumann 1984; Schumann, Baethge-Kinsky & Neumann 1990; Schumann, et al. 1994a, 1994b). Die neuen Produktionskonzepte scheinen sich sehr wohl auszubreiten, und in vielen Bereichen finden die Autoren tatsächlich Anzeichen für einen Umbruch. Wenn auch das „Ende der Arbeitsteilung" weder in Sicht ist, noch ernsthaft erwartet wird, geht die Entwicklung doch immer häufiger in die Richtung einer Zurücknahme tayloristischer Arbeitszerlegung. In den untersuchten Kernindustrien Deutschlands scheint der traditionelle, arbeitsteilige Organisationstyp lediglich als „Auslaufmodell" weiterzubestehen und wird eher als Ausdruck „organisatorischer Konzeptlosigkeit" beurteilt, denn als eine Folge bewusster Gestaltungsabsicht. Obwohl die Autoren eine wachsende Relevanz der radikalmodernen Organisationsprinzipien feststellen, ist letztlich doch nur ein kleiner Teil der Arbeitskräfte davon betroffen: „Im Hinblick auf die quantitativen Dimensionen dieses Transformationsprozesses und für das Strukturbild industrieller Arbeit insgesamt fällt die Bilanz allerdings eher ernüchternd aus (...) Die grosse Mehrheit der Produktionsarbeiter verbleibt weiterhin im Status des ‚einfachen Handarbeiters' oder ‚Lückenbüssers der Mechanisierung' traditioneller Prägung" (Schumann, et al. 1994b: 644).

Die Autoren einer Untersuchung, die auf der Befragung eines Grossteils der belgischen Unternehmen in der Automobil-, Bekleidungs-, Werkzeugmaschinen- und chemischen Industrie aus den Jahren 1992 bis 1996 beruht, kommen zum Schluss, dass die beobachteten Veränderungen in Bezug auf die Produktionskonzepte und Formen der Arbeitsorganisation grundsätzlich nichts geändert haben an der Natur des fordistisch-tayloristischen Produktionssystems (Huys, et al. 1999). Integrierte Tätigkeitsfelder und dezentralisierte Entscheidungsstrukturen konnten einzig im Werkzeugmaschinenbau beobachtet werden – wo diese „neuen" Prinzipien allerdings schon eine lange Tradition haben. Im Gegenteil: Gerade die Einführung von CNC-Maschinen ermöglicht eine weitergehende Arbeitsteilung als bisher. In der Automobilindustrie wurde sogar eine Intensivierung der Förderbandarbeit beobachtet.

„Systemregulierer“, denen ein breiter Zugriff auf die Prozessvariablen zugestanden wird, machen in den Montagefabriken der belgischen Automobilindustrie höchstens 2% der Belegschaft aus. Zusammenfassend betonen die Autoren, dass eher von neo- statt post-fordistischen Konzepten gesprochen werden sollte. Gerade was die Automobilindustrie anbelangt stellt auch Springer (1999) für Deutschland eine zunehmende *Abwendung* von Formen partizipativer Rationalisierung fest und begründet diese Entwicklung mit den Verhältnissen auf dem Arbeitsmarkt: „Es gibt keinen Mangel an Arbeitskräften mehr (...) und damit müssen die Arbeitnehmer wieder Abstriche machen und es hinnehmen, dass der alte Taylorismus in der Montagearbeit der Automobilindustrie wieder zurückkehrt“ (Springer 1999: 28f.).

Für die Schweiz zeigt die Erhebung von Arvanitis (2005), die auf einem repräsentativen Firmenpanel beruht, dass im Jahr 2000 10% der Schweizer Firmen Job Rotation kennen und sogar über 35% Teamarbeit eingeführt haben. Dabei sind beide Werte für die Industrie grösser als im Dienstleistungsbereich. 4.2% (Job Rotation) resp. 20.8% (Teamarbeit) der Firmen geben an, diese Praktiken intensiv zu nutzen. Leider fehlen Angaben dazu, welcher Anteil der Mitarbeiter davon betroffen ist. Seit 1995 ist eine deutliche wachsende Verbreitung von Teamwork und Job Rotation zu verzeichnen. Rund 37% der Firmen geben zudem an, im Zeitraum 1995 bis 2000 zusätzliche Kompetenzen an Mitarbeiter übertragen zu haben, doch lediglich in 4.6% der Fälle wurde die Anzahl Hierarchiestufen reduziert. Im Einklang mit den zitierten Untersuchungen aus den USA und Europa kann also festgestellt werden, dass *einzelne Reorganisationsmassnahmen* in Richtung postfordistischer Praktiken in den 1990er Jahren auch in der Schweiz eine weite Verbreitung gefunden haben. Betroffen davon ist jedoch immer noch eine Minderheit der Unternehmen. Wie weit und insbesondere in welchen Bereichen es dabei über Einzelmassnahmen hinaus zu tiefgreifenden Umwälzungen der Organisationsprinzipien gekommen ist, lässt sich nicht sagen.

Typischerweise kommen Fallstudien zu einem zurückhaltenden oder sogar deutlich negativen Befund in Bezug auf die Realisierung der neuen Organisationsprinzipien (vgl. etwa die Beiträge bei Gilbert, Burrows & Pollert 1992; Thompson & Warhurst 1998). Von besonderem Interesse ist die Sichtung einer grösseren Zahl vor allem amerikanischer Untersuchungen bei Vallas (1999). Diese qualitativen Studien zeigen, dass die Einführung neuer Praktiken wie Teamarbeit oder Total Quality Programmen oftmals nicht zu einer Aufwertung der Arbeitsplätze oder einer Dezentralisierung von Entscheidungsbefugnissen im Sinne des organischen Organisationstyps führt. Viel eher werden mit solchen Massnahmen meist die Möglichkeiten zur Kontrolle und Machtausübung durch die Unternehmensleitung noch gestärkt, oder die Arbeitskollegen selbst üben gemeinsam eine wesentlich umfassendere Aufsicht aus („concertive control"), als dies vorgesetzten Stellen tun könnten (Barker 1999). Verschiedene Studien weisen darauf hin, dass die Einführung *neuer Technologien* zwar oft die Flexibilität der Produktion steigert, ohne dass damit aber notwendigerweise auch die Arbeitsorganisation oder die Arbeitsbeziehungen eine wesentliche Neuerung erfahren (Smith 1997: 323). Im expandierenden Dienstleistungssektor entstehen dabei vermehrt hybride Arbeitsformen, die zwar den Entscheidungsspielraum und die Selbstverantwortung der Angestellten ausdehnen, gleichzeitig aber die Arbeitsprozesse stark standardisieren und die Überwachung perfektionieren (vgl. etwa Frenkel, et al. 1998b; ein illustratives Beispiel ist die Arbeit in Callcenters: Frenkel, et al. 1998a). Eine Reihe von Fallstudien im Dienstleistungsbereich verschiedener europäischer Staaten zeigen – ähnlich wie in der Produktion – , dass die moderne Technologie durchaus Gelegenheit bietet, neue Formen der Arbeitsorganisation einzuführen (Child & Loveridge 1990). In der Praxis werden diese Gelegenheiten aber selten wirklich genutzt. Der Umbau von Aufgabenprofilen, die Neudefinition von Verantwortlichkeiten oder gar eine Modifikation bestehender Hierarchien, welche durch die neue Informationstechnologie ermöglicht oder erleichtert werden, werden nur sehr vereinzelt tatsächlich realisiert. Auch Organisationen, die im Interesse optimierter Kundendienstleistungen und rationeller Ressourcennutzung bereit sind in neue Technologien zu investieren, erweisen sich in Bezug auf die Betriebs- und Arbeitsorganisation oft als ausgesprochen konservativ.

Angesichts der bislang sehr beschränkten Diffusion der neuen Organisationsprinzipien stellt sich die Frage, welche Arbeitnehmer in erster Linie davon betroffen sind. Die Studien auf Unternehmensebene zeichnen in dieser Hinsicht ein weitgehend übereinstimmendes Bild (Osterman 1994; Gittleman, Horrigan & Joyce 1998; Arvanitis 2005). So haben sich die neuen Praktiken bisher am stärksten in grösseren und ganz grossen Betrieben durchgesetzt. Auch sind Unternehmen, die stärker dem internationalen Wettbewerb ausgesetzt sind und solche, die in Bezug auf die Einführung neuer Technologien eine führende Rolle einnehmen, eher bereit, organisationelle Neuerungen einzuführen. Branchenmässig erfolgen die meisten Neuerungen in Produktionsbetrieben, wobei Blasi & Kruse (2001) allerdings nur sehr geringe Branchenunterschiede ausmachen. Arvanitis (2005) weist darauf hin, dass in der Schweiz nicht nur Hightech-Produktionsbetriebe überdurchschnittlich oft betroffen sind, sondern auch Finanz- und Unternehmensdienstleister. Grundsätzlich scheint eine Spaltung erkennbar zwischen Branchen, die sich mehrheitlich einer eigentlichen „high-road"-Strategie verschrieben haben und solchen, die weiterhin stark am traditionellen fordistischen Paradigma festhalten (Kalleberg 2003), wobei diese Spaltung höchstens teilweise neu ist (vgl. Huys, et al. 1999). Zusätzlich zu diesen Befunden zeigt eine Studie auf Arbeitnehmerebene, dass mit steigendem Bildungsniveau und betrieblicher Stellung auch die Wahrscheinlichkeit ansteigt, von einer organisationellen Umstellung betroffen zu sein (Leigh & Gifford 1999).

Wie steht es mit empirischer Evidenz in Bezug auf die Segmentierung des Arbeitsmarktes resp. die Entstandardisierung von Arbeitsverhältnissen? Trotz eher bescheidener Datenlage gibt es sowohl für die USA (Kalleberg 2003) als auch für Europa (Goos & Manning 2003) Anzeichen dafür, dass von einer vertieften Spaltung des Arbeitsmarktes gesprochen werden kann. Bereits Schumann, et al. (1994a: 38 f.) sprechen in diesem Sinne von einer „Heterogenisierung der Produktionsstrukturen" und tönen damit den sich vergrössernden Graben zwischen Kern- und Randbelegschaft an. Formen atypischer Anstellungsverhältnisse – wo die Arbeitszeit und/oder das Anstellungsverhältnis flexibilisiert ist – zeigen ebenfalls eine deutlich steigende Verbreitung, wenn auch hier die nationalen und branchenmässigen Unterschiede besonders ausgeprägt sind (vgl. die europäischen vergleichenden Studien von De Grip, Hoevenberg & Willems 1997; Brewster, Mayne & Tregaskis 1997). Aufgrund ihrer Literatursichtung schätzt Smith (1997: 326) den Anteil von Arbeitskräften in marginalisierten Stellungen in den USA auf rund einen Viertel bis zu einem Drittel, wobei Frauen und Schwarze stark übervertreten sind. Verschiedene Untersuchungen bestätigen zwar den erwarteten Trend auch für Europa, halten jedoch fest, dass von einem eigentlichen „Ende der Normalarbeit" bislang keine Rede sein kann (für Deutschland: Hoffmann & Walwei 1998; für die Schweiz: Diekmann & Jann 2005; vgl. auch die internationalen Beiträge bei Felstead & Jewson 1999). In der Schweiz des Jahres 2002 sind immer noch 87% der abhängig-erwerbstätigen Männer vollzeitlich und unbefristet angestellt. Bei Frauen sind es lediglich 37.7%. Dabei ist der tiefe

Wert bei den Frauen, wie auch der längerfristig generell wachsende Anteil flexibilisierter Arbeitsverhältnisse nicht durch eine Zunahme befristeter Tätigkeiten zu erklären, sondern durch die Ausbreitung der Teilzeitarbeit (Diekmann & Jann 2005). Allerdings beschränken sich die Möglichkeiten zur Flexibilisierung der Arbeit nicht auf Teilzeitarbeit und befristete Anstellungen. Einige der Flexibilisierungsmodelle (wie etwa Jahres- oder gar Lebensarbeitszeitmodelle, flexible Pensionierung und räumliche und finanzielle Flexibilisierungen wie Telearbeit oder erfolgsabhängige Entlöhnung) erscheinen in der Statistik oft nicht als Abweichung von der Normalarbeit. Trotz einiger erfolgreicher Versuche zur Einführung solcher Arbeitsformen dürfte es sich dabei in der Schweiz der 1990er Jahre aber nach wie vor um eine Randerscheinung handeln (Graf, Henneberger & Schmid 2000).

Zusammenfassend ergibt sich somit ein ausgesprochen uneinheitliches Bild:

1. Einzelne neue Formen der Arbeitsorganisation und postfordistische Managementpraktiken finden im Verlauf der 1990er Jahre eine zunehmende Verbreitung und prägen den Arbeitsalltag einer wachsenden Zahl von Arbeitnehmern.
2. Die Zahl der Unternehmen, die sich umfassend dem organischen Idealtyp der Organisation verschreiben, bleibt aber ausgesprochen gering.
3. Auch in innovativen Unternehmen sind meist nur für eine Minderheit der Angestellten die Arbeitsbedingungen gemäss post-fordistischen Prinzipien ausgestaltet.
4. Auch die Einführung neuer Organisationsformen führt nicht zwangsläufig zu einer inhaltlichen Aufwertung der Arbeit der Angestellten und ihrer Qualifikationen.
5. Am ehesten von organisatorischen Neuerungen betroffen sind gut ausgebildete Mitarbeiter in höheren Positionen in grösseren, technologieintensiven und international ausgerichteten Betrieben. Dabei findet sich das grösste Ausmass an Wandel in Teilen des industriellen Sektors und im Bereich unternehmensbezogener Dienstleistungen.
6. In gewissen Branchen haben post-fordistische Elemente der Arbeitsorganisation bereits eine lange Tradition.
7. Es ist kein eindeutiger Trend auszumachen, der erwarten lässt, dass es sich bei der bislang nur bruchstückhaften Umsetzung

neuer Organisationsprinzipien lediglich um eine Übergangsphase handelt.

Die vielfach als Tatsache hingestellte Gewichtsverschiebung weg von den tayloristischen Prinzipien hin zu einem neuen Produktionsstil umfassender systemischer Rationalisierung ist also in der Praxis nicht nur sehr beschränkt zu beobachten, sondern betrifft auch die einzelnen Arbeitnehmergruppen in stark unterschiedlichem Ausmass. Vor dem Hintergrund der gemachten Überlegungen zur Segmentation des Arbeitsmarktes ist diesbezüglich sogar eine gewisse *Polarisierung* zu erwarten: Die Arbeitswelten in verschiedenen Arbeitsmarktsegmenten scheinen sich immer stärker zu unterscheiden. Die sehr bruchstückhaften und oft in sich widersprüchlichen Umsetzungen der neuen Formen der Arbeitsorganisation verweisen darauf, dass von einer kohärenten Entwicklung, wie es dies die idealtypische Beschreibung suggeriert, keine Rede sein kann.

Wir hatten festgehalten, dass die innerbetrieblichen Umgestaltungen, die unter dem Begriff der systemischen Rationalisierung zusammengefasst wurden, die Berufsrolle der Arbeitnehmer zunehmend komplexer werden lassen. Eine wichtige Folge davon sind veränderte Anforderungen an Qualifikationen und persönliche Fähigkeiten. Im Bereich der Soft Skills heisst dies, dass vor allem abstrakte, methodische, kreative, kommunikative und motivationale Stärken in den Vordergrund rücken. Dabei ist in steigendem Masse eine dynamische Realisierung des individuellen Handlungspotentials gefordert. Dieser Zusammenhang von neuen Formen der Arbeitsorganisation und notwendigen Kompetenzen ist theoretisch plausibel und wenigstens teilweise auch empirisch belegt. Mit dem Aufkommen der neuen Rationalisierungsmodelle im Verlauf der zweiten Hälfte der 1970er Jahre müssten sich die Auswirkungen auf die arbeitsmarktliche Qualifikationsnachfrage auch erstmals manifestieren und dann in den 1990er Jahren immer fühlbarer werden. Allerdings zeigen nun die zitierten empirischen Untersuchungen, dass die viel beschworenen neuen Modelle der Arbeitsorganisation bislang keineswegs die erwartete Verbreitung gefunden haben. Eine dramatische Steigerung der einschlägigen Anforderungen an dynamische Soft Skills lässt sich also vor dem Hintergrund der spärlichen Diffusion neuer Organisationspraktiken nicht postulieren. Darüber hinaus sind offenbar gewisse Gruppen von Arbeitnehmern wesentlich stärker vom Wandel betroffen, als andere. Das heisst, dass wir grosse – und wachsende – Differenzen in Bezug auf die Soft Skill-Anforderungen erwarten können.

Insgesamt ist demzufolge die Begründung für sich wandelnde Qualifikationsanforderungen über den wirtschaftsstrukturellen Wandel (Abschnitt 3.1) empirisch wesentlich besser abgesichert, als diejenige, welche auf den Wandel innerhalb der Betriebe verweist. Allerdings zielen beide Entwicklungen auf dieselben Grössen: Eine Aufwertung der als dynamisch aufgefassten methodischen, sozialen und personalen Kompetenzen. In welchem Ausmass sich die erwartete Entwicklung in der arbeitsmarktlichen Qualifikationsnachfrage faktisch beobachten lässt und ob mit dem strukturellen und innerbetrieblichen Wandel tatsächlich die relevanten Determinanten benannt sind, ist das Thema der folgenden empirischen Untersuchung.

4 Soft Skills in Stelleninseraten 1950–2006: Empirische Analyse

Im Kapitel 2 haben wir die Frage nach der *Bedeutung von Soft Skills* in der Arbeitswelt gestellt. Verschiedene theoretische Argumente und empirische Befunde belegen die grosse Wichtigkeit, die diesen fachunspezifischen persönlichen Eigenschaften als arbeitsmarktliche Qualifikationen zukommt und verweisen gleichzeitig auf die Unterschiede der Arbeitgebererwartungen je nach Berufsrolle und Art des Betriebes. Im Kapitel 3 ging es dann um die qualitativen Veränderungen auf dem Arbeitsmarkt in *historischer Perspektive*. Die These der zunehmenden Wichtigkeit von Soft Skills verlangt nach einer präziseren Klärung der Determinanten dieses Wandels. Dazu wurden die Veränderungen in der Arbeitswelt auf zwei Ebenen erfasst. Auf der Ebene der *Wirtschaftsstruktur* verschieben sich über die letzten 50 Jahre die Schwerpunkte wirtschaftlicher Tätigkeit. Damit wandelt sich aber nicht nur die Branchenstruktur, sondern noch deutlicher die Berufs- und Tätigkeitsstruktur und damit die Anforderungen an die Arbeitnehmer: Insbesondere Berufsfelder, in denen kognitive, kreative und soziale Kompetenzen gefordert sind, gewinnen an Bedeutung. Auf der *Ebene der Betriebe* lässt die durch den wachsenden Flexibilitätsdruck geforderte Hinwendung zu neuen Formen der Arbeitsorganisation unter den Prämissen systemischer Rationalisierung eine formale und inhaltliche Umgestaltung der einzelnen Arbeitsplätze erwarten. Mit entsprechenden Auswirkungen auf die Arbeitnehmerrolle: Weg von der Betonung der traditionellen, statisch definierten Arbeitstugenden, hin zu einem dynamischen Modus der Kompetenzrealisierung. Angesichts der sich in der Praxis nur zögerlich und bruchstückhaft verbreitenden postfordistischen Arbeitsformen stellt sich allerdings die Frage, welche Teile des Arbeitsmarktes in welchem Ausmass tatsächlich vom erwarteten Wandel betroffen sind.

Trotz der grossen Popularität von Soft Skills fehlen bislang empirisch erhärtete Erkenntnisse darüber, von wem welche informellen Qualifikationen und persönlichen Tugenden erwartet werden und insbesondere wie sich diese Anforderungen längerfristig ändern. Aus der Sicht einer dem ganzheitlichen Bildungsideal verpflichteten Pädagogik stellt sich die Frage nach der Differenzierung notwendiger Soft Skills allerdings kaum. Es gibt gute Argumente für die Annahme, dass eine möglichst umfassende Persönlichkeitsentwicklung allgemein die Lebensfähigkeit und die Lebensqualität verbessert. Aus einer *sozialwissenschaftlichen Perspektive* hingegen ist die Frage danach, welche individuellen Qualifikationsvoraussetzungen (ob formaler oder informeller Art) für den Zugang zu den einzelnen Segmenten des Arbeitsmarktes entscheidend sind, von ganz zentralem Interesse. Schliesslich prägt in der modernen Gesellschaft die Zuteilung beruflicher Positionen die individuellen Lebenschancen in materieller und immaterieller Hinsicht.

Das für dieses Forschungsvorhaben notwendige Datenmaterial wird aus Stelleninseraten gewonnen. Öffentliche Stellenausschreibungen enthalten meist differenzierte Angaben über die von den Unternehmen als massgebend erachteten Kriterien für die Personalauswahl. Aus den Angaben in den Inseraten lassen sich somit eine Menge von Informationen gewinnen, die geeignet erscheinen, beide Arten von Fragen zu beantworten: Sowohl die *Querschnittfrage* danach, von welchen Arbeitnehmergruppen welche Soft Skills verlangt werden, als auch die *Längsschnittfrage* nach dem diesbezüglichen langfristigen Wandel und dessen Bestimmungsgrössen. Im ersten Teil dieses Kapitels werden die methodischen Details der Datenanalyse dargestellt, der zweite Teil präsentiert anschliessend die Ergebnisse dieser Analysen. Eine ausführliche Zusammenfassung und Interpretation der Resultate folgt im Schlusskapitel 5.

4.1 Daten und Methode

Die vorliegende Studie entstand im Rahmen des *Stellenmarkt-Monitors Schweiz* am Soziologischen Institut der Universität Zürich.[24] Das umfassende Forschungsprojekt zielt einerseits auf eine detaillierte Analyse der langfristigen Veränderungen auf dem Schweizer Stellenmarkt, dient andererseits aber auch dem regelmässig aktualisierten Monitoring der quantitativen und qualitativen Trends in der Arbeitsmarktnachfrage. Der folgende Abschnitt beschreibt die für die vorliegende Untersuchung verwendeten Daten, ihre Erfassung und Aufbereitung, die Definition

24 Weitere Informationen, Forschungsresultate und Angaben zu Publikationen finden sich auf der laufernd aktualisierten Internetseite des Stellenmarkt-Monitors: www.stellenmarktmonitor.uzh.ch. Detaillierte Angaben zur Stichprobenziehung, eine Liste der einbezogenen Medien sowie eine Darstellung des Vorgehens bei der Erfassung der Stellenausschreibungen und der Vercodung der Variablen finden sich in der ausführlichen Dokumentation zur Erstellung des Datensatzes (Bendel, Kunz & Salvisberg 2000).

der relevanten Untersuchungsgrössen und das Vorgehen bei der statistischen Analyse.

4.1.1 Stelleninserate als sozialwissenschaftliche Quelle

Grundlage für die hier vorgestellte Untersuchung zur Bedeutung von Soft Skills, bildet ein repräsentatives Sample von Stelleninseraten die zwischen 1950 und 2006 in Zeitungen und Anzeigern der deutschsprachigen Schweiz erschienen sind. Als Stelleninserate gelten dabei alle in der Presse publizierten Angebote für bezahlte Arbeit, unabhängig vom Arbeitsumfang oder Form des Anstellungsverhältnisses. Ausgehend von einer doppelten Schichtung nach Auflage (drei Grössenklassen) und Erscheinungsort (fünf Regionen) wird zuerst eine Zufallsstichprobe von rund 80 Deutschschweizer Presseerzeugnissen gezogen.[25] Diese bildet dann ihrerseits die Grundlage für die Ziehung der Inseratestichprobe, welche eine konstante Anzahl von 500 Inseraten pro Erhebungsjahr umfasst. Die einzelnen Jahresstichproben sind jeweils repräsentativ für die in der Erhebungswoche in der Deutschschweiz publizierten Inserate. Die fix als Stichwoche gewählte zweite Märzwoche hat sich in einer entsprechenden Voruntersuchung in Bezug auf das Inseratevolumen und die Branchenverteilung als ideal erwiesen. Die Schätzung der zugrundeliegenden Gesamtzahl ausgeschriebener Stellen beruht dabei auf einer vollständigen Auszählung aller Inserate, welche in der Stichwoche in den ausgewählten Printmedien publiziert worden sind und einer entsprechenden Hochrechnung. Die mit einem Zufallsverfahren ausgewählten einzelnen Inserate werden vollständig erfasst, wobei neben dem Inseratetext auch Angaben zur Zeitung, zur grafischen Gestaltung und Grösse des Inserats festgehalten sind. Die in den Inseratetexten vorhandenen Informationen zum Betrieb (z.B. Branche, Grösse), zur Stelle (z.B. Beruf, Anstellungsbedingungen) und zur gesuchten Person (z.B. Ausbildung, Geschlecht) werden anschliessend unter Berücksichtigung des gesamten Inseratetextes anhand von standardisierten Klassifikationen manuell codiert.[26]

---

25 Nicht berücksichtigt werden Publikationen, die während weniger als fünf Jahre erschienen sind, solche mit weniger als zweiwöchentlicher Periodizität sowie solche mit einer Durchschnittsauflage von unter 4000 Exemplaren. Ebenso wenig werden Verbandsmedien und Fachzeitschriften erfasst.

26 Eine Überprüfung der Intercoder-Reliabilität an einer Zufallsstichprobe von 100 Inseraten ergab ein Cohen's Kappa (für jeweils zwei Coder) von .91 für die Berufgruppe, .74 für die Branche, .71 für das Niveau der verlang-

Stelleninserate enthalten eine Menge detaillierter Angaben zum personalsuchenden Unternehmen, zur jeweiligen Tätigkeit und den dazugehörigen Erwartungen an die potentiellen Stellenbewerber. Dies, und der Umstand, dass die Inserate über einen langen Zeitraum auf breiter Basis verfügbar sind, machen sie zu einer wertvollen Quelle für sozialwissenschaftliche Studien über die qualitative Entwicklung der Arbeitsmarktnachfrage im Zeitverlauf. Für die vorliegende Fragestellung stehen kaum andere Datengrundlagen zur Verfügung und es liegen in der Literatur bislang denn auch keine derartigen empirischen Untersuchungen vor. Selbstverständlich zeigen die Stelleninserate respektive der Stellenmarkt kein massstabgetreues Abbild der *gesamten* Arbeitsmarktnachfrage. Verschiedene Belege weisen allerdings darauf hin, dass sich insbesondere die *langfristigen Bewegungen* in der Zusammensetzung des betrieblichen Qualifikationsbedarfs sehr genau im Stellenmarkt abbilden. So stimmen die zyklischen Schwankungen in der hochgerechneten Gesamtzahl der inserierten Stellen sehr gut mit unabhängigen Arbeitsmarkt- und Konjunkturindikatoren überein, während sich die Arbeitslosenquote spiegelbildlich dazu verhält. Ausserdem bestehen zwar deutliche Unterschiede in der Inserierungshäufigkeit zwischen den einzelnen Branchen, unabhängig davon zeigen sich aber die langfristigen Veränderungen in der Branchenstruktur der schweizerischen Unternehmenspopulation auch im Stellenmarkt weitgehend unverändert (Sacchi, Salvisberg & Buchmann 2005: Appendix A). Zwei repräsentative Firmenbefragungen aus den Jahren 1994 und 2003 zeigen zudem, dass in der Schweiz konstant ein beachtlicher Anteil von rund 44% aller zu besetzenden Stellen in der Presse inseriert wird (Bendel, Buchmann & Sacchi 1995). Dass das Inserat den wichtigsten Kanal zur ausserbetrieblichen Personalrekrutierung darstellt, entspricht denn auch einer weit herum geteilten Einschätzung (für die Schweiz: Thom, Blum & Zaugg 1996: 13; Wicki 1998; für andere Länder: Gossens & Degelmann 1952; Reyher, Spitznagel & Kretschmer 1990: 368; Deeke

ten Ausbildung und .61 für die Betriebsgrösse. Mit Ausnahme des Wertes für die Betriebsgrösse handelt es sich dabei um sehr gute oder mindestens befriedigende Werte (vgl. Lombard, Snyder-Duch & Bracken 2002). Im Falle der Codierung des Ausbildungsniveaus wurde zudem eine externe Validierung anhand von Volkszählungsdaten vorgenommen. Die entsprechende Prüfung zeigt eine sehr gute Übereinstimmung, die insbesondere für den Entwicklungstrend nahezu perfekt ist (Sacchi, Salvisberg & Buchmann 2005: Appendix B).

1991: 68–88; OECD 1992: 22). Seit Ende der 1990er Jahre nutzen Firmen in stark unterschiedlichem Mass vermehrt auch das Internet als Rekrutierungskanal (vgl. Salvisberg, Klarer & Sacchi 2001) - eine Entwicklung, die für die Fortschreibung entsprechender Auswertungen im 21. Jahrhundert sicher von Bedeutung ist. Wenn auch das Stelleninserat eine sehr weite Verbreitung zeigt und es keine Art von Stellen gibt, die grundsätzlich nicht ausgeschrieben werden, werden doch keineswegs alle Stellen mit derselben Wahrscheinlichkeit inseriert. Besonders häufig wird der kostspielige Weg des Inserats für solche Stellen gewählt, die schwierig zu besetzen sind, resp. die sich nicht gewissermassen von selbst – innerbetrieblich oder durch Selbstbewerbungen – besetzen (vgl. dazu auch Reyher, Spitznagel & Kretschmer 1990; Cramer 1990). Ob der Grund für die erschwerte Rekrutierung nun in den hohen, ausgefallenen oder neuartigen Anforderungen liegt oder viel eher in der Unattraktivität der Stelle selbst begründet ist, immer verweisen häufig inserierte Arten von Stellen auf ein spezifisches *Ungleichgewicht* auf dem Arbeitsmarkt. Es sind somit diejenigen Berufe und Qualifikationsprofile, nach denen im Verhältnis zum Angebot eine besonders grosse Nachfrage besteht, die auch häufiger in den Inseraten erscheinen.

Weil es sich bei der Erwähnung von Soft Skills um einen Bereich handelt, der bei der Formulierung der Ausschreibung viel individuellen Spielraum offen lässt, gilt hier ganz besonders, dass diejenigen Eigenschaften hervorgehoben werden, welche dem inserierenden Betrieb als ausgesprochen wichtig erscheinen. Im Gegensatz zu Umfragen, bei denen die Personalverantwortlichen oft eine lange Liste von wünschbaren persönlichen Stärken nennen, beschränken sich die Angaben in Stellenausschreibungen meist auf eine einzige, eventuell zwei oder drei solcher Qualitäten. Als besonders wichtig und daher erwähnenswert dürften dabei jene Charakteristika gelten, die für die Bewältigung der Arbeitsaufgaben als unerlässlich oder wesentlich erachtet werden und die *zugleich* nicht als selbstverständlich vorausgesetzte Grundtugenden denkbarer Bewerber angesehen werden. Dabei wissen wir allerdings nicht, ob dieser Mangel tatsächlich so existiert oder vom Inserateverfasser lediglich angenommen wird. Sowohl aktuelle Diskurse als auch bestehende Traditionen in Bezug auf die zentralen Soft Skills dürften hier zu nur schwer abschätzbaren *Sprachgebrauchseffekten* führen. Die in Kapitel 2 zusammengefasste Forschung zur Bedeutung von Soft Skills in der Arbeitswelt zeigt allerdings, dass diese Angaben keineswegs als blosse Rhetorik von Personalverantwortlichen abgetan werden dürfen.

Darüber hinaus gilt, dass auch sachlich nicht begründete Anforderungen für Stellenbewerber trotzdem ernst zu nehmende Selektionskriterien darstellen. Unsere grundlegende Annahme lautet demnach, dass sich in den Inseraten direkt die *Präferenzen* der personalsuchenden Unternehmen, respektive der dafür verantwortlichen Personen ausdrücken. Es handelt sich dabei um diejenigen qualifikatorischen Kriterien, die für die Rangierung in der *Labor Queue* ausschlaggebend sind.

Zwei Argumente stehen der zuweilen geäusserten Vermutung entgegen, dass Stelleninserate lediglich unverbindliche Wunschlisten idealer Eigenschaften enthalten: Erstens haben die Betriebe durchaus Interesse an einer optimalen Vorauswahl geeigneter Bewerber. Entsprechend werden die qualifikatorischen Hürden idealerweise möglichst realistisch – d. h. der jeweiligen Berufsrolle entsprechend – angesetzt (dieselbe Argumentation findet sich bei Jackson 2007: 371). Zweitens bestätigen die vorliegenden empirischen Studien, dass die verlangten Soft Skills keineswegs zufällig streuen, sondern deutlich unterschiedlichen Anforderungsprofilen entsprechen (vgl. Bott, Hall & Schade 2000: 29; Geser 1983: 479).

Zusammenfassend kann festgehalten werden, dass ein grosser Teil der offenen Stellen in den Stelleninseraten ausgeschrieben wird, dass sich die langfristigen wirtschaftsstrukturellen Verschiebungen im Stellenmarkt gut abbilden und dass gehäufte Nennungen spezifischer Qualifikationsprofile auf diejenigen Bereiche verweisen, welche aus Arbeitgebersicht zum jeweiligen Zeitpunkt besonders relevant sind. Vor diesem Hintergrund erscheinen Stelleninserate mit ihrer Fülle von differenzierten Informationen als überaus geeignete Datenquelle für die Beobachtung langfristiger Verschiebungen in der Qualität des betrieblichen Qualifikationsbedarfs.

4.1.2 Analytisches Modell und Operationalisierung der Variablen

Auf Grundlage der Informationen in den Stelleninseraten sollen unsere Forschungsfragen nach den Determinanten, den Entwicklungsmustern und den Unterschieden zwischen verschiedenen Arbeitnehmergruppen in Bezug auf die Nachfrage nach Soft Skill auf dem Stellenmarkt beantwortet werden. Zu diesem Zweck werden die in den Stelleninseraten vorhandenen Angaben systematisch erfasst und in statistisch auswertbare Grössen („Variablen“) übersetzt. Ein Regressionsmodell setzt diese Grössen anschliessend zueinander in Beziehung. Modellmässig ist dabei zu unterscheiden zwischen abhängigen und erklärenden Variablen. Die abhängigen Grössen, deren Auftreten durch die anderen Variablen erklärt werden soll, sind in unserem Falle die Soft Skill-Anforderungen, so wie sie in den Stelleninseraten formuliert werden. Die erklärenden Grössen sind verschiedene Charakteristika der Stellen und der personalsuchenden Betriebe.

Ein Inseratebeispiel illustriert das Vorgehen (Abbildung 4.1). Im Inserat werden drei persönliche Stärken oder Soft Skills erwähnt: Kreativität, Vielseitigkeit und Initiative. Als spezifische Eigenschaften der Stelle finden wir beispielsweise die Berufsbezeichnung („Dekorateur"), die Anforderungen an Hard Skills („gute Berufsausbildung und –praxis"), ein Arbeitsplatzbeschrieb („grosses, helles Atelier"), Information über die Art und den Charakter der Anstellung („interessante, vielseitige Dauerstelle") sowie Angaben zum suchenden Betrieb („dynamischem Unternehmen mit erstklassigem Sortiment") und zum Geschlecht der gesuchten Person (männlich oder weiblich). Darüber hinaus wissen wir, in welchem Jahr und in welcher Zeitung das Inserat erschienen ist. Zur Beantwortung unserer Forschungsfragen geht es nun darum, Zusammenhänge zwischen den verlangten Soft Skills (hier z.B. „Kreativität") und den verschiedenen Charakteristika der Stelle, des Unternehmens und der gesuchten Person (also etwa Beruf, Hard Skills oder Geschlecht) und dem Inserierungszeitpunkt zu prüfen. Dabei interessiert es uns, welche dieser Zusammenhänge besonders häufig (d. h. häufiger als durch eine zufällige Verteilung zu erwarten wäre) oder besonders selten auftreten. Die numerische Bestimmung dieser Zusammenhänge im Aggregat der ausgeschriebenen Stellen erfolgt durch eine Maximum-Likelihood-

Abbildung 4.1: Inseratebeispiel

Wir suchen für unser attraktives Gross-Sortiment

eine(n) Dekorateur(in)

Wir wünschen: gute Berufsausbildung und -praxis,
Kreativität, Vielseitigkeit und Initiative.
Idealalter 25–40 Jahre.

Wir bieten: weitgehende Selbständigkeit, grosses, helles Atelier, interessante, vielseitige Dauerstelle in dynamischem Unternehmen mit erstklassigem Sortiment.

Auf Ihren Anruf ¦Telefon¦ oder Ihre Offerte ¦Adresse¦ freut sich ¦Firma¦.

(Tages-Anzeiger, 13. März 1984)

Schätzung (in Form einer logistischen Regression; vgl. dazu Abschnitt 4.1.3 unten).

Im Folgenden wird zuerst die Erfassung der Soft Skill und deren Kategorisierung dargestellt. Dann folgt die Operationalisierung der Stellen- und Betriebscharakteristika als erklärende Variablen. Schliesslich wird auf das Vorgehen bei der Durchführung der statistischen Analyse eingegangen.

a) Abhängige Variablen: Soft Skills

Die in den Stelleninseraten verlangten Soft Skills werden mittels *computergestützter, quantifizierender Inhaltsanalyse* erfasst. Ziel dieses Verfahrens ist es, aus einer grossen Zahl von Dokumenten systematisch relevante Informationen zu gewinnen. Diese Informationen werden in statistisch auswertbare Daten übersetzt, die geeignet sind Fragen über Zusammenhänge innerhalb der untersuchten Kommunikationsmaterials oder in Bezug auf den interessierenden Verwendungszusammenhang zu beantworten (vgl. Riffe, Lacy & Fico 1998; Merten 1995). Bei den in unserem Fall erfassten Dokumenten handelt es sich um Inseratetexte, in denen die von den Arbeitgebern geforderten Soft Skills benannt werden. Die *systematische Erfassung* der einschlägigen Begriffe erfolgt mittels eines spezifischen Wörterbuchs, das die relevanten Wörter zu Kategorien zusammenfasst und die Grundlage der computergestützten Vercodung bildet. Damit wird die vorhandene Information verdichtet und einer quantifizierenden Analyse zugänglich gemacht. Die grundlegende Annahme hinter diesem Vorgehen ist die der gerechtfertigten *Inferenz* von manifestem *Text* (d. h. der geschriebenen Worte) auf einen nicht direkt manifesten *Kontext* – also die Erwartungen der Arbeitgeber in Bezug auf Soft Skills. Oder in anderen Worten: Wir gehen davon aus, dass die in den Inseraten erwähnten Qualifikationen und persönlichen Qualitäten für die Personalrekrutierung tatsächlich *relevant* sind.

Das für die vorliegende Untersuchung gewählte Vorgehen gliedert sich in mehrere Schritte:

1. Um für die computerisierte Auszählung nach Wortkategorien Angaben über den Kontext, in dem ein Begriff verwendet wird zu erhalten, wird der gesamte Inseratetext in acht *Analyseeinheiten* aufgeteilt. Es sind dies:
   A1: die Selbstbeschreibung des *inserierenden Unternehmens*;

A2: falls vorhanden: Angaben zum *Grund* der Stellenausschreibung;
A3: Informationen zur *administrativen Abwicklung* der Bewerbung und Residualtext;
A4: gegebenenfalls Angaben zum *Stellenvermittler;*
A5: Hinweise auf materielle *Gegenleistungen* des Arbeitgebers;
A6: die Beschreibung der ausgeschriebenen *Stelle* und der zu erledigenden *Aufgabe*;
A7: Angaben zur verlangten *Ausbildung*, *Erfahrung* und *Sachkenntnissen*;
A8: Angaben zu notwendigen *charakterlichen Stärken*, *Soft Skills*, *körperlichen Eigenschaften* und *Zuschreibungskriterien* wie Alter und Geschlecht.

Für die Analyse der verlangten Soft Skills werden einzig Angaben in der Analyseeinheit A8 berücksichtigt. In denjenigen Fällen, wo in einem Inserat mehrere verschiedene Stellen ausgeschrieben sind, erfolgt die Auswertung auf der Ebene der jeweiligen Analyseeinheit der einzelnen Stelle. Abbildung 4.2 illustriert die Aufteilung unseres Beispielinserates in verschiedene Analyseeinheiten.

Abbildung 4.2: Beispiel für die Unterscheidung von Analyseeinheiten in einem Inserat

A3	Wir suchen für
A1	unser attraktives Gross-Sortiment
A6	eine(n) Dekorateur(in)
A3	Wir wünschen:
A7	gute Berufsausbildung und -praxis,
A8	Kreativität, Vielseitigkeit und Initiative. Idealalter 25–40 Jahre.
A3	Wir bieten:
A6	weitgehende Selbstständigkeit, grosses, helles Atelier, interessante, vielseitige Dauerstelle
A1	in dynamischem Unternehmen mit erstklassigem Sortiment.
A3	Auf Ihren Anruf ¦Telefon¦ oder Ihre Offerte ¦Adresse¦ freut sich …

2. Einzelne Worte, die auch innerhalb derselben Analyseeinheit mehrdeutig bleiben, werden durch das Hinzufügen von *Indices* (#Nr.) disambiguiert. So wird beispielsweise unterschieden, ob eine rasche#55 Auffassungsgabe oder eine rasche#54 Arbeitsweise verlangt wird. Worte, die erst in Verbindung mit anderen Worten ihren gemeinten Sinn erhalten, werden miteinander verbunden und gelten als ein Begriff (z.B. „den+Kopf+nicht+verlieren").
3. Alle in Analyseeinheit A8 vorkommenden Begriffe werden in rund 270 *Wortkategorien* zusammengefasst. Diese Wortkategorien fassen Wörter zusammen, die im Hinblick auf mögliche Auswertungen als Synonyme gelten können. Diese Wortkategorien sind gegenseitig ausschliessend, d. h. jedes Wort wird genau einer Kategorie zugeordnet. Die Vercodung der Inserate erfolgt mit dem Inhaltsanalyseprogramm Textpack (Mohler & Züll 1990). Dabei resultiert eine Datenmatrix, die angibt, wie oft jede Wortkategorie in der jeweiligen Analyseeinheit jeder Stellenausschreibung angesprochen wird. Naturgemäss variieren die Häufigkeiten der einzelnen Wortkategorien beträchtlich: Während etwa „tüchtig" über 3800-mal vorkommt, wird „Integrationsfähigkeit" nur zweimal explizit genannt.
4. Aus den vorliegenden Wortkategorien werden diejenigen Kategorien ausgewählt, die als Verweise auf Soft Skills interpretiert werden können. Wie in Kapitel 2 dargestellt, bezeichnet der Sammelbegriff der Soft Skills Fähigkeiten, Fertigkeiten, Einstellungen und Werthaltungen, die fachunspezifisch einsetzbar und kaum formal zertifizierbar sind. Diese Fähigkeiten verweisen auf Methoden-, Sozial- und Selbstkompetenzen und werden im Inseratetext in der Regel durch adjektivische Beschreibungen der Wunschbewerber ausgedrückt. In gut 35% aller erfassten Stellenausschreibungen findet sich nach dieser Definition mindestens eine Erwähnung von Soft Skills, wobei in mehr als der Hälfte davon lediglich ein einziger einschlägiger Begriff erscheint. Mehr als zwei Begriffe finden sich nur in 7% der ausgeschriebenen Stellen.[27]
5. Die gemäss obigen Angaben ausgewählten gut 100 Wortkategorien werden nun zu Soft Skill-Kategorien zusammengefasst. Im Koordinatensystem von Methoden-, Sozial- und Selbstkompetenz einerseits und statisch respektive dynamisch geprägtem Realisie-

27 Diese Zahlen gelten ohne das Wort „tüchtig" (vgl. dazu Punkt 7 unten).

rungsmodus andererseits, ergeben sich sechs Kompetenzfelder, die gemäss den Angaben in Tabelle 4.1 voneinander abgegrenzt werden. Die Kriterien für die Unterscheidung der Kompetenzbereiche entsprechen den Angaben in Abschnitt 2.1.4 zur Kategorisierung von Kompetenzen, die Unterscheidung des statischen und dynamischen Modus der Kompetenzrealisierung folgt den Ausführungen in Abschnitt 3.2.4 zum Wandel der Berufsrolle. Die Definition der einzelnen Felder liefern somit die Kriterien für die Zuordnung. Die durch diese sechs Kompetenzfelder umschriebenen *Soft Skill-Kategorien* bilden die Grundlage für die statistischen Analysen (abhängige Variablen). Innerhalb dieser Kompetenzfelder werden die zugeordneten Wortkategorien zusätzlich so gruppiert, dass inhaltlich möglichst deutlich voneinander abgegrenzte Unterkategorien entstehen, welche dem alltäglichen Sprachverständnis gut zugänglich sind und es so erleichtern, auf einen Blick zu erkennen, welche Art von Kompetenzen in den jeweiligen Kompetenzfeldern zusammengefasst sind. Tabelle 4.2 stellt die resultierenden Soft Skill-Kategorien mit

Tabelle 4.1: Schema arbeitsrelevanter Kompetenzen

Kompetenzbereich	Modus	
	Statisch	Dynamisch
Sach- und Methodenkompetenz *Sacheinsichtiges Handeln* Materiale und formale Kenntnisse, Fähigkeiten und Fertigkeiten ***Kulturelle Reproduktion***	Fachliche Kompetenzen Berufsübergreifende Sachkenntnisse und Fähigkeiten **Hard Skills**	Fähigkeiten der eigenständigen *Informationsgewinnung, Verarbeitung und Beurteilung*
	Berufsübergreifende *Grundfertigkeiten und allgemeine sachbezogene Arbeitstugenden*	Fähigkeiten zur selbstständigen *Entscheidung und Gestaltung*
Sozialkompetenz *Sozialeinsichtiges Handeln* Fähigkeiten, Verhaltensweisen und Dispositionen mit Betonung der zwischenmenschlichen Dimension ***Soziale Integration***	Fähigkeit und Bereitschaft zur *Kooperation und Anpassung*	Fähigkeit und Bereitschaft zur *Kommunikation und Auseinandersetzung*
Selbstkompetenz *Werteinsichtiges Handeln* Verhaltensweisen, Werthaltungen und Charaktereigenschaften mit primär einzelpersönlicher Dimension ***Sozialisation***	Vom Ethos der *Pflichterfüllung* geprägte Arbeitstugenden und Persönlichkeitszüge	Vom Ethos der *Selbstmotivation* geprägte Arbeitstugenden und Persönlichkeitszüge

den jeweils darin enthaltenen Unterkategorien und den grundlegenden Wortkategorien sowie die dazugehörigen Häufigkeiten zusammen. Wie in der Tabelle wird auch für alle Analysen von mehrfachen Nennungen innerhalb einer Kategorie abstrahiert: D. h. die verwendeten Variablen geben einzig Auskunft darüber, ob eine Soft Skill-Kategorie in einer Stellenanzeige Erwähnung findet oder nicht.

Tabelle 4.2: Kategorien von Soft Skills: Operationalisierung

Kompetenzbereich	Modus	
	statisch / adaptiv (11308)	dynamisch / expressiv (6840)
Sach- und Methoden-kompetenz (5241)	Statisch-methodisch (2686) *Effektivität (2686):* effizient, schnell / geschickt / exakt, sorgfältig / belastbar / stressresistent / praktisch	Dynamisch-methodisch (3445) *Kognitive Stärken (1502):* (gute) Auffassungsgabe / (mit)denkend / klug, gescheit / intelligent / geistig beweglich, schnell denkend / analytisches, systematisches Denken / lernfähig und -bereit / entwicklungsfähig / vernetztes Denken / überlegt / (gute) Urteilskraft / geistig gebildet *Innovationsfähigkeit (477):* kreativ, phantasievoll / innovativ / modern *Unternehmerische Fähigkeiten (1179):* organisationsfähig / unternehmerisch (denkend) / vielseitig / wirtschaftlich (denkend) / planerisch, konzeptuell fähig / konstruktiv, problemlösend / entscheidungsfähig / managementfähig *Flexibilität (1179):* flexibel / beweglich
Sozialkompetenz (7072)	Statisch-sozial (5367) *Umgänglichkeit (4332):* freundlich, liebenswürdig / sympathisch, nett / gutes Auftreten / fröhlich, aufgestellt / angenehm / unkompliziert / anpassungsfähig / ruhig, ausgeglichen / liebevoll / verträglich / flott / kultiviert / menschlich / diplomatisch / sozial gesinnt *Kooperationsbereitschaft (1322):* teamfähig / kooperativ / kollegial / hilfsbereit	Dynamisch-sozial (2759) *Kommunikationsfähigkeit (2024):* kontaktfreudig / aufgeschlossen / aufmerksam / kommunikativ *Durchsetzungsfähigkeit (1163):* verhandlungsgeschickt / verkaufsstark / führungsfähig / durchsetzungsstark / motivationsfähig / überzeugend
Selbstkompetenz (8788)	Statisch-selbst (6328) *Einsatzwille (1923):* einsatzfreudig / fleissig, arbeitsam / willig, dienstbereit / ausdauernd, beharrlich / arbeitsfreudig *Verlässlichkeit (4939):* zuverlässig / ehrlich, aufrichtig / verantwortungsbewusst / treugesinnt / seriös, rechtschaffen / pflichtbewusst, gewissenhaft / vertrauenswürdig, integer / charakterstark / solid / diskret / ordentlich / anständig, brav / gereift / diszipliniert / korrekt / pünktlich	Dynamisch-selbst (3470) *Innerer Antrieb (3470):* initiativ / strebsam / dynamisch / motiviert, engagiert / selbstsicher / begeisterungsfähig / leistungsorientiert / aktiv, zupackend / mutig / positiv / willensstark, konsequent / energisch

Die Zahlen stehen für die Anzahl Stellenausschreibungen (von total 39'963 aus den Jahren 1950-2006), in denen die jeweilige Kategorie mindestens einmal vorkommt; die dazugehörigen Wortkategorien stehen in der Reihenfolge der Häufigkeit.

6. Die so erzeugte inhaltsanalytische Datenmatrix wird mit den manuell vercodeten Angaben aus den Inseraten (etwa Beruf, Branche, Ausbildung etc.) verknüpft, so dass für statistische Auswertungen die Informationen aus beiden Vercodungsprozeduren zur Verfügung stehen.
7. Schliesslich ist noch auf einen Begriff hinzuweisen, der in dieser Untersuchung nicht als Soft Skill interpretiert wird. Es geht um das Wort *tüchtig*, das inhaltlich sehr breit und unpräzise verwendet wird. Er bezeichnet allgemein eine „gute" Arbeitskraft (ein Begriff, der hier auch nicht als Soft Skill interpretiert wird) und vereinigt in sich Eigenschaften wie Einsatzwille, Effizienz und fachliche Fähigkeit (er wird fast ausschliesslich für gelernte Berufsleute verwendet). Entsprechend problematisch ist eine Zuordnung zu einer Soft Skill-Kategorie. Zusätzlich wird derart häufig eine tüchtige Person gesucht (rund 3800-mal), dass jede Sammelkategorie die diesen Begriff enthält, unweigerlich davon dominiert wird, was die Aussagekraft der präziseren anderen Begriffe vermindert.

Für eine inhaltsanalytische Untersuchung im Zeitvergleich stellt sich die Frage, inwiefern die Annahme gerechtfertigt ist, dass die ausgezählten Wörter über die Untersuchungsperiode ihren gemeinten Sinn beibehalten. Falls dies nicht der Fall ist, müssten gegebenenfalls unterschiedliche Kategorisierungen für einzelne Zeitabschnitte definiert werden. In unserem Fall scheint die Arbeit mit fixen Wortkategorien aus zwei Gründen gerechtfertigt: Erstens ist es nicht das Ziel der Untersuchung, besonders feine Unterschiede in den Formulierungen herauszuarbeiten. Deshalb wird mit relativ groben und deutlich gegeneinander abgegrenzten Kategorien gearbeitet. Die Wahrscheinlichkeit, dass ein Wort im Zeitverlauf nun eine Bedeutungsverschiebung erlebt, die so gross ist, dass dies ein Wechsel der Kategorie mit sich bringen würde, ist deshalb gering. Zweitens beschränkt sich die Erhebungsperiode auf 50 Jahre. Auch wenn sich der Sprachgebrauch grundsätzlich dauernd in kleinsten Schritten wandelt, sind 50 Jahre für deutliche Bedeutungsverschiebungen doch eine sehr kurze Zeitspanne (Keller 1994). Wiederum ist aus diesem Grund ein Wandel zwar nicht auszuschliessen, die Wahrscheinlichkeit dafür ist aber klein.

b) Operationalisierung und Codierung der erklärenden Variablen

Aus den in Kapitel 2 und 3 ausgeführten Überlegungen leiten sich eine ganze Reihe von Stellen- und Betriebscharakteristiken ab, von denen erwartet werden kann, dass sie einen Einfluss auf die Anzahl und Art der damit verknüpften Soft Skill-Anforderungen haben. Abbildung 4.3 zeigt die Variablen und Variablengruppen des umfassenden Regressionsmodells. Diese werden in den folgenden Abschnitten im Detail vorgestellt. Die Messungen der erklärenden Variablen beruhen dabei in ihrer Mehrheit auf den manuell vercodeten Angaben aus den Stelleninseraten. Die Variablen Weiterbildung (als Teil der Variable Anforderungsstufe; vgl. unten), Zentrumsunternehmen und Teamarbeit werden mit quantifizierenden Inhaltsanalysen nach dem Muster der Soft Skills erfasst. Schliesslich werden für die Operationalisierung der Technologievariablen externe Daten beigezogen.

Abbildung 4.3: Übersicht Regressionsmodelle

Erklärende Variablen	Abhängige Variablen
Berufsrolle – Beruf – Ausbildungsstufe – Leitungsposition – Lehrstelle **Inserierender Betrieb** – Wirtschaftssektor – Betriebsgrösse – Zentrumsunternehmen – Staatsbetrieb **Arbeitsorganisation (Team)** **Technologie (Computer)** **Geschlechterstereotypen** – Geschlecht – Geschlecht x Ausbildungsstufe – Geschlecht x Position **Arbeitsmarktkonjunktur** **Kontrollvariablen** – Personalberater – Mehrfach-Temporärinserat – Nichtnormalarbeitsverhältnis	**Soft Skill-Kategorien** – statisch-methodisch – dynamisch-methodisch – statisch-sozial – dynamisch-sozial – statisch-selbst – dynamisch-selbst

Berufsrolle

Als eine zentrale Erklärungsgrösse für die Nachfrage nach Soft Skills wurde die Berufsrolle in ihrer horizontalen und vertikalen Dimension bezeichnet. Dies entspricht der substantiellen Einschätzung dieser Qualifikationen als primär von den funktionalen und extrafunktionalen Erfordernissen des konkreten Arbeitszusammenhangs geprägte Anforderung. Dabei erwarten wir, dass je nach Art und Bedeutung des jeweils dominierenden Weltbezugs im Arbeitsalltag (objektiv – sozial – subjektiv) auch die Anforderungen variieren. Der Tätigkeitsbereich – und damit die horizontale Dimension – werden sich eher auf die Art der nachgefragten Soft Skills auswirken, während die vertikale Dimension stärker das Ausmass und die Breite der Soft Skill-Anforderungen beeinflussen wird.

Infolge des engen Zusammenhangs von Qualifikationsanforderungen und Berufsrolle einerseits und dem langfristigen Strukturwandel auf dem Arbeitsmarkt andererseits, ist darüber hinaus zu erwarten, dass sich die Verschiebungen in der Zusammensetzung der angebotenen Stellen nach Berufen und Positionen stark auf die längerfristigen Verschiebungen in der gesamthaften Soft Skill-Nachfrage auswirkt.

Die *horizontale Dimension* der Berufsrolle wird durch die Bildung von *Berufsgruppen* erfasst. Unterschieden werden dabei 14 Berufsgruppen (Tabelle 4.3).[28] Abbildung 4.4 zeigt die langfristige Entwicklung der einzelnen Berufsgruppen. Um einen Vergleich mit den Zahlen zur Beschäftigtenstruktur zu ermöglichen (vgl. Abschnitt 3.1.7), wurden jeweils die Anteile für Fünfjahreskategorien gebildet (z.B. 1957 bis 1961 etc.) um sich den Stichjahren der Volkszählungen anzunähern. Die dargestellte Entwicklung entspricht sehr gut den Tendenzen in der Beschäftigtenstruktur. Darüber hinaus sind aber auch deutliche Niveauunterschiede zu erkennen, welche das unterschiedliche Fluktuations- und Rekrutierungsverhalten in den einzelnen Bereichen spiegelt. Ein Blick auf die expandierenden respektive schrumpfenden Berufsbereiche lässt – im Sine der in Kapitel 3.1. dargelegten Argumente – einen engen Zusammenhang zwischen Strukturwandel und Qualifikationswandel erwarten.

Die *vertikale Dimension* der Berufsrolle wird durch zwei Grössen erfasst: die Ausbildungsstufe und die betriebliche Position. Die

---

28 Detaillierte Angaben zur Bildung der Berufsgruppen finden sich im Anhang, Tabelle A.1.

Abbildung 4.4: Berufsstruktur in den Stelleninseraten 1960–2006

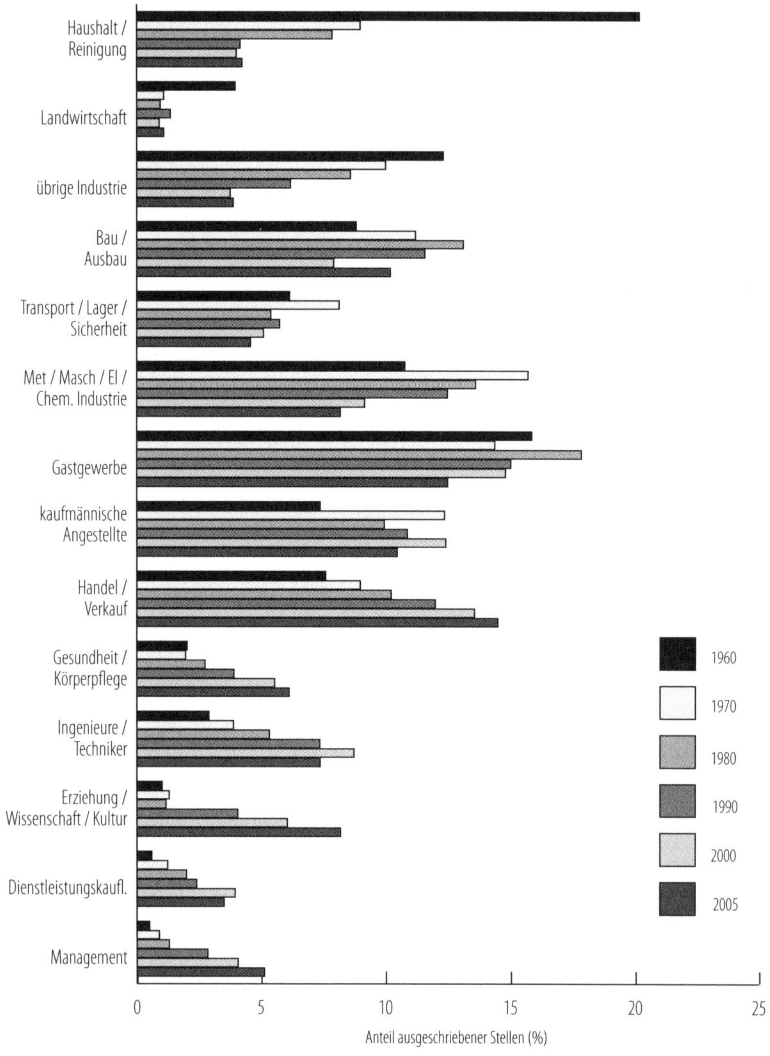

Ausbildungsstufe fasst die im Inserat vorhandenen Informationen zu den verlangten Hard Skills zusammen. Ausgangspunkt ist die verlangte formale Ausbildung, wobei drei Niveaus unterschieden werden: 1. keine Ausbildung nötig, 2. Lehrabschluss verlangt und 3. höhere Ausbildung vorausgesetzt. Wenn nun für eine Stelle explizit Erfahrung und/oder Weiterbildung oder Spezialkenntnisse verlangt werden, steigt jeweils das Niveau für die betreffende Stelle um eine Stufe an. Dabei sind maximal vier Stufen möglich, auch dann, wenn etwa zusätzlich zu einer Hochschulausbildung sowohl Erfahrung als auch Weiterbildung erwartet werden.[29] Während die Angaben zum Ausbildungsniveau und die Erfahrung auf der manuellen Codierung der Inserate beruht, werden Hinweise auf Weiter- und Zusatzausbildungen mittels eines inhaltsanalytischen Wörterbuches erfasst, das die einschlägigen Begriffe in der Analyseeinheit A7 (Ausbildung) enthält. Damit wird das Ausmass an erforderlichen Hard Skills abgeschätzt unter Berücksichtigung der Tatsache, dass auf dem Arbeitsmarkt nicht allein der einmal erworbene formale Bildungsabschluss zum individuellen Humankapital beiträgt, sondern auch die akkumulierte Berufserfahrung und absolvierte Weiterbildung.

In der für die Modellrechnungen verwendeten Codierung ergeben sich schliesslich vier Anforderungsstufen:

1. *sehr hoch*; etwa für eine höhere Ausbildung plus Erfahrung oder eine Lehre plus Erfahrung und Weiterbildung;
2. *hoch*; etwa für einen Hochschulabschluss oder Lehrabschluss plus Weiterbildung;
3. *mittel*; etwa für einen Lehrabschluss oder einschlägige Erfahrung ohne Berufsbildungsabschluss;
4. *tief*; wenn weder eine formale Ausbildung noch Erfahrung oder Weiterbildung verlangt wird.

Die *betriebliche Position* folgt direkt der manuellen Vercodung der Inserate. Dabei wird lediglich unterschieden, ob es sich um eine Vorgesetztenposition handelt oder nicht, unabhängig von der hierarchischen Stufe und der Grösse des damit verbundenen Verantwortungsbereichs. Leider sind die vorhandenen Angaben in den Inseraten oft zu wenig aussagekräftig, als dass sich hier durchgehend eine verlässliche Codierung auf detaillierterem Niveau vornehmen lässt.

Um eine spezielle betriebliche Position handelt es sich bei den *Lehrstellen*, die hierarchisch gewissermassen am unteren Ende stehen, aber als Ausbildungsstellen auf ganz andere Weise in den Gesamtbetrieb integriert sind als normale Anstellungsverhältnisse. Unabhängig vom jeweiligen Fachbereich erwarten wir hier eine überdurchschnittliche Betonung der Lernfähigkeit und des Einsatzwillens.

---

29 Dies auch darum, weil sich auf dieser Stufe oft schlecht unterscheiden lässt, ob mit Spezialkenntnissen eine Spezialisierungsrichtung innerhalb der Ausbildung angesprochen ist oder eine effektive Zusatzausbildung.

Tabelle 4.3: Variablen der Berufsrolle (n=39'963)

Berufsgruppe	%	Berufsgruppe	%
Landwirtschaftliche Berufe	2.1	Berufe in Gesundheit und Körperpflege	3.2
Berufe des Bau- und Ausbaugewerbes	10.8	Berufe in Erziehung, Wissenschaft und Kultur	2.9
Berufe der Metall-, Masch.-, El.-+Chem. Ind.	11.3	Gastgewerbliche Berufe	15.9
Übrige industrielle und gewerbliche Berufe	8.1		
Ingenieure und technische Spezialisten	5.3	**Anforderungsstufe** (Hard Skills)	
Verkaufs- und Handelsberufe	10.6	– sehr hoch	4.4
Kaufmännische Angestellte	10.0	– hoch	12.1
Dienstleistungskaufleute	2.0	– mittel	29.5
Managementberufe	2.1	– tief	54.0
Berufe in Transport, Lager und Sicherheit	5.6		
Hauswirtschafts- und Reinigungsberufe	10.1	**Vorgesetzte / leitende Position**	5.5
		Lehrstelle	6.2

Inserierender Betrieb

Die Beschreibung des inserierenden Betriebs setzt sich – ähnlich wie die Berufsrolle – ebenfalls aus zwei Dimensionen zusammen. In horizontaler Hinsicht ist es der *Wirtschaftssektor*, dem der Betrieb zuzuordnen ist, in vertikaler Hinsicht die *Grösse* der jeweiligen Betriebsstätte oder des umfassenden Unternehmens.

Obwohl Unternehmensbefragungen auf sektorspezifische Eigenheiten in der Soft Skill-Nachfrage verweisen, ist die theoretische Begründung eines auch in einer multivariaten Betrachtung erkennbaren Zusammenhangs mangelhaft (vgl. Abschnitt 2.2.4). Unterschiede in Bezug auf die Tätigkeitsschwerpunkte der Mitarbeitenden in den einzelnen Wirtschaftssektoren werden in erster Linie auf der Ebene der Berufsrolle erfasst. Auch für die Erfassung der unterschiedlichen Technologieausstattung und der Verbreitung moderner Formen der Arbeitsorganisation – die durchaus Branchenunterschiede zeigen – stehen jeweils spezifische Variablen zur Verfügung (vgl. unten). Als mögliche Begründungen für Netto-Unterschiede zwischen den Wirtschaftssektoren bleiben Unterschiede des direkten Marktumfeldes, in dem sich ein Unternehmen behaupten muss und – oft davon abgeleitet – branchenspezifische Traditionen. Alles in allem erwarten wir für den Wirtschaftssektor einen deutlich geringeren Einfluss auf die Soft Skill-Anforderungen als für die Berufsrolle.

Ausgehend von der Kategorisierung von Singlemann (1978) werden sieben Wirtschaftssektoren unterschieden, wobei die Privathaushalte mit dem landwirtschaftlichen Bereich zum Primärsektor zusammengefasst werden (vgl. Tabelle 4.4). Die Angaben zum Wirtschaftssektor beruhen auf der manuellen Branchencodierung der Inserate, welche auf der allgemeinen Systematik der Wirtschaftszweige (ASWZ 85) aufbaut (vgl. Mangold 1985).[30]

Zweite Variable zur Beschreibung des Betriebs ist die *Betriebsgrösse.* Dieser dürfte auch in einem multivariaten Modell aus zwei Gründen einiges Gewicht zukommen: Einerseits führt die unterschiedlich ausgeprägte funktionale Differenzierung und das unterschiedlich komplexe soziale Umfeld je nach Betriebsgrösse dazu, dass die extrafunktionalen Rollenerwartungen anders gewichtet werden. Andererseits bieten grössere Unternehmen oft die Möglichkeit des Zugangs zu einem internen Arbeitsmarkt. Bei der Besetzung solcher Einstiegspositionen spielt auch das Entwicklungspotential des Stellenbewerbers eine Rolle. Die verlangten Fähigkeiten müssen nicht nur der jeweiligen ausgeschriebenen Position entsprechen, sondern idealerweise auch darüber hinaus ein in horizontaler und vertikaler Hinsicht überdurchschnittlich grosses Spektrum der Einsatzmöglichkeiten versprechen. Besonders stark dürfte dieses Argument bei den ganz grossen Zentrumsfirmen und Konzernen zutreffen, deren Einstiegspositionen einen ausgesprochen vielseitigen, oft internationalen internen Arbeitsmarkt erschliessen. Da derartige Möglichkeiten des Einstiegs in einen internen Arbeitsmarkt gleichzeitig für viele Stellensuchende sehr attraktiv sind, können sich die Grossfirmen entsprechend hohe Anforderungen auch durchaus leisten, ohne damit den Kreis der Bewerber allzu stark einzuschränken.

Die Betriebsgrösse wurde in der manuellen Originalvercodung dreistufig erfasst: 1. *Kleinbetriebe* (mit schätzungsweise höchstens 10 Mitarbeitenden), 2. *grosse Betriebe* (mit über 100 Angestellten) und 3. *mittelgrosse Betriebe.* Dabei werden zur mittleren Kategorie auch all jene Betriebe gezählt, bei welchen im Inseratetext Angaben fehlen, die einen sicheren Schluss auf die Grösse zulassen. Dies lässt sich damit rechtfertigen, dass die ganz Kleinen (oft Privathaushalte, Kleinunternehmen, Filialen) und ganz grossen Betriebe (oft bekannte Unternehmen und/oder entsprechende Selbstbeschreibung) meistens recht gut erkennbar

30 Detaillierte Angaben zur Kategorisierung der Wirtschaftssektoren finden sich im Anhang Tabelle A.2.

sind, während im mittleren Bereich seltener eindeutige Indikatoren für die Grösse auszumachen sind. Grundlage für Zuordnung ist die Schätzung der Mitarbeiterzahl im einzelnen Betrieb (Arbeitsstätte), nicht im Gesamtunternehmen.

Um auch die Unternehmens- oder Konzernebene – und damit die wirklich grossen internen Arbeitsmärkte – zu erfassen, wurde zusätzlich die Variable *Zentrumsunternehmen* gebildet. Grundlage dafür sind die regelmässig veröffentlichten Listen der grössten Unternehmen der Schweiz (etwa Handelszeitung 1999). Nach dem Kriterium von Umsatz (bei Industrie- und Handelsunternehmen) resp. Prämiensumme (bei Versicherungen) oder Bilanzsumme (bei Banken) wurden für die Jahre 1974 (frühester auffindbarer Jahrgang), 1987 und 1998 die Namen dieser Firmen herausgesucht.[31] Mittels computergestützter Inhaltsanalyse wurden anschliessend die Selbstbeschreibungen der Unternehmen (Analyseeinheit A1) in den vorliegenden Inseraten nach diesen Namen durchsucht und die dazugehörigen Stellen entsprechend codiert. Im Unterschied zur Betriebsgrösse ist hier nicht die jeweilige Arbeitsstätte massgebend, sondern – wo vorhanden und im Inserat erwähnt – das Mutterhaus. Damit sind diese Zentrumsunternehmen auch keine Teilmenge der Grossbetriebe.

Dieselben Gründe, welche für erhöhte Anforderungen bei den Zentrumsunternehmen verantwortlich sind, dürften auch bei *Staatsbetrieben* einen Einfluss auf die verlangten Soft Skills haben. In vielen Fällen

Tabelle 4.4: Variablen der Betriebscharakteristika (n=39'963)

	%		%
Wirtschaftssektor		**Betriebsgrösse**	
Primärsektor	7.8	Kleinbetrieb	29.7
Produktion	23.1	Grossbetrieb	8.5
Baugewerbe	13.5	mittelgrosser Betrieb	61.8
Distributive Dienste	19.6		
Unternehmensdienste	6.8	**Zentrumsunternehmen**	7.6
Soziale Dienste	8.0	**Staatsbetrieb**	5.8
Persönliche Dienste	21.3		

31 Die entsprechenden Zahlen sind für 1998: 520 Mio. Franken Umsatz oder Prämiensumme resp. 6'200 Mio. Franken Bilanzsumme. Für die früheren Jahre gilt der entsprechende reale Wert unter Berücksichtigung der allgemeinen Teuerung.

wird auch hier der Einstieg in einen privilegierten internen Arbeitsmarkt ermöglicht. In der Variable Staatsbetrieb wurden alle Betriebe der öffentlichen Hand zusammengefasst, sowohl aus dem Produktionsbereich, dem öffentlichen Verkehr, der öffentlichen Verwaltung als auch dem Gesundheitswesen. Nicht darin enthalten ist das Unterrichtswesen. Bei Schulen kann kaum von einem ausgebauten internen Arbeitsmarkt gesprochen werden, da insbesondere die vertikalen Entwicklungsmöglichkeiten weitgehend fehlen.

Arbeitsorganisation / Teamarbeit

Dem Wandel in Bezug auf die Arbeits- und Betriebsorganisation wurde ein entscheidender Einfluss auf die Nachfrage nach Soft Skills zugeschrieben (Abschnitt 3.2.4). Insbesondere die mit der organisationellen Neuausrichtung verbundene horizontale und vertikale Integration von Funktionen – etwa unter dem Titel von Job Enlargement und Job Enrichment – führt zu komplexeren Arbeitsrollen und verlangt damit von den Arbeitnehmern in verstärktem Mass die als dynamisch bezeichneten Soft Skills. Die Stellenbeschriebe in den Inseraten enthalten allerdings nur vereinzelt Angaben, die einen Rückschluss auf die Arbeitsorganisation und den Funktionsumfang erlauben. Mit einer Ausnahme: Relativ oft finden sich Hinweise auf Arbeit in Teams oder Arbeitsgruppen. Teamarbeit gilt als zentrales – wenn nicht gar als wichtigstes – Merkmal post-tayloristischer Arbeitsorganisation, wodurch sowohl die betriebliche Flexibilität erhöht als auch das individuelle Engagement der Mitarbeitenden gesteigert werden soll (Hübner & Wachtveitl 2000; Wahren 1994) und wird auch in empirischen Untersuchungen immer wieder als Indikator für den organisationellen Wandel herangezogen (vgl. oben Abschnitt 3.2.5). Für die Erfassung der entsprechenden Angaben in den Inseraten wird die dem Tätigkeitsbeschrieb gewidmete Analyseeinheit A6 inhaltsanalytisch auf Worte und Wortverbindungen mit „Team“ oder „Gruppe“ sowie Hinweise auf „Zusammenarbeit“ untersucht. Dahinter verstecken sich selbstverständlich in Bezug auf die horizontale und vertikale Ausweitung individueller Funktionen ganz unterschiedliche Arbeitszusammenhänge. Aufgrund der Stellenbeschriebe in den Inseraten sind diese nicht präziser fassbar. Trotzdem können diese Angaben als Indikator für Formen der Arbeitsorganisation gelten, die sich eher an postfordistischen als an streng tayloristischen Prinzipien orientieren.

Die Grössenordnung der Verbreitung von Teamarbeit liegt dabei durchaus in einem plausiblen Bereich: Während Arvanitis (2005) bei seiner Unternehmensbefragung für das Jahr 2000 in 35.7% der Schweizer Unternehmen Teamarbeit feststellt, finden sich gemäss unserer Operationalisierung im selben Jahr in 32.9% der Inserate einschlägige Hinweise. Auch die Entwicklungstrends scheinen sich ungefähr zu entsprechen: Gemäss Arvanitis (2005) haben 16.9% der Unternehmen Teamarbeit bereits vor 1995 eingeführt. In unseren Inseraten liegt die Häufigkeit von Teamnennungen für das Jahr 1993 bei 16.7% und für das Jahr 1994 bei 18.2%. Abbildung 4.5 zeigt die Entwicklung über die ganze Erhebungsperiode. Auffallend ist das bereits früh einsetzende Wachstum, das sich dann in der zweiten Hälfte der 1990er Jahre deutlich beschleunigt.

Abbildung 4.5: Teamarbeit in Stelleninseraten und Technologieindikator 1950–2006

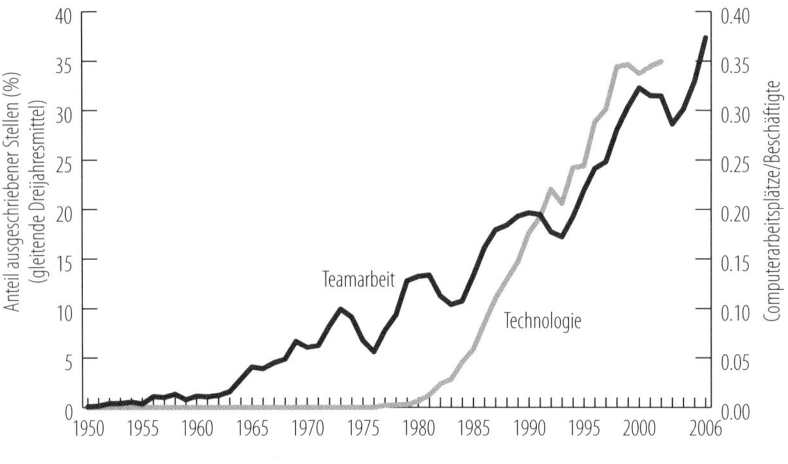

Technologieeinsatz / Computerarbeitsplätze

Wir erwarten, dass sich mit der Ausbreitung der modernen Computertechnologien der Arbeitsalltag verändert, was sich unter anderem auf die nachgefragten Soft Skills auswirkt. Insbesondere dürften die modernen Technologien zu erhöhten Anforderungen an kognitive und kommunikative Fähigkeiten führen (Abschnitt 3.2.4). Leider finden sich in den Inseraten selbst nur sehr spärliche und unsystematische Angaben über das technologische Umfeld der Arbeitsplätze. Um den Einfluss der technologischen Entwicklung trotzdem berücksichtigen zu können, benutzen wir einen aus Firmenbefragungen beruhenden Indikator (Sacchi 2003). Dieser erfasst für 11 Branchen das Verhältnis zwischen der Zahl von Computerarbeitsplätzen und der Beschäftigtenzahl für den Zeitraum von 1977-2002.[32] Für die Jahre vor 1977 und für die beiden Branchen Privathaushalte und Landwirtschaft wurde die jeweilige Anzahl von Computerarbeitsplätzen – sicher nicht unplausibel – auf Null gesetzt. Die einzelnen Branchen unterscheiden sich dabei beträchtlich, sowohl was das Diffusionstempo der Computertechnik angeht als auch in Bezug auf das erreichte Niveau. Die über die inserierenden Betriebe aller Branchen gemittelte Entwicklung dieses Indikators für die Verbreitung von Computerarbeit zeigt ein starkes, annähernd lineares Wachstum ab Anfang der 1980er Jahre (Abbildung 4.5). Am Ende der Erhebungsperiode kommen auf zehn Beschäftigt in den im Stellenmarkt repräsentierten Branchen im Mittel rund 3.5 Computerarbeitsplätze.

Geschlechterstereotype

In vielerlei Hinsicht ist der Arbeitsmarkt stark nach dem Geschlecht segregiert. Auch in Bezug auf die Erwähnung von Soft Skills erwarten wir Unterschiede zwischen Männer- und Frauenstellen (Abschnitt 2.2.4). Verschiedene Studien sind sich darin einig, dass die meisten Stellenausschreibungen nicht nur höchst stereotype Rollenbilder tradieren, sondern die Inseratetexte auch eindeutige Präferenzen in Bezug auf das Geschlecht der zukünftigen Arbeitskraft formulieren (Levinson 1975; Lechner 1985; Winston 1988; Ortner 1999; Weichselbaumer 2004). Dies entspricht unserer Annahme, dass sich die Bevorzugung eines bestimmten Geschlechts durch den personalsuchenden Betrieb im Inseratetext entsprechend widerspiegelt.[33] Grundsätzlich lassen sich dabei drei Arten von Inseraten unterscheiden (zur Verteilung vgl.

---

32 Die in den Modellen verwendete Variable wird wie folgt berechnet: Technologie (b, j) = $\ln((c/p) + 1)$, wobei c = Anzahl Computerarbeitsplätze und p=Anzahl Beschäftigte pro Branche b und Jahr j. Die Verknüpfung mit den Stelleninseratedaten beruht dabei auf der Branchenkategorie und dem Jahr.

33 Im Gegensatz zu anderen Ländern gibt es in der Schweiz bis heute keine generelle Vorschrift, Stellenangebote geschlechtsneutral zu formulieren. Allerdings haben sowohl die öffentliche Verwaltung als auch viele Privatunternehmen unterdessen entsprechende Richtlinien erlassen (vgl. etwa Schweizerische Bundeskanzlei 1991). Die Bedeutung, die der sprachlichen Form durch den Erlass solcher Richtlinien zugestanden wird, unterstreicht im Übrigen unsere Annahme eines engen Zusammenhangs zwischen Semantik und geschlechtsspezifischen Bewerbungschancen.

Tabelle 4.5): männlich formulierte („Kellner", „Schlosser"), weiblich formulierte („Serviertochter", „Sekretärin") und geschlechtsneutral abgefasste Stellenangebote (wozu auch solche gezählt werden, die explizit beide Geschlechter ansprechen; „Hilfskraft", „Sachbearbeiter /in"). Die Vercodung dieser Variablen erfolgte manuell und berücksichtigt den gesamten Inseratetext, nicht lediglich die Berufsbezeichnung.

Tabelle 4.5: Geschlecht und Kontrollvariablen (n=39'963)

Geschlecht	%	Kontrollvariablen	%
männlich formuliert	45.5	**Nichtnormalarbeitsverhältnis**	18.6
geschlechtsneutral formuliert	17.6	durch **Personalberater** inseriert	1.9
weiblich formuliert	36.9	**Mehrfachinserat durch Temporärbüro**	3.3

Besonders auffallend ist im Zeitverlauf die starke Zunahme von Stellenausschreibungen, die geschlechtsneutral formuliert sind (Abbildung 4.6).

Abbildung 4.6: Semantisches Geschlecht der Stelleninserate 1950–2006

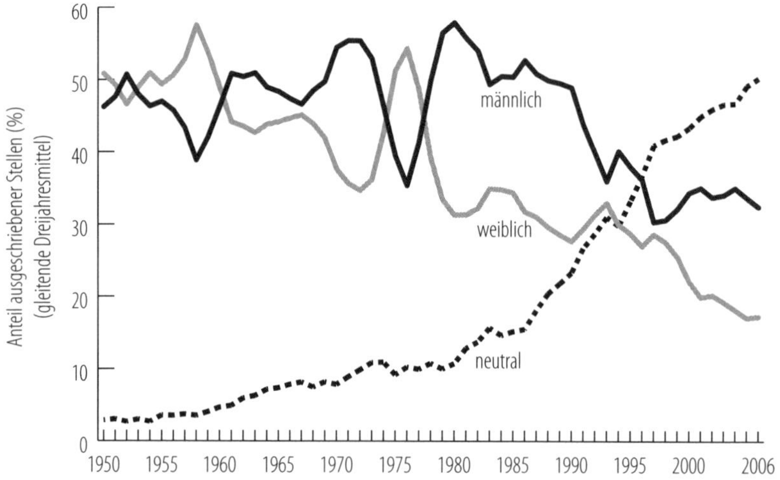

Wie festgestellt (Abschnitt 2.2.2), gibt es empirische Hinweise dafür, dass geschlechtsspezifische Anforderungen in Bezug auf Soft Skills mit der hierarchischen Position im Betrieb variieren. Dabei scheinen die stereotypen Erwartungen am Arbeitsplatz dahingehend zu wirken, dass bei Frauen und Männern in Leitungspositionen andere Eigenschaften belohnt werden. Mit dem Einbezug der *Interaktionseffekte von Geschlecht und Position resp. Anforderungsstufe* wird hier dieser Erwartung Rechnung getragen. Interaktionsterme dienen in Regressionsmodellen dazu, komplexere Zusammenhänge zu erfassen (Jaccard 2001). Wenn der Zusammenhang zwischen Geschlecht und verlangten Soft Skills zusätzlich von der vertikalen Verortung des jeweiligen Arbeitsmarktsegments abhängt, müssten statistisch entsprechende Interaktionseffekte nachweisbar sein.

Arbeitsmarktkonjunktur

Der Stellenmarkt ist ausgesprochen starken konjunkturellen Schwankungen ausgesetzt. So schwankt das Volumen des Stellenangebots über den Erhebungszeitraum rund um das Siebenfache (vgl. Abbildung 4.7). Aber auch qualitativ verändert sich die Nachfrage mit dem konjunkturellen Auf und Ab deutlich. Ausgesprochen konjunkturanfällige Bereiche (z.B. Produktion, Bau) stehen relativ krisenresistenten Branchen gegenüber (z.B. persönliche Dienstleistungen wie das Gastgewerbe). Da in unserem multivariaten Modell diese strukturellen Grössen berücksichtigt werden, zielt der Einbezug der Konjunkturvariablen allerdings auf einen anderen – vermuteten – Zusammenhang. Es stellt sich nämlich die Frage, ob und welche Qualifikationsanforderungen parallel zur Gesamtnachfrage auf dem Stellenmarkt schwanken. Mit anderen Worten: Es ist durchaus plausibel, dass in Zeiten eines ausgetrockneten Arbeitsmarktes die Hürden für potentielle Bewerber gesenkt werden – und umgekehrt. Aus der Perspektive der Berufsrolle und den damit verbundenen funktionalen und extrafunktionalen Erfordernissen haben solch konjunkturell bedingten Schwankungen im Anforderungsniveau einen willkürlichen Charakter. Gleichzeitig handelt es sich aus Arbeitgebersicht um die durchaus sinnvolle Strategie, die Anzahl potentieller Bewerbungen zu beeinflussen. Schliesslich soll in Zeiten eines übergrossen Arbeitskräfteangebots der Selektionsaufwand beschränkt werden, während andererseits in Zeiten knapper Arbeitskräfte möglichst keine geeigneten Bewerber abgeschreckt werden dürfen.

Der für die vorliegenden Analysen verwendete Konjunkturindikator beruht auf den Auszählungen der inserierten Stellen und bildet so die gesamthafte Stellenmarktnachfrage in der deutschsprachigen Schweiz ab. Da der Verlauf dieser Nachfrage im beobachteten Zeitraum einen leicht negativen Gesamttrend zeigt, wurde die Kurve um diesen linearen Trend bereinigt, um eventuell sich daraus ergebende Verzerrungen zu vermeiden. Abbildung 4.6 zeigt den resultierenden Verlauf der Arbeitsmarktkonjunktur. Die beobachtete Stellenmarktnachfrage zeigt einen starken Anstieg ab 1950 bis anfangs der 1970er Jahre. Eindrücklich illustriert die Arbeitsmarktsituation in der Boomphase der „goldenen Jahre" diese Entwicklung. Umso abrupter ist dann der Einbruch von 1975, dem aber eine recht rasche Erholung mit Höhepunkt um 1980 folgte. Dem neuerlichen Konjunkturtief in der ersten Hälfte der 1980er Jahre folgte dann wiederum ein deutlicher Anstieg bis 1990. Der darauf folgende markante Rückgang im Volumen der Arbeitsmarktnachfrage zeigte dann allerdings eine bemerkenswerte Hartnäckigkeit. Die kurzen Erholungsphasen in den 1990er Jahren blieben schwach. Ein Nachfragevolumen wie in den früheren Hochkonjunkturphasen wurde nicht einmal mehr annähernd erreicht.[34]

Abbildung 4.7: Arbeitsmarktkonjunktur 1950– 2006

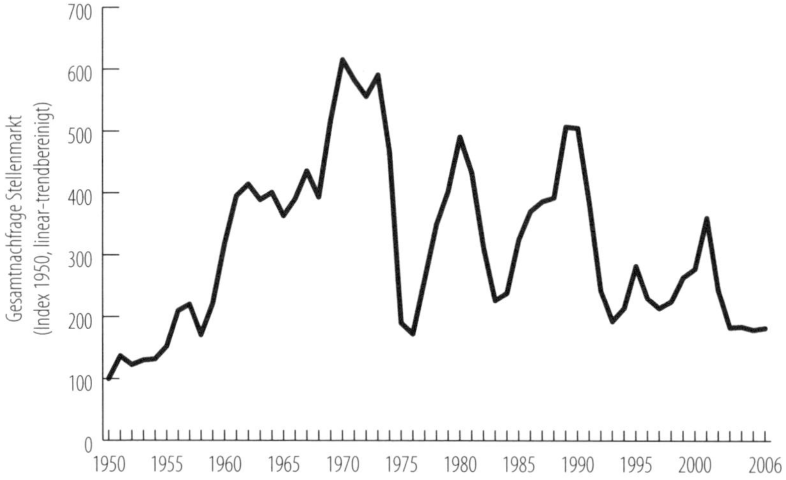

Kontrollvariablen

Zusätzlich sollen im Regressionsmodell noch drei Kontrollvariablen berücksichtigt werden, die möglicherweise, unabhängig vom jeweiligen Tätigkeitsbereich, einen Einfluss auf die Erwähnung von Soft Skills haben. Es handelt sich dabei erstens um Stellen, welche von *Personalberatern* ausgeschrieben werden. Ausschlaggebend dafür sind zwei

34 Eine Entwicklung, die sich nur zu einem kleinen Teil durch das Aufkommen des Internets als konkurrierender Rekrutierungskanal erklären lässt.

Überlegungen: Einerseits handelt es sich hier oft um anspruchsvolle Stellen in Betrieben, die selbst ungenannt bleiben, so dass die diesbezügliche Information, um etwa eine Zuordnung zu den Zentrumsunternehmen vornehmen zu können, nicht vorhanden ist. Andererseits erwarten wir bei Personalberatern erhöhte Qualifikationsanforderungen auch in Folge dessen, dass sie als professionelle Dienstleister im Bereich Human Resources ihre diesbezügliche Definitionsmacht durch die Formulierung ausgefeilterer Selektionskriterien sicherzustellen versuchen (im Sinne der politischen Erklärung von Qualifikationsanforderungen bei Cohen & Pfeffer 1986, vgl. Abschnitt 2.1.1 b).

Eine ganz spezifische Art von Stelleninseraten finden wir bei *Temporärbüros*, die oftmals ganze Reihen von Tätigkeiten oder Berufen auflisten, wobei die entsprechenden Stellen kaum je näher beschrieben und auch nur selten über den Beruf hinausgehende Qualifikationsanforderungen formuliert werden.[35] Bei Inseraten, die von Temporärbüros stammen und gleichzeitig mehrere verschiedene Stellen umfassen, erwarten wir aufgrund dieses speziellen Inserierungsstils eine deutlich seltenere Erwähnung von Soft Skills.

Schliesslich gibt es eine Anzahl von Stellenangeboten, welche *kein Normalarbeitsverhältnis* offerieren. Dabei handelt es sich um teilzeitliche oder befristete Stellen von ganz unterschiedlichem Charakter. In ihrer grossen Mehrheit sind es aber nicht betriebliche Schlüsselpositionen. Wir erwarten, dass bei solchen Stellen deshalb durchschnittlich tiefere qualifikatorische Voraussetzungen gelten.

4.1.3 Statistische Analyse

a) Gültige Fälle und Gewichtung

Nach Ausschluss derjenigen Inserate, bei denen aufgrund mangelhafter Angaben der Beruf oder die Branche aus dem Text nicht erschlossen werden kann (dies betrifft 7.4 % aller ausgeschriebenen Stellen) stehen für die Auswertung insgesamt Stellenangebote für 39'963 gesuchte Personen aus den Jahren 1950 bis 2006 zur Verfügung. Dies entspricht einem Durchschnitt von rund 700 Stellen pro Jahr. Bei jährlich 500 erfassten Inseraten werden pro Inserat also durchschnittlich 1.4 Personen gesucht, wobei in rund 59% der Inserate lediglich eine offene Stelle angeboten

35 Ein Beispiel eines solchen Inserates: „Wir suchen laufend: Maurer, Schaler, Kranführer, Handlanger, Baumaschinisten. Frei leben, temporär arbeiten! ...“ (Anzeiger Luzern, 1980).

wird. Diese gültigen Fälle werden derart gewichtet, dass die jährliche Verteilung nach den beiden Schichtungskriterien Erscheinungsregion und Auflagekategorie derjenigen auf dem gesamten Deutschschweizer Stelleninseratemarkt entspricht. Da die Angaben zur Technologievariablen nur bis und mit 2002 zur Verfügung stehen, reduziert sich der Beobachtungszeitraum für die multivariaten Analysen entsprechend.

b) Multivariate Modellrechnungen

Für die explikativen Auswertungen, d. h. für die Analyse der Zusammenhänge zwischen den erklärenden Variablen und den Soft Skill-Kategorien, werden multivariate, binäre logistische Regressionsmodelle gerechnet.[36] Dies bedeutet, dass wir die Häufigkeiten, mit welcher bestimmte Soft Skill-Angaben bei verschiedenen Typen von Stellen genannt werden, übersetzen in entsprechende Wahrscheinlichkeiten. Inhaltlich werden die Unterschiede zwischen solchen Wahrscheinlichkeiten als Indikator der Bedeutung einer Soft Skill-Kategorie interpretiert. Wenn wir also etwa von einer überdurchschnittlich grossen Bedeutung einer Soft Skill-Kategorie reden, heisst dies, dass die Wahrscheinlichkeit, dass beim jeweiligen Stellentyp solche Soft Skills verlangt werden, signifikant grösser ist, als im Durchschnitt über alle Stellen.

Das Vorgehen bei der Modellberechnung gliedert sich in folgende Schritte:

1. Rechnung eines *vollständigen Modells* unter Einbezug aller theoretisch relevanten Variablen (vgl. Abbildung 4.3).
2. Schrittweiser *Ausschluss der Variablen* gemäss folgenden Regeln: a) Kriterium für den Ausschluss einer Variable ist ein Likelihood-Ratio Test (Hosmer & Lemeshow 1989: 31 f.). Zuerst wird die Variable mit dem schlechtesten Signifikanzwert ausgeschlossen, dann die nächstfolgende bis die Modellanpassung im Vergleich zum vorgängigen Modell signifikant schlechter wird (Signifikanzniveau 1%). b) Zuerst werden nicht-signifikante Interaktionsterme so weit

36 Binäre logistische Regressionsmodelle schätzen die Wahrscheinlichkeit p für das Eintreten eines Ereignisses y (in unserem Fall also etwa die Erwähnung einer bestimmten Soft Skill-Kategorie in einer Stellenausschreibung) nach der Formel $p(y = 1) = 1/(1 + \exp(-z))$; wobei $z = B_0 + B_1 x_1 \ldots + B_n x_n$. B_i sind die Regressionskoeffizienten, x_i die jeweiligen Werte für die unabhängige Variable (vgl. Hosmer & Lemeshow 1989; Menard 1995). Die Bestimmung der Regressionskoeffizienten erfolgt mittels Maximum–Likelihood-Schätzungen, in unserem Fall mit der SPSS-Prozedur „logistic regression".

wie möglich ausgeschlossen und erst nachher die Haupteffekte geprüft. Wird eine Interaktion im Modell belassen, bleiben auch die dazugehörigen Haupteffekte im Modell – unabhängig ihrer eigenen Erklärungskraft (es handelt sich also um „hierarchically well formulated models", vgl. Jaccard 2001: 15).

3. Das so gewonnene *Schlussmodell* ist die Grundlage für die Interpretation der multivariaten Zusammenhänge. Die Regressionskoeffizienten für die einzelnen Soft Skill-Kategorien werden dazu in einer Tabelle zusammengestellt (Anhang Tabellen A.3 bis A.6).

c) Modelle für die Trenderklärung

Die im Schlussmodell enthaltenen Variablen zeigen also alle einen signifikanten Zusammenhang mit der Nachfrage nach den jeweiligen Soft Skills. Gleichzeitig verändert sich aber die Zusammensetzung der ausgeschriebenen Stellen nach diesen Variablen über die Zeit. Mit dem Wandel in der Stellenstruktur wird sich demzufolge auch die Nachfrage nach Soft Skills verändern. Die uns interessierende Frage ist nun, welcher Anteil des langfristigen Entwicklungstrends in der Soft Skill-Nachfrage auf welche Variablen zurückzuführen ist. Um diese Frage zu beantworten wird folgendes, mehrstufiges Vorgehen gewählt:

1. Es werden Teilmodelle (Modell 1 bis Modell 8) gerechnet, bei denen schrittweise einzelne Variablengruppen in die Regressionsmodelle einbezogen werden. Damit lässt sich der Beitrag zur Gesamterklärungskraft der Modelle bestimmen, welcher jeder Variablenblock zusätzlich erbringt. Die entsprechenden Schritte sind in Tabelle 4.6 dargestellt.

Tabelle 4.6: Regressionsmodelle und berücksichtigte Variablen

	Kontroll-variablen	Berufs-rolle	Betriebs-beschrei-bung	Team-arbeit	Techno-logie	Geschlecht	Arbeits-markt-konjuktur	Konstante
Modell 1	X							X
Modell 2	X	X						X
Modell 3	X	X	X					X
Modell 4	X	X	X	X				X
Modell 5	X	X	X		X			X
Modell 6	X	X	X	X	X			X
Modell 7	X	X	X	X	X	X		X
Modell 8	X	X	X	X	X	X	X	X

2. Uns interessiert nun nicht die detaillierte Entwicklung der einzelnen Grössen über die Jahre, sondern die grossen Trends in längerfristiger Perspektive. Um den Beitrag der einzelnen Variablengruppen zur Erklärung dieses Trends bestimmen zu können, müssen zuerst die Trendverläufe gemäss der Modellschätzungen bestimmt werden. Dazu wird für jedes der Teilmodelle anhand der durch die Modellrechnung vorausgesagten Wahrscheinlichkeiten ein Trend-Polynom berechnet.[37] Diese (nicht lineare) Trendlinie stellt die grossen Bewegungen in der zeitlichen Entwicklung der Nachfrage nach der jeweiligen Soft Skill-Kategorie dar, so wie sie sich aufgrund der im jeweiligen Modell berücksichtigten Variablen abschätzen lässt.
3. Analog wird ein Trend-Polynom für die beobachteten Werte berechnet. Je besser die Regressionsmodelle die langfristige Entwicklung vorauszusagen vermögen, desto besser werden sich die Trendlinien der einzelnen Teilmodelle und diejenige der beobachteten Werte entsprechen.
4. In einer grafischen Darstellung werden der beobachtete Trend und die modellmässig geschätzten Trendlinien einander gegenübergestellt. So kann dargestellt werden, wie gut die Modelle den beobachteten Verlauf vorauszusagen vermögen und gegebenenfalls in welchen Zeitabschnitten diese Modellvoraussagen besser oder schlechter sind.
5. Die Differenz zwischen den beobachteten Trends und den von den einzelnen Modellen erwarteten Verläufen lässt sich durch die Berechnung eines Dissimilaritätsindex quantifizieren.[38] Je enger

---

37 Es handelt sich um Polynome dritten Grades nach der Formel $y=a+bt+ct^2+dt^3$, wobei t für den Jahresindex (1950 = 1 ... 2002 = 53) steht. Die Berechung der Koeffizienten erfolgt mittels linearer Regression mit den vorausgesagten Wahrscheinlichkeiten als abhängige Variablen. Polynome höheren Grades vermögen die Erklärungskraft des linearen Regressionsmodells nicht signifikant zu verbessern.

38 Der Dissimilaritätsindex D ist ein statistisches Mass für die Gesamtdifferenz zwischen zwei Prozentverteilungen. Er berechnet sich nach der Formel $D = \frac{1}{2} \sum |a_j - b_j|$. Wobei aj der Anteil Fälle gemäss der ersten Trendlinie (in unserem Fall etwa der Trend beobachteter Werte) der dem Jahr j zufällt bezeichnet und bj der entsprechende Anteil Fälle für die zu verleichende Trendlinie (in unserem Fall der geschätzte Trend gemäss Modellrechung). Aufsummiert über alle Jahre ergibt sich damit ein Mass dafür, wie gut sich die zwei Entwicklungen über die Erhebungsperiode insgesamt entsprechen.

sich der modellmässig vorausgesagte Trend an den beobachteten Trend anschmiegt, desto kleiner wird dieser Wert. Ein Vergleich der Dissimilaritätsindices der einzelnen Teilmodelle erlaubt es, die Verbesserung der Voraussagekraft der Regressionsmodelle durch den Einbezug zusätzlicher Variablen zu quantifizieren. Ein zusätzlicher Dissimilaritätsindex vergleicht die beobachteten Werte mit einem Nullmodell, welches von einer Gleichverteilung über alle Jahre ausgeht. Damit lässt sich das Ausmass der gesamten Entwicklung in der Nachfrage nach den einzelnen Soft Skill-Kategorien über die Zeit quantifizieren.

4.2 Ergebnisse

Die folgende Darstellung der Ergebnisse unserer Datenanalysen widmet sich zuerst der zeitlichen Entwicklung der Qualifikationsnachfrage allgemein und fragt anschliessend nach den entscheidenden Erklärungsgrössen für die *langfristigen Trends* in den Soft Skills-Anforderungen. Diese werden sowohl zusammenfassend als auch detailliert für die einzelnen Kategorien von Soft Skills dargestellt. In Abschnitt 4.2.4 wählen wir dann die *Querschnittperspektive* und fragen, für welche Art von Stellen welche Soft Skills verlangt werden. Überlegungen zur Aussagekraft und Gültigkeit der Modellrechnungen runden das Kapitel ab.

Abbildung 4.9: Qualifikationsanforderungen 1950–2006

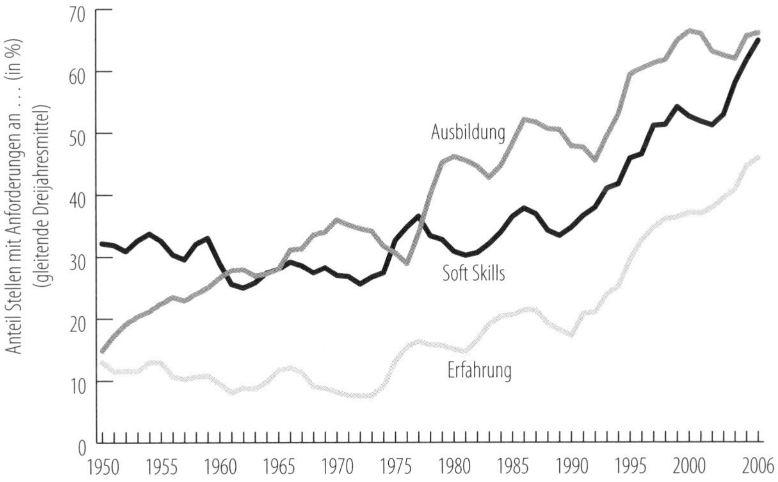

4.2.1 Langfristige Entwicklung der Qualifikationsnachfrage

Die dargelegten Argumente des wirtschaftsstrukturellen Wandels einerseits und der innerbetrieblichen Neuerungen andererseits, lassen über die Zeit eine generelle *Zunahme der Anforderungen* an die Stellenbewerber erwarten. Der in unserer Untersuchung erfasste Stellenmarkt in der Presse bestätigt eindrücklich diese Erwartung für alle drei betrachteten Qualifikationsbereiche (Abbildung 4.9).

Der Anteil an Stellen, für die eine *formale Ausbildung* über den obligatorischen Schulabschluss hinaus verlangt wird, zeigt das eindrücklichste Wachstum: Von unter 20% anfangs der 1950er Jahre auf über 65% am Ende der Erhebungsperiode.[39] Dabei fällt auf, dass sich diese Zunahme recht gleichmässig auf die ganzen 50 Jahre verteilt. Wie wir andernorts gezeigt haben (Sacchi, Salvisberg & Buchmann 2005), sind die wachsenden Ausbildungsanforderungen in erster Linie eine Folge der sich über die Zeit wandelnden Berufsstruktur. Dieser Wandel wird wiederum primär von der sich ändernden Branchenstruktur der personalsuchenden Betriebe angetrieben. Seit den 1990er Jahren beobachten wir zusätzlich einen starken Effekt der technologischen Entwicklung.

Die Forderung nach *Erfahrung* zeigt bis Mitte der 1970er Jahre einen leichten Rückgang auf weniger als 10% der Stellenangebote, dann eine bescheidene Zunahme bis zu Beginn der 1990er Jahre und anschliessend eine deutliche Aufwärtsentwicklung, so dass im 21. Jahrhundert rund 45% aller ausgeschriebenen Stellen explizit Erfahrung voraussetzen. Dass die berufliche Erfahrung auf dem Arbeitsmarkt eine grosse Rolle spielt, ist an sich wenig überraschend. Die damit verknüpfte Erwartung der Arbeitgeber ist einerseits, dass die Produktivität in der ersten Phase der Anstellung dank einschlägigem Wissen merklich höher ausfällt. Andererseits soll mit der Forderung nach ausgewiesener Erfahrung das nie ganz auszuschliessende Risiko einer Fehlbesetzung vermindert werden. Darüber aber, welche Faktoren für den ausgesprochen deutlichen *Bedeutungsgewinn* dieser Qualifikationskategorie verantwortlich sind, liegen meines Wissens keine empirisch abgestützten Erkenntnisse vor. Die Vermutung liegt nahe, dass die deutlich häufigere Forderung nach Erfahrung eine Folge der in Kapitel 3.2 beschriebenen Komplexifizie-

---

39 Anforderungen an Ausbildung und Erfahrung werden nur dann erfasst, wenn diese im Inserat explizit genannt werden oder aufgrund der Tätigkeitsbezeichnung als unabdingbar gelten müssen. Ausgangspunkt ist also die Frage nach den Minimalanforderungen an eine Person, die sich auf das jeweilige Inserat melden kann.

rung der Berufsrollen ist, welche ihrerseits als Reaktion auf die neuen Handlungs- und Konkurrenzbedingungen im posttraditionalen Kapitalismus zu verstehen ist. Damit steigen einerseits die Anforderungen an den Arbeitnehmer, andererseits steigen die Kosten einer Fehlbesetzung. Eine direkte Auswirkung der dargestellten Entwicklung dürfte sein, dass es für Berufseinsteiger zunehmend schwieriger wird, in der Arbeitswelt überhaupt Fuss zu fassen – selbst bei guter formaler Ausbildung.

Bei den *Soft Skills* zeigt sich ein ganz ähnlicher Verlauf wie bei der Erfahrung, allerdings auf höherem Niveau. Bis anfangs der 1990er Jahre sind es jeweils gut 25 bis 35 % der gesuchten Personen, bei denen mindestens eine Soft Skill-Kategorie erwähnt wird. Der steile Anstieg erfolgt dann im Verlauf der 1990er Jahre, bis der Anteil gegen Ende der Erhebungsperiode schliesslich fast 65% erreicht. Die explizite Erwähnung von Soft Skills ist also nichts Neues, sondern bereits in den 1950er Jahren verbreitet und bis 1960 sogar häufiger als explizite Ausbildungsanforderungen. Ein deutlicher Aufwärtstrend zeichnet sich allerdings erst in den letzten 15 Jahren der Erhebung ab. Wenn wir die Häufigkeit, mit der entsprechende Forderungen gestellt werden, als Indikator für die Wichtigkeit einer Qualifikationskategorie auf dem Arbeitsmarkt interpretieren, liegt somit die Bedeutung der weichen Faktoren in Stelleninseraten durchaus in der Grössenordnung derjenigen der formalen Ausbildung. Dieser Befund steht im Einklang mit verschiedenen Untersuchungen zum Arbeitsmarkterfolg, wie sie oben dargestellt

Abbildung 4.10: Statische und dynamische Soft Skills 1950–2006

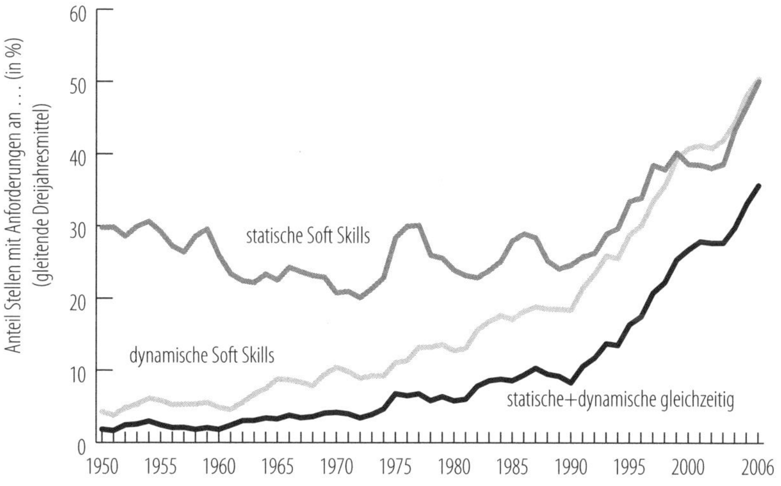

wurden (Abschnitt 2.2.2). Eine zweite Erwartung, die in der Diskussion über Soft Skills zuweilen anklingt – dass diese weichen Faktoren deutlich stärker an Bedeutung gewinnen als die Hard Skills – bestätigt sich in der längerfristigen Betrachtung der Stelleninserate jedoch nicht. Erst in den 1990er Jahren zeigt die Soft Skill-Nachfrage eine Entwicklung, welche derjenigen bei den Ausbildungsanforderungen entspricht. Sicher nicht zutreffend ist die oft implizite Vermutung, dass „früher" vor allem Hard Skills die ausschlaggebenden Qualifikationskriterien waren und diese im Verlaufe der jüngsten Entwicklung zunehmend durch Soft Skills verdrängt werden. Viel eher haben in unserer ersten Betrachtung die formalen Ausbildungsanforderungen im Laufe der Zeit die Soft Skills in ihrer Bedeutung „überholt", wobei der Vorsprung der Ausbildung erst in den letzten Jahren wieder kleiner geworden ist.

Ausgehend von der Hypothese eines substantiellen Wandels in der Arbeitswelt haben wir modellmässig den Gegensatz zwischen einem statischen und einem dynamischen Modus der Kompetenzrealisierung beschrieben und die hier untersuchten Soft Skills jeweils einem dieser Bereiche zugeordnet (Abschnitt 3.2.4). Dementsprechend erwarten wir für die Soft Skills nicht einfach eine Bedeutungszunahme über die Zeit, sondern darüber hinaus einen qualitativen Wandel in der Art der persönlichen Qualitäten, die auf dem Arbeitsmarkt nachgefragt werden. Genauer: Wir erwarten eine ausgeprägte Gewichtsverschiebung von statischen zu dynamischen Soft Skills. Abbildung 4.10 zeigt die Entwicklung der beiden Soft Skill-Kategorien. Deutlich ist, dass der statische Modus entscheidend ist für die frühe Verbreitung von Soft Skills. Der Anteilswert geht zunächst etwas zurück, schwankt dann stark, um schliesslich in den 1990er Jahren wiederum deutlich zuzunehmen, so dass sich als allgemeiner Trend eine leicht U-förmige Entwicklung abzeichnet. Persönliche Stärken, welche die Anpassung an vorgegebene Regeln und Strukturen betonen, sind also erwartungsgemäss bereits zu Beginn der Erhebungsperiode weit verbreitet. Entgegen den Erwartungen, wie sie im Zusammenhang mit der Herausbildung einer postfordistischen Arbeitswelt formuliert wurden, schwindet die Nachfrage nach statischen Soft Skills aber keineswegs mit der Zeit. Im Gegenteil: Statische Soft Skills gewinnen im 21. Jahrhundert nochmals deutlich an Gewicht.

Eher den Erwartungen entsprechend präsentiert sich die Entwicklung der dem dynamischen Modus zugeordneten Kategorien. Ein bescheidenes Wachstum wird Mitte der 1970er Jahre steiler, um sich schliesslich ab den 1990er Jahren deutlich zu beschleunigen. Dieser

Verlauf entspricht gut der Vorstellung, dass sich neue Formen der Arbeitsorganisation und ein neues Selbstverständnis der Arbeitnehmerrolle Mitte der 1970er Jahre herausgebildet und in den 1990ern zunehmend verbreitet haben. Dabei verschwinden aber offenbar die „altmodischen", eher statisch ausgerichteten Tugenden nicht. Die entsprechenden Anteilswerte liegen im 21. Jahrhunderts mit gegen 50% auf demselben Niveau. Es zeigt sich darüber hinaus, dass ein stark wachsender Anteil der Stelleninserate Soft Skills aus beiden Kategorien gleichzeitig anspricht, wobei der entsprechende Trend weitgehend parallel zur Ausbreitung des dynamischen Bereichs verläuft. Die aufgrund theoretischer Überlegungen gemachte Unterscheidung zwischen einem statischen und einem dynamischen Modus der Realisierung von Kompetenzen scheint also in der Praxis weniger Bedeutung zu haben, als erwartet. Kombinierte Stellenprofile, die einerseits auf Dynamik und Selbstverantwortung Wert legen, gleichzeitig aber die Einordnung in einen vorgegebenen Regelrahmen betonen, erfreuen sich jedenfalls einer stark wachsenden Verbreitung.

4.2.2 Trenderklärung für statische und dynamische Soft Skills

Nach dieser ersten deskriptiven Betrachtung interessieren uns nun die entscheidenden Triebkräfte für die beobachtete langfristige Entwicklung in der Soft Skill-Nachfrage. Diesbezüglich wurden zwei Hauptargumente unterschieden: Einerseits die *interorganisationellen Verschiebungen* in der Berufs- und Branchenstruktur, andererseits die mit *organisationellen und technologischen Neuerungen* verknüpften innerbetrieblichen Veränderungen am Arbeitsplatz selbst. Zusätzlich erwarten wir einen Zusammenhang von Soft Skill-Anforderungen mit der *konjunkturellen Lage* auf dem Arbeitsmarkt und dem *Geschlecht* der gesuchten Person. Das Geschlecht müsste sich dann, wenn sich diesbezüglich die Zusammensetzung der ausgeschriebenen Stellen über die Zeit verändert, auch auf den beobachteten Trend auswirken. Im Folgenden wird die Erklärungskraft dieser Argumente für die langfristige Entwicklung in der Nachfrage nach statischen und dynamischen Soft Skills geprüft. Das Vorgehen entspricht dem oben dargestellten Modell der Trenderklärung (Abschnitt 4.1.3). Dabei werden – wie in Tabelle 4.6 dargestellt – acht sukzessiv erweiterte Modelle gerechnet und auf die damit einhergehende Verbesserung der Trenderklärung geprüft.

a) Statische Soft Skills

Abbildung 4.11 vergleicht die Dissimilaritätsindices der einzelnen Modelle.[40] Der Dissimilaritätsindex quantifiziert die Abweichung des modellmässig geschätzten Trends vom beobachteten Trend. Je kleiner also der Dissimilaritätsindex, desto besser vermögen die im Modell berücksichtigten Variablen den beobachteten Verlauf zu schätzen. Der kleine Wert des Dissimilaritätsindex des Nullmodells von 5.3 verweist auf die insgesamt geringen Veränderungen über die Zeit. Abbildung 4.12 vergleicht die auf den Modellschätzungen und den beobachteten Werten beruhenden Trendlinien.[41] Dabei ist erkennbar, wie sich die Modelle schrittweise dem beobachteten Werten annähern und in welchen Zeitabschnitten diese Annäherung erfolgt.

Abbildung 4.11: Statische Soft Skills: Vergleich der Trendmodelle

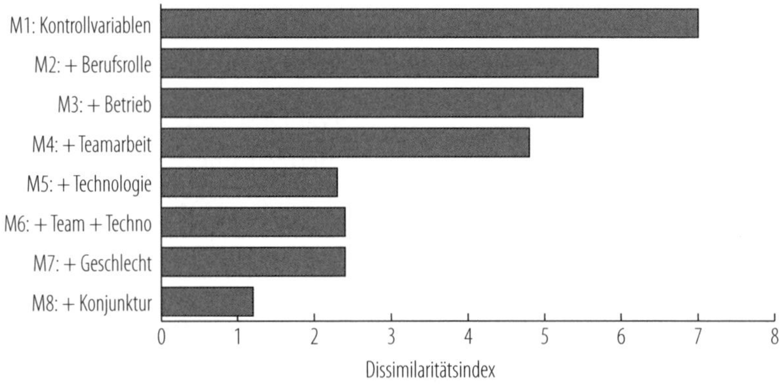

Die Variablen zur Beschreibung der vertikalen und horizontalen Berufsrolle leisten einen ersten Beitrag zur Annäherung an den Trend. Die Betriebsvariablen vermögen das Modell diesbezüglich nur noch geringfügig zu verbessern. Die in Modell 4 zusätzlich einbezogene Teamvariable hat zwar ihrerseits einen erkennbaren Einfluss, doch erst der Technologieindikator bringt eine deutlich bessere Annäherung an die beobachteten Werte, wobei – wie in der Abbildung 4.12 zu erken-

40 Für die Berechung des Dissimilaritätsindex Abschnitt 4.1.3. Die dazugehörigen Zahlenangaben finden sich im Anhang in Tabelle A.7, die Resultate der vollständigen Regressionsmodelle in Tabelle A.4.

41 Wie in Abschnitt 4.1.3 dargestellt, handelt es sich dabei um Polynome dritten Grades durch die jährlichen Messpunkte.

Abbildung 4.12: Statische Soft Skills 1950–2002: Trendmodelle

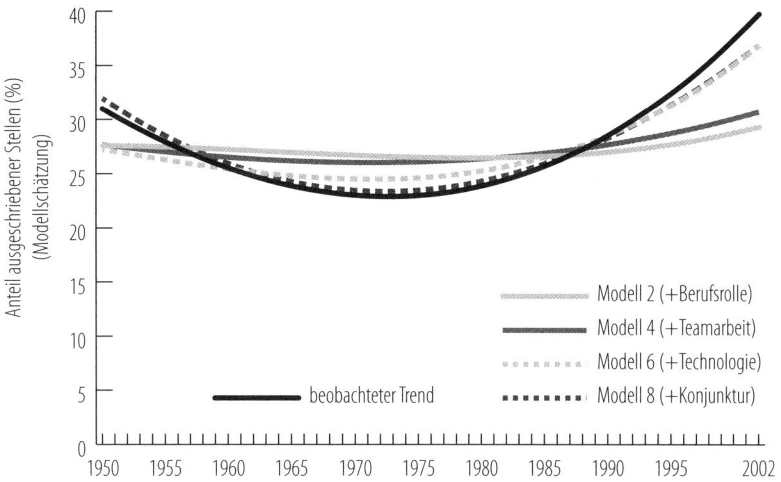

nen – insbesondere die steile Entwicklung ab den 1980er Jahren gut vorausgesagt wird. Deutlich schlechter sieht die Annäherung allerdings für die früheren Jahre aus. Wie sich in Modell 6 zeigt, hat die Teamarbeit bei gleichzeitiger Berücksichtigung der Technologie überhaupt keine zusätzliche Prognosekraft mehr in Hinblick auf den zeitlichen Verlauf. Auch die sich wandelnde Zusammensetzung der gesuchten Personen nach Geschlecht hat keine Auswirkung auf den Verlauf der Forderung nach statischen Soft Skills (Modell 7). Den überraschenden Schritt in der Annäherung an den beobachteten Trend leistet schliesslich der Einbezug der Variable für die Arbeitsmarktkonjunktur. Wie die Abbildung 4.12 zeigt, wird durch den Konjunkturverlauf insbesondere der abnehmende Trendverlauf in der ersten Hälfte der Erhebungsjahre erklärt. Insgesamt ergibt sich durch das vollständige Modell eine sehr gute Annäherung an den beobachteten Trend, wobei das steile Wachstum in der jüngsten Phase immer noch leicht unterschätzt wird.

In den theoretischen Überlegungen hatten wir im Zeitverlauf einen Bedeutungsrückgang des statischen Modus der Kompetenzrealisierung postuliert und diese Entwicklung durch die berufsstrukturellen Verschiebungen einerseits und den Wandel in den Formen der Arbeitsorganisation andererseits begründet. Wie bereits festgestellt, entspricht der Verlauf der statischen Kategorie aber kaum den Erwartungen. Nun zeigt es sich, dass diesbezüglich auch die Erklärungen wenig zutreffend sind. Der deutliche Rückgang in der ersten Hälfte der Erhebung ist nur zu einem ganz kleinen Teil eine Folge des Strukturwandels. Dieser strukturelle Wandel findet zwar statt, hat aber nur geringe Auswirkungen auf die Gesamtnachfrage nach statischen Soft Skills. Der Rückgang in der Nachfrage nach statischen Soft Skills findet zudem bereits 1975 ein Ende. Damit kommen weder Technologie noch Arbeitsorganisation als Erklärung dafür in Frage, was auch die Trendmodelle bestätigen. Es ist viel eher die Arbeitsmarktkonjunktur, die ausschlaggebend ist. Oder genauer: es ist der Wirtschaftsboom der 1950er und 1960er Jahre, mit seinem ausgetrockneten Arbeitsmarkt. Die entsprechend intensiv umworbenen Stellenbewerber sollen – das erscheint wenigstens plausibel – nicht dadurch abgeschreckt werden, dass in der Stellenausschreibung die Fähigkeit zur Einordnung in vorgegebene Strukturen besonders hervorgehoben wird. Dies in einer Zeit, in welcher die kulturellen Leitvorstellungen individualistische Werte wie Selbstverwirklichung und persönliche Freiheit zunehmend höher bewerten (vgl. dazu Salvisberg 2001).

Auch die erneute Zunahme der Nachfrage nach statischen Kompetenzen ab Mitte der 1970er Jahre widerspricht unserem ursprünglichen Erklärungsmuster. Zwar sind nun beide Erklärungsfaktoren – der strukturelle und der organisationell-technologische Wandel – deutlich erkennbar, aber sie wirken sich gerade entgegen den Erwartungen aus: Sie lassen die Nachfrage nach statischen Soft Skills ansteigen. Besonders stark wirkt sich dabei die Technologievariable aus. Im Spiegel der Anforderungen in den Stelleninseraten bewirkt die Einführung neuer Informationstechnologien also entgegen den Erwartungen eine deutliche Bedeutungssteigerung im Bereich der als traditionell eingeschätzten, statischen Soft Skills. Dies gilt – in schwächerem Mass – auch für die Einführung von Teamarbeit.

b) Dynamische Soft Skills

Nach demselben Muster wie bei den statischen Soft Skills werden auch die Modelle für die Erklärung des Trendverlaufs in der Nachfrage nach dynamischen Soft Skills gerechnet und dargestellt. Abbildung 4.13 zeigt wiederum die Dissimilaritätsindices der jeweiligen Modelltrends zum beobachteten Trend, Abbildung 4.14 die dazugehörigen Trendverläufe der wichtigen Modelle. Die viel steilere Entwicklung als bei den statischen Soft Skills – die sich auch im Dissimilaritätsindex des

Abbildung 4.13: Dynamische Soft Skills: Vergleich der Trendmodelle

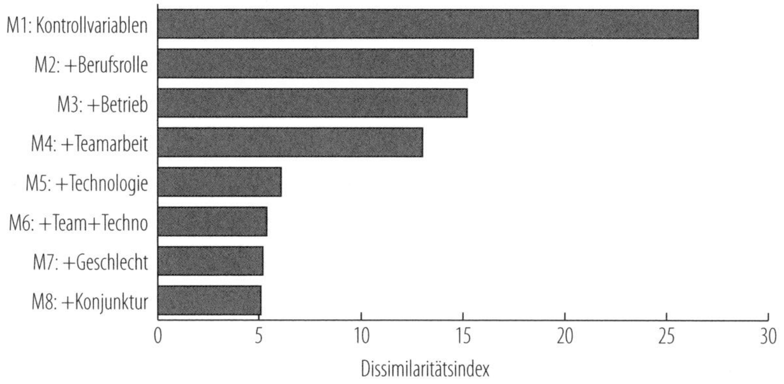

Nullmodells von 27.2 ausdrückt – führt dazu, dass die absoluten Werte dieser Indices deutlich höher liegen.

Deutlich zeigt sich der grosse Einfluss der sich ändernden berufsstrukturellen Zusammensetzung der ausgeschriebenen Stellen auf die Nachfrage nach dynamischen Soft Skills. Wie Abbildung 4.14 illustriert, wird dadurch bereits eine Zunahme der Erwähnung dieser Soft Skills von rund 8 auf gut 25% der Stellen seit 1950 vorausgesagt. Damit wird die beobachtete Entwicklung allerdings noch stark unterschätzt. Der Einbezug der Betriebsvariablen bringt kaum eine Modellverbesserung,

Abbildung 4.14: Dynamische Soft Skills in Stelleninseraten 1950–2002: Trendmodelle

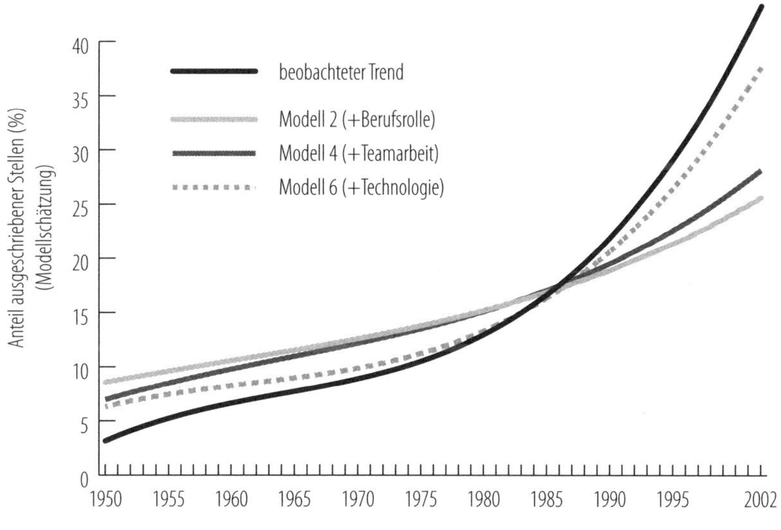

und auch der Beitrag der Teamarbeit ist nicht sonderlich gross, aber immerhin erkennbar. Erst unser Technologieindikator verbessert das Bild nochmals deutlich. Die damit erklärte langfristige Zunahme von gut 7 auf rund 37% entspricht schon besser den beobachteten Werten. Die Berücksichtigung der zusätzlichen Variablen in den Modellen 7 und 8 erweist sich demgegenüber in Bezug auf die Erklärung des Trends als unergiebig. Das Schlussmodell unterschätzt schliesslich die langfristige Zunahme der Anforderungen an dynamische Soft immer noch etwas.

Anders als bei den statischen Soft Skill bestätigen sich hier die Erwartungen weitgehend: Die starke Zunahme dieser Kategorie von Anforderungen ebenso wie die relevanten Erklärungsgrössen. Tatsächlich spielen hier sowohl der Strukturwandel als auch die organisationellen und technologischen Neuerungen eine grosse Rolle. Dabei ist der Technologieeffekt ausgesprochen stark – wesentlich stärker als der aufgrund der Inserateangaben messbare Effekt der Teamarbeit.

Die relevanten Erklärungsgrössen für den langfristigen Trend sind also bei statischen und dynamischen Soft Skills teilweise die selben und wirken – dies entgegen den Erwartungen – auch in die selbe Richtung: Der Wandel in der berufsrollenspezifischen Zusammensetzung der ausgeschriebenen Stellen, die Ausbreitung der Computertechnologie und die Einführung von Teamarbeit fördern die Nachfrage nach Soft Skills beider Kategorien. Ausschlaggebend für den Rückgang der Anforderungen im Bereich statischer Soft Skills in der ersten Hälfte der Erhebungsperiode ist die boomende Arbeitsmarktkonjunktur. Obwohl das Geschlecht der gesuchten Person im Regressionsmodell einen signifikanten Zusammenhang mit beiden Soft Skill-Kategorien zeigt, liefert diese Grösse keinen Beitrag an die Erklärung der Entwicklung über die Zeit.

4.2.3 Trendverläufe der differenzierten Soft Skill-Kategorien

Die folgenden Abschnitte beschreiben die Entwicklung der detaillierten Soft Skill-Kategorien wie sie oben in den Tabellen 4.1 und 4.2 definiert wurden und fragt nach den entscheidenden Erklärungsgrössen für die beobachteten Trends. Tabelle 4.7 fasst die unterschiedenen Kategorien nochmals zusammen.

Dabei ist die Darstellung wie folgt aufgebaut: *Erstens* werden die betreffenden Soft Skill-Kategorien nochmals kurz vorgestellt und die wichtigsten Überlegungen in Bezug auf die erwartete Nachfrageentwicklung zusammengefasst. *Zweitens* wird der Verlauf der jährlichen Anteile der ausgeschriebenen Stellen, bei denen die jeweiligen Soft Skills verlangt

Tabelle 4.7: Soft Skill-Kategorien

	Statisch	Dynamisch
Sach- und Methodenkompetenz	**Statisch-methodisch** – Effektivität	**Dynamisch-methodisch** – kognitive Stärken – Innovationsfähigkeit – unternehmerische Fähigkeiten – Flexibilität
Sozialkompetenz	**Statisch-sozial** – Umgänglichkeit – Kooperationsbereitschaft	**Dynamisch-sozial** – Kommunikationsfähigkeit – Durchsetzungsfähigkeit
Selbstkompetenz	**Statisch-selbst** – Einsatzbereitschaft – Verlässlichkeit	**Dynamisch-selbst** – innerer Antrieb

werden, grafisch dargestellt und kommentiert. Ein Blick auf besonders wichtige in den Inseraten verwendete Einzelbegriffe, ergänzt das kategorienweise Bild des Wandels mit Detailinformationen. *Drittens* werden für alle Soft Skill-Kategorien eine Reihe von schrittweise aufeinander aufbauenden Teilmodellen für die Trenderklärung gerechnet, so wie das oben für die statischen und dynamischen Sammelkategorien geschehen ist. Da sich die einzelnen Ergebnisse der Modelle zur Trenderklärung stark gleichen, erfolgt im Text lediglich eine Zusammenfassung dieser Trendanalyse. Die jeweiligen Dissimilaritätsindices finden sich im Anhang Tabelle A.7.

a) Statische Methodenkompetenzen

Mit statischer Methodenkompetenz sind die nicht-fachspezifischen Fähigkeiten angesprochen, eine übertragene Aufgabe – gegebenenfalls auch unter grösserem Druck – effizient und sorgfältig zu erledigen. Dies ist eine klassische praktische Arbeitstugend, die mit primär fremdbestimmten Arbeitsverrichtungen verbunden ist. Angesichts der postulierten generellen Ausdehnung des Gestaltungsspielraums am Arbeitsplatz müsste ein langfristiger Rückgang in der Betonung solcher Stärken erwartet werden. Ein Blick auf den Verlauf der entsprechenden Nennungen in den Stelleninseraten zeigt, dass dies empirisch nicht zutrifft (Abbildung 4.15).[42] Zwar handelt es sich um eine – wenn auch

42 Die Abbildungen in diesem Abschnitt zeigen jeweils die beobachteten Anteilswerte 1950–2006 in einer Dreijahresglättung sowie die Trendlinie gemäss Schlussmodell (Modell 8). Da – wie erwähnt – die erklärenden

nicht besonders stark verbreitete – „alte“ Tugend, die bereits in den 1950er und 1960er Jahren jeweils in knapp 5% der Stellenangebote vorausgesetzt wird. Nach unregelmässigen Schwankungen in den 1970er und 1980er Jahren findet sich dann aber eine steigende Tendenz, die insbesondere in den 1990er Jahren sehr viel steiler wird, so dass sich der entsprechende Stellenanteil innerhalb von 15 Jahren von gut 6 auf gegen 20% verdreifacht. Verantwortlich dafür ist die erst in den 1980er Jahren einsetzende und sich in den 1990er Jahren stark verbreitende Forderung nach Belastbarkeit und Stressresistenz. Dabei handelt es sich tatsächlich um Begriffe, die in diesem Zusammenhang neu auftauchen: Stress wird erstmals 1976 erwähnt und Belastbarkeit erscheint erst 1978. Gleichzeitig behalten aber die alten Tugenden von Effizienz und Exaktheit ihre Bedeutung bei. Von einem generellen Rückgang der Fremdbestimmung kann aus dieser Perspektive somit nicht die Rede sein.

Zur Erklärung des langfristigen Trends bei den statischen Methodenkompetenzen tragen im Wesentlichen die Berufsrolle, die Technologieentwicklung und die Konjunktur bei. Dabei erklären die Berufsrollenvariablen bereits eine Zunahme in dieser Soft Skill-Kategorie von rund 4 auf 9%. Dies heisst, dass diese hier theoretisch als „altmodisch“ eingeschätzten Tugenden nicht nur an Bedeutung gewinnen,

Abbildung 4.15: Statische Methodenkompetenzen 1950–2006

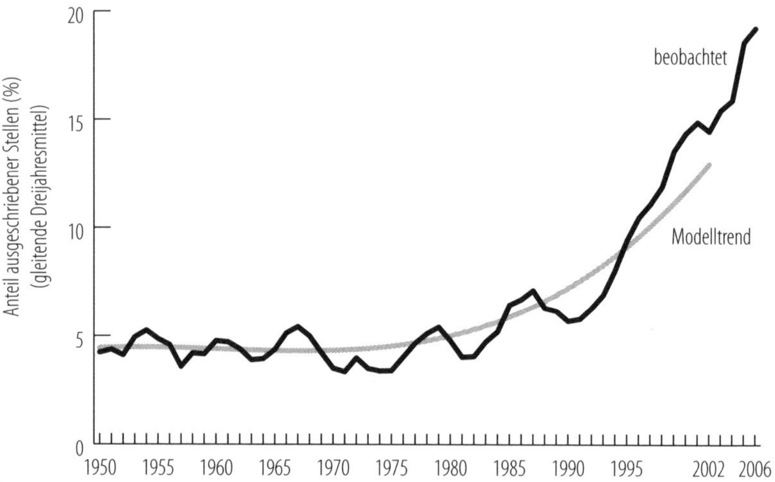

Variablen nur bis 2002 vollständig verfügbar sind, endet der dargestellte Modelltrend im Jahr 2002.

sondern dass von diesem Bedeutungsgewinn auch ein beträchtlicher Teil auf die Verschiebungen im Berufsgefüge zurückzuführen ist. Die Technologievariable trägt am meisten zur Erklärung der steilen Entwicklung im letzten Jahrzehnt der Erhebung bei, was auf einen direkten Zusammenhang mit der Forderung nach Stressresistenz und Belastbarkeit hinweist, die sich ja in den 1990er Jahren ausbreitet. Dasselbe gilt – in deutlich schwächerem Mass – auch für die Teamarbeit, die auffallend oft zusammen mit der Forderung nach Belastbarkeit erscheint. Insgesamt zeigt das Modell eine gute Annäherung an den beobachteten Verlauf (vgl. Linie des Modelltrends in Abbildung 4.15).

b) Dynamische Methodenkompetenzen

Dynamische Methodenkompetenzen gelten als eine der Schlüsselkategorien in einer stark technisierten, hochkomplexen und sich rasant wandelnden Arbeitswelt. Dazu gehören kognitive Stärken wie eine gute Auffassungsgabe, die Fähigkeit und der Wille mitzudenken, Intelligenz, geistige Beweglichkeit und Lernfähigkeit, aber auch das, was Schumpeter (1949: 257) in seiner Beschreibung der Unternehmerpersönlichkeit als „distinct business abilities" bezeichnet. Es geht dabei etwa um organisationelle, planerische und konzeptuelle Fähigkeiten sowie um unternehmerisches Denken und Entscheidungsfähigkeit. Kreativität und Innovationsfähigkeit gehören ebenfalls hierher. Mit der Ausbreitung von Arbeitsmodellen, die das eigenständige und eigenverantwortliche Handeln der Mitarbeiter in den Vordergrund stellen oder ihn sogar zum „Intrapreneur" – dem „angestellten Unternehmer" – werden lassen (Pinchot 1985), erwarten wir auch eine starke Bedeutungszunahme entsprechender Soft Skills in den Stellenausschreibungen. Ähnliches gilt für die ausgesprochen populäre Arbeitstugend der Flexibilität. Sich immer wieder auf etwas Neues einstellen zu müssen, steht gewissermassen im Zentrum des posttraditionalen Selbstverständnisses. In Bezug auf die psychologischen „big five" Persönlichkeitsdimensionen (vgl. Abschnitt 2.2.2) sind die dynamischen Methodenkompetenzen bei der *Offenheit für Erfahrungen* anzusiedeln; Eigenschaften, die einen engen Zusammenhang mit Intelligenz und geistiger Beweglichkeit aufweisen.

Abbildung 4.16 zeigt die entsprechende Entwicklung. Auffallend ist, dass die hier als dynamisch zusammengefassten Methodenkompetenzen bis 1980 etwa gleich häufig verlangt werden wie die statische Kategorie. Es sind jeweils 3 bis 5% der Stellenangebote. Die Betonung dieser Art von Fähigkeiten ist also keine Exklusivität der postfordisti-

Abbildung 4.16: Dynamische Methodenkompetenzen 1950–2006

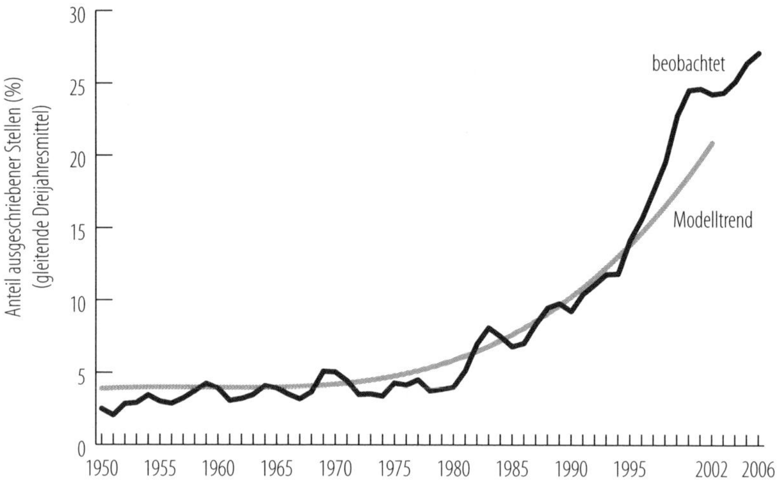

schen Arbeitswelt. Dabei ist vor allem Intelligenz gefragt, aber auch die Forderung nach einer guten Auffassungsgabe ist bereits in der ersten Hälfte der Untersuchungsperiode relativ stark verbreitet. Während der Begriff der Intelligenz ab Mitte der Erhebungsperiode rasch und deutlich an Verbreitung einbüsst, sind es vor allem das Mitdenken und dann das analytische, abstrakte Denken, aber auch die Lernfähigkeit, die vermehrt gefordert werden. Um diese Zeit beginnen auch die unternehmerischen (v. a. Organisationsfähigkeit) und innovativen Fähigkeiten an Bedeutung zu gewinnen. Erst ab den 1980er Jahren stösst die Flexibilität[43] dazu und trägt so zur ausgesprochen steilen – und in den 1990ern nochmals steileren – Entwicklung in der Nachfrage nach dynamischen Methodenkompetenzen bei. Schliesslich sind es über 25% der ausgeschriebenen Stellen, die entsprechende Voraussetzungen formulieren. Die erwarteten Unterschiede in der Entwicklung zwischen statischem und dynamischem Modus werden aber nicht erfüllt: Die beiden Entwicklungslinien zeigen dasselbe Muster, wobei ab Mitte der 1980er Jahre die Verbreitung der dynamischen Methodenkompetenzen ein stärker beschleunigtes Wachstum zeigt.

In den Trendmodellen erweisen sich wiederum die Variablen der Berufsrolle und insbesondere die Technologie als einflussreichste

---

43 Die Eigenschaft „flexibel" erscheint in unseren Inseraten zum ersten Mal im Jahr 1972. Wesentlich älter, aber nie stark verbreitet, ist der Begriff der „Beweglichkeit", der ab den 1950er Jahren hie und da auftaucht.

Grössen, während die Teamarbeit einen schwachen und die Konjunktur kaum einen Beitrag leisten. Ähnlich wie bei den statischen Methodenkompetenzen vermag das Schlussmodell die beobachtete Entwicklung recht gut abzubilden, unterschätzt aber das grosse Bedeutungswachstum gegen Ende der Erhebungsperiode.

c) Statische Sozialkompetenzen

Statische Sozialkompetenzen umfassen die adaptiven Fähigkeiten und Bereitschaft zu *Kooperation* und *Anpassung*, aber auch die *Freundlichkeit* im persönlichen Umgang. Dabei unterscheiden sich die beiden dazugehörigen Unterkategorien *Umgänglichkeit* und *Kooperationsbereitschaft* (vgl. Tabelle 4.2) im Zeitverlauf und bei in den relevanten Einflussgrössen derart deutlich voneinander, dass sich eine getrennte Betrachtung aufdrängt.

Die Forderung nach einer angenehmen, sympathischen, freundlichen oder netten Person ist in den Stelleninseraten weit verbreitet. Die hier unter dem Titel der *Umgänglichkeit* zusammengefasste Soft Skill-Kategorie ist denn in der Summe über alle Jahre auch die mit Abstand am häufigsten gefragte Sozialkompetenz. Insbesondere ist sie nicht neu, sondern im Gegensatz zu den anderen Sozialkompetenzen bereits in den 1950er Jahren recht verbreitet (Abbildung 4.17). Bis in die 1980er Jahre ist dabei weniger ein Trend auszumachen, als viel eher ausgesprochen starke Schwankungen. Der auffällige Ausschlag Mitte der 1970er Jahre ist ein Folge der mit dem Konjunktureinbruch sich deutlich verändernden Berufsstruktur in den ausgeschriebenen Stellen. Es sind die relativ krisenresistenten Stellenangebote im Gastgewerbe, die in erster Linie für diese Entwicklung verantwortlich sind. Ab den 1980er und insbesondere in den 1990er Jahren ist schliesslich eine deutliche Zunahme des Anteils an Stellenangeboten mit Umgänglichkeitsforderung zu verzeichnen. Dieser Aufwärtstrend erfährt 2001–2004 einen Unterbruch, setzt sich nachher aber wieder fort. Weil es sich hier um Qualitäten handelt, die viel eher die Anpassung, als die Auseinandersetzung mit der sozialen Umwelt in den Vordergrund stellen, wäre gemäss den dargestellten Überlegungen zur postfordistischen Arbeitswelt ein Bedeutungsverlust zu erwarten. Allerdings wird aber weder in der entsprechenden Theorie noch in den zitierten Arbeitgeberbefragungen explizit auf diese Kategorie adaptiver Sozialkompetenz eingegangen. Untersuchungen zum individuellen Arbeitsmarkterfolg zeigen demgegenüber, dass diese Grösse in der Arbeitswelt durchaus relevant ist

Abbildung 4.17: Statische Sozialkompetenzen 1950–2006

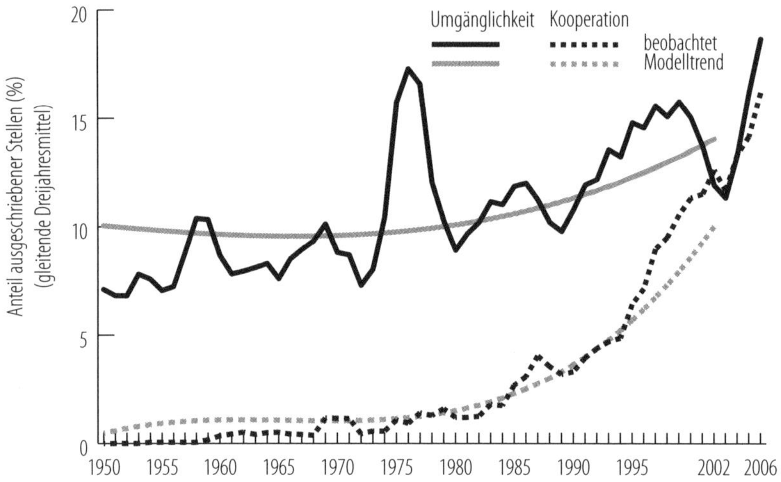

– und bis in die Gegenwart relevant bleibt (vgl. Abschnitt 2.3.2). Die stärkste Verschiebung innerhalb der Kategorie ist das Aufkommen der Forderung nach einer „fröhlichen" oder „aufgestellten" Person. Diese Formulierung trägt am meisten zum Wachstum in den 1990er Jahren bei, während die Bezeichnungen „sympathisch" und „nett" etwas an Bedeutung verlieren.

Auffallend – und im Rahmen der theoretischen Argumente nicht erwartet – ist der deutliche Anteil, den die Diffusion moderner Informationstechnologie zur wachsenden Nachfrage in der Umgänglichkeitskategorie in den 1990er Jahren beiträgt. Berufsrolle und Teamarbeit zeigen einen geringeren Beitrag. Angesichts der Nähe zu Technologie und Teamarbeit – beides Indikatoren der post-fordistischen Arbeitswelt – kann diese Tugend des adaptiven sozialen Verhaltens also keineswegs als „altmodisch" betrachtet werden. Insgesamt bleibt die Annäherung des Modelltrends an den beobachteten Trend im Vergleich zum Nullmodell vergleichsweise schlecht. Allerdings lässt sich auch der beobachtete Verlauf mit seinen starken Schwankungen durch ein Trendpolynom nur sehr unzureichend abbilden.

Die zweite Kategorie, die ebenfalls als adaptiv zu interpretieren ist und deshalb dem statischen Modus zugeordnet wird, ist die Bereitschaft und Fähigkeit zur *Kooperation*. Die Häufigkeitsentwicklung dieser Kategorie zeigt ein bescheidenes, langsam zunehmendes Wachstum bis etwa 1990 und dann in den letzten 16 Erhebungsjahren eine steile

Entwicklung von knapp 4% auf über 15% der Stellenangebote. Dafür ist die Forderung nach Teamfähigkeit verantwortlich. Obwohl „Sinn für Teamwork" in unserem Inseratesample bereits 1958 zum ersten Mal verlangt wird[44] und in den 1960er Jahren gelegentlich „Teamgeist" erwähnt wird, ist es vor 1980 eine verschwindend kleine Zahl (weniger als 0.2% der Stellen), die diese Kategorie ansprechen, während es Ende der 1990er Jahre jährlich gut 10% sind. Auch verwandte Formulierungen wie „kollegial", „kooperativ", „an guter Zusammenarbeit interessiert" etc. sind vor den 1980er Jahren kaum von Bedeutung.

Bei der Erklärung des langfristigen Trends ragen wiederum Berufsrolle und Technologie hervor, wobei auch die Teamarbeit einen substantiellen Beitrag liefert. Dass die Teamarbeit nicht noch mehr zur Forderung nach Teamfähigkeit beiträgt, kann eventuell damit begründet werden, dass Inserenten auf die explizite Nennung von Teamfähigkeit verzichten, wenn sie annehmen, dass sich diese aus der Stellenbeschreibung mit Teamarbeit als Selbstverständlichkeit ergibt. Insgesamt ist die Annäherung des Modells an den beobachteten Trend recht gut.

d) Dynamische Sozialkompetenzen

Weniger auf soziale Konformität, wie die statischen Sozialkompetenzen, sondern auf aktive Auseinandersetzung mit der sozialen Umwelt bezieht sich die Persönlichkeitsdimension der *Extravertiertheit*, die dem dynamischen, expressiven Modus zugeordnet wird. Unter den dynamischen Sozialkompetenzen sind Soft Skills zusammengefasst, die auf Kommunikations-, Durchsetzungs- und Führungsfähigkeiten verweisen. Solche persönlichen Stärken fehlen in den Inseraten der 1960er Jahre fast vollständig, gewinnen jedoch langsam und stetig über die folgenden Jahrzehnte an Wichtigkeit und werden schliesslich im 21. Jahrhunderts bei über 20% der ausgeschriebenen Stellen explizit vorausgesetzt (Abbildung 4.18). Während die meisten der in dieser Kategorie zusammengefassten Begriffe ein ähnliches Entwicklungsmuster zeigen, ist der Begriff „Kommunikation" und seine Varianten wie „kommunikativ" oder „kommunikationsstark" ein Kind der 1990er Jahre – und vor allem der zweiten Hälfte der 1990er Jahre. Kommunikationsfähigkeit wird

44 Die Wander AG suchte 1958 in der Zeitung „Der Bund" eine „ideenreiche Persönlichkeit mit ausgeglichenem Charakter, Einfühlungsvermögen und Sinn für Teamwork" als Werbechef.

Abbildung 4.18: Dynamische Sozialkompetenzen 1950–2006

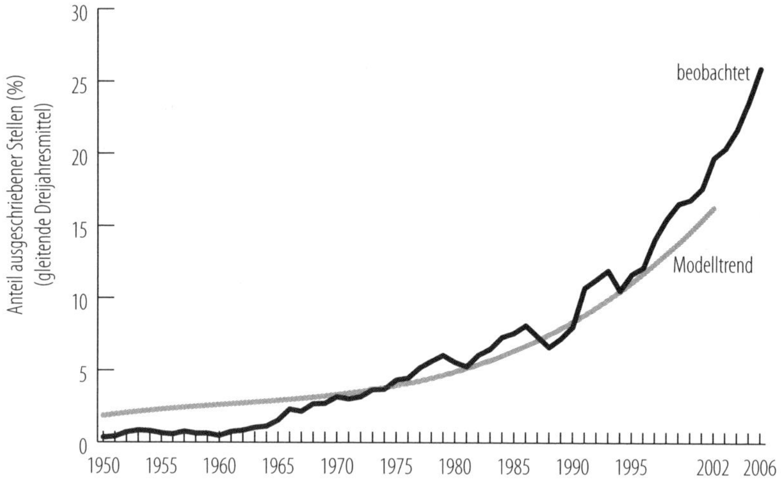

1984 in einem Inserat in der NZZ zum ersten Mal überhaupt erwähnt.[45] Auch die Motivationsfähigkeit kommt neu hinzu und wird erst ab Mitte der 1990er Jahre in nennenswertem Umfang erwähnt.

Wieder einmal erklären der Wandel in der Zusammensetzung der Stellen nach den Berufsrollen-Variablen und die Diffusion der modernen Computertechnologie den Grossteil des langfristigen Trends. Wenn wir dabei den beobachteten Trend, der eine Entwicklung über die ganze Periode von 1950–2002 von 0 bis 18% der Stellen zeigt, mit dem geschätzten Einfluss der sich wandelnden Berufsrolle vergleichen, welche eine Entwicklung von rund 3 auf 11% zu erklären vermag, ist also immerhin fast die Hälfte der grossen Ausdehnung dieser Forderungen auf die sich wandelnde Tätigkeitsstruktur zurückzuführen. Die zusätzlichen Variablen verbessern die Modelpassung nochmals deutlich, vermögen aber insbesondere den bereits in den frühen Jahren ansetzende Aufwärtstrend nur beschränkt zu erklären.

e) Statische Selbstkompetenzen

Selbstkompetenzen gründen im Kern auf *moralischen Lernprozessen* und zielen auf *werteinsichtiges Handeln*. Zusammengefasst werden in dieser Kategorie Verhaltensweisen, Werthaltungen und Charaktereigen-

---

45 Der amerikanischen Computerfirma Data General betreibt in diesem Sinne durchaus treffend Imagewerbung mit dem Slogan „a Generation ahead“.

schaften mit primär *einzelpersönlicher* Dimension. Von den erwähnten „big five" Persönlichkeitsdimensionen wird die *Gewissenhaftigkeit* direkt angesprochen. Dazu gehören die klassischen Arbeitstugenden *Einsatzbereitschaft* und *Verlässlichkeit*, die beide dem statischen Modus zugeordnet werden. Beides sind gewissermassen „altmodische" Tugenden, die sich auf die korrekte Erfüllung übertragener Pflichten beziehen. Fleiss und Gehorsam umschreiben den Kern dieser Persönlichkeitsdimension, der ergänzt wird durch Anständigkeit und charakterliche Solidität. In Stelleninseraten der 1950er Jahre erscheinen denn auch verbreitet Formulierungen wie „williges, fleissiges Mädchen" oder „solider, aufrichtiger Bursche". Diese von einem traditionellen Arbeitnehmerbild geprägten persönlichen Eigenschaften werden in über 6'300 Stellenausschreibungen erwähnt und sind damit die am häufigsten genannte unserer sechs Soft Skill-Kategorien.

Tatsächlich handelt es sich bei den statischen Selbstkompetenzen um die einzige Soft Skill-Kategorie, die über die Zeit nicht stark an Bedeutung gewinnt (Abbildung 4.19). Während sich anfangs der 50 Jahre noch fast in einem Viertel aller ausgeschriebenen Stellen ein Hinweis auf vorausgesetzte Verlässlichkeits- und Fleisstugenden finden, halbiert sich dieser Wert bis in die 1970er Jahre. Nach einigen Schwankungen beginnt der Anteil allerdings in den 1990er Jahren wieder zu steigen und erlebt in den letzten Jahren der Erhebungsperiode sogar eine erneute Aufwertung, so dass wiederum das Niveau von Anfangs der 1950er Jahre erreicht wird. Damit sind auch im Jahre 2006 diese altmodischen Tugenden fast ebenso häufig gefordert wie die dynamischen Sozial- und Selbstkompetenzen.

Hinter der generellen Entwicklung verstecken sich allerdings deutliche Verschiebungen im Sprachgebrauch. Allen voran verschwinden im Bereich der Verlässlichkeit die Begriffe „ehrlich" und „treu", während die Forderung nach Verantwortungsbewusstsein einen steigenden Anteil aufweist. Dahinter dürfte der Wandel von typischen Tätigkeiten und Arbeitgebern stecken. Während Ehrlichkeit und Treue eher bei einem patriarchalischen Anstellungsverhältnis in familiärem Rahmen gefordert wird (typischerweise bei privaten Hausangestellten oder im Kleingewerbe), wird Verantwortungsbewusstsein eher bei einer Angestelltenbeziehung in mittleren und grösseren Organisationen erwartet. Bei den Tugenden des Einsatzwillens verlieren die Begriffe „fleissig" und „willig" stark an Bedeutung, parallel dazu steigt die Verbreitung von Wörtern wie „Einsatz" oder „Arbeitsfreude". Aus dem „fleissigen Burschen" ist ein „einsatzfreudiger Mitarbeiter" geworden. An der damit verbundenen Erwartung des Arbeitsgebers dürfte sich indessen nicht viel geändert haben. Dominiert wird die Kategorie der statischen Selbstkompetenzen von der „Zuverlässigkeit". Dieser Begriff zeigt eine grosse Konstanz und verliert auch in den 1990er Jahren keineswegs an Bedeutung. Trotz des über die ersten 20 Jahre abnehmenden Trends und den auffallenden sprachlichen Verschiebungen innerhalb der Kategorie, kann aber bei einem Anteil von gegen 25% am Ende der Erhebungsperiode nicht von einem Bedeutungsschwund der klassischen Charaktertugenden gesprochen werden. Im Gegenteil: Die durch die Arbeitgeberbefragungen gestützte Erwartung einer weitgehend ungebrochenen – oder besser: wiedererstarkten – Wichtigkeit bestätigt sich deutlich.

Wie der Verlauf, so unterscheidet sich auch die Trenderklärung hier von den anderen Soft Skill-Kategorien. Wiederum spielt zwar die Berufsrollenstruktur eine wichtige Rolle, die Technologievariable trägt aber deutlich weniger zur Annäherung an den beobachteten Trend bei und als ausgesprochen wichtige Einflussgrösse erweist sich die Arbeitsmarktkonjunktur. Der Wandel in der Berufsstruktur verweist auf einen langsam rückläufigen Anteil von gut 18 auf knapp 15% der Stellen mit expliziten Anforderungen an die statischen Selbstkompetenzen. Dies zeigt einerseits, dass diese als traditionell bezeichneten persönlichen Qualitäten stärker mit Berufsrollen im Zusammenhang stehen, die langfristig an Bedeutung verlieren. Andererseits verweist der nur schwache damit erklärte Abwärtstrend aber auch darauf, dass bei weitem nicht nur diese Tätigkeitsbereiche statische Selbstkompetenzen verlangen. Der Technologieindikator bewirkt eine leichte Verbesserung des Trendmodells im letzten Erhebungsjahrzehnt. Wie bei allen anderen Soft Skill-Kategorien verläuft also auch hier die Zunahme der Anforderungen in den 1990er Jahren Hand in Hand mit der Diffusion moderner Computertechnologie.

Der starke Rückgang in der Nachfrage nach statischen Selbstkompetenzen in der ersten Hälfte der Erhebung bis Mitte der 1970er Jahre lässt sich aber erst durch Einbezug der Konjunkturentwicklung erklären. In der Phase des andauernden Wirtschaftswachstums in den 1950er und 1960er Jahren verebben die Forderungen nach traditionellen Charaktertugenden wie Fleiss und Gewissenhaftigkeit – und zwar eindeutig stärker, als es die sich ebenfalls wandelnde Berufsstruktur erwarten lässt. Indem die Arbeitgeber zunehmend auf das Explizitmachen solcher Anforderungen verzichten, reagieren sie nicht nur auf

Abbildung 4.19: Statische Selbstkompetenzen 1950–2006

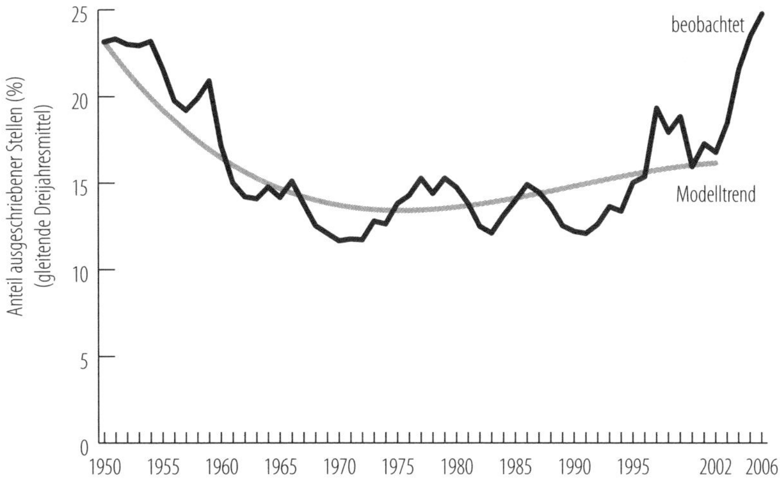

die Arbeitsmarktsituation, sondern treiben gleichzeitig eine kulturelle Entwicklung voran, die über den Arbeitsmarkt hinaus weist. Die sich in diesen Soft Skills ausdrückenden traditionellen Pflicht- und Akzeptanzwerte werden zunehmend als im Widerspruch zum Ideal der persönlichen Entwicklung stehend empfunden. Gleichzeitig erlaubt die aus Arbeitnehmersicht komfortable Situation auf dem Arbeitsmarkt auch die verstärkte Einforderung dieses Ideals.

f) Dynamische Selbstkompetenzen

Vor dem Hintergrund der postulierten Diffusion postfordistischer Formen der Arbeitsorganisation geht es für die Arbeitnehmer zunehmend darum, angesichts ständig wechselnder Herausforderungen selbstständig die Aufgaben immer wieder neu zu definieren. Ein hohes Mass an Eigeninitiative und Motivation wären demnach unabdingbare Voraussetzung für den Erfolg in einer posttraditionalen Arbeitswelt. Diese dynamischen Selbstkompetenzen lassen sich unter dem Begriff des *inneren Antriebs* zusammenfassen.

Die Soft Skill-Kategorie der dynamischen Selbstkompetenzen zeigt bis in die 1980er Jahre einen von einigen Schwankungen geprägten mässigen Aufwärtstrend, um dann in den 1990er Jahren geradezu abzuheben: Im letzten Erhebungsjahrzehnt steigt der Anteil gesuchter Personen, bei denen explizit diese Kategorie angesprochen wird von rund 7 auf gegen 30% (Abbildung 4.20). Dieser Befund unterstreicht

Abbildung 4.20: Dynamische Selbstkompetenzen 1950–2006

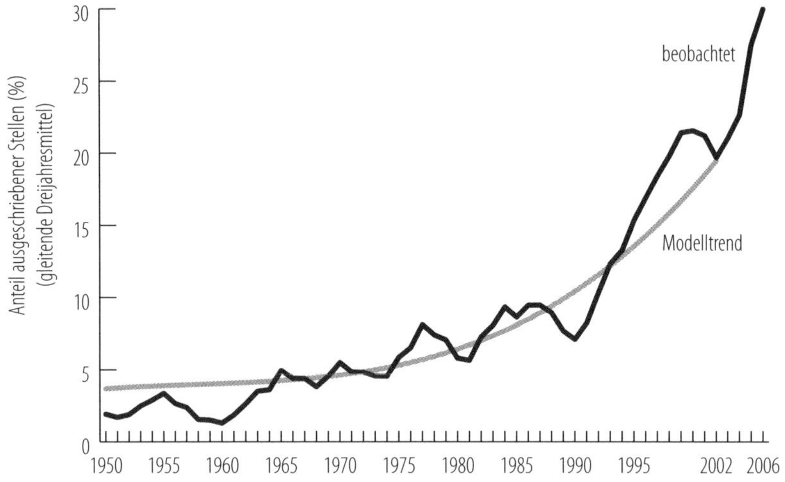

also wieder einmal die in den 1990er Jahren sich stark beschleunigende Entwicklung der Anforderungen. Ein Blick auf einzelne Wörter dieser Kategorie zeigt, dass der Begriff „strebsam" schon früh verbreitet ist. Ab Mitte der 1970er Jahre kommt „dynamisch" dazu, während für die rasante Entwicklung am Ende der Erhebungsperiode insbesondere Initiative und Motivation ausschlaggebend sind. Die wachsende Verbreitung eines Idealbildes von Arbeitnehmern, die nicht bloss Pflichten erfüllen, sondern darüber hinaus sich selbst immer wieder neu verpflichten, wird hier eindrücklich bestätigt.

Für die Erklärung des langfristigen Trends zeigt sich das bekannte Bild mit Berufsrolle und Technologie als weitaus wichtigste Einflussgrössen, gefolgt von der Verbreitung von Teamarbeit. Der Strukturwandel zeichnet für mehr als einen Drittel der langfristigen Entwicklung verantwortlich – vergleichbar mit dem Befund bei den dynamischen Sozialkompetenzen. Die Technologie trägt etwas weniger bei und beschränkt ihre Wirkung auf die 1990er Jahre, während ein Teil der steilen Entwicklung unerklärt bleibt.

g) *Zusammenfassung der Trendverläufe: Phasen unterschiedlicher Entwicklung*

In zusammenfassender Perspektive können bei der Soft Skill-Nachfrage 1950-2006 drei Zeitabschnitte unterschieden werden (vgl. Abbildung 4.21):

1. Die *frühe Phase von 1950 bis etwa 1975* ist gekennzeichnet durch die grosse Dominanz der statischen Soft Skills, allen voran der Selbstkompetenzen. Fleiss, Gehorsam und Zuverlässigkeit stehen zuoberst auf der Anforderungsliste, gefolgt von persönlicher Umgänglichkeit (bei Frauen). Die dynamischen Kategorien sind durchwegs von geringer Bedeutung, doch auch die statischen Methodenkompetenzen werden selten gefordert. Die Entwicklung ist geprägt durch einen starken Rückgang der dominierenden statischen Selbstkompetenzen und ein nur bescheidenes Wachstum der anderen Bereiche. Wie wir gesehen haben, wird der Trend getragen durch die sich wandelnde Zusammensetzung der Stellen nach Berufen, wobei insbesondere das Angebot an land- und hauswirtschaftlichen Stellen stark schrumpft. Aber noch entscheidender wirkt sich der Wirtschaftsboom dieser Jahre aus, welcher die Forderung nach persönlichen Arbeitstugenden offenbar zunehmend als unzeitgemäss erscheinen lässt. Mit dem massiven Konjunktureinbruch gegen Mitte der 1970er Jahre wird denn auch der rückläufige Trend in der Nachfrage nach statischen Selbstkompetenzen gestoppt.
2. In der *mittlere Phase, ab Mitte der 1970er bis Anfangs der 1990er Jahre*, haben immer noch die Umgänglichkeit und – zuvorderst – die statischen Selbstkompetenzen die grösste Verbreitung. Nach dem Bedeutungsrückgang in den letzten 25 Jahren gewinnt diese Kategorie nun langsam wieder an Wichtigkeit. Die wachsende Nachfrage nach Soft Skills betrifft in diesem Zeitabschnitt allerdings alle Kategorien und zwar in wachsendem Ausmass. Allen voran gilt dies für die drei dynamischen Bereiche, die fast parallel innerhalb von 15 Jahren den jeweiligen Stellenanteil verdoppeln. Doch auch die beiden statischen Bereiche mit bislang geringer Verbreitung folgen dem generellen Trend. Die sich ändernde Berufsstruktur sowie – ab den 1980er Jahren – die wachsende Verbreitung der Computertechnologie tragen wesentlich zu dieser Entwicklung bei.

3. In der *jüngsten Phase, ab den 1990er Jahren*, setzen die beiden ehemals dominierenden statischen Bereiche der Selbstkompetenzen und der Umgänglichkeit ihren Trend mässigen Wachstums fort. Die Nachfragesteigerung in allen anderen Kompetenzbereichen wird aber nochmals deutlich verstärkt: Die Anforderungen scheinen beinahe zu explodieren. 1992 erreicht die Verbreitung der dynamischen Methoden- und Selbstkompetenzen erstmals diejenige der Umgänglichkeit, 1998 auch diejenige der statischen Selbstkompetenzen und mit einer Zeitverschiebung von ein paar Jahren folgen die dynamischen Sozialkompetenzen derselben rasanten Entwicklung. Doch auch die statischen Methodenkompetenzen und die Kooperationsfähigkeit folgen dem Muster der dynamischen Kategorien. Wiederum trägt der berufsstrukturelle Wandel einiges zu dieser Entwicklung bei, aber noch grösser ist in den 1990er Jahren der Einfluss der Technologiediffusion.

Abbildung 4.21: Soft Skill-Kategorien 1950–2006: Trendverläufe

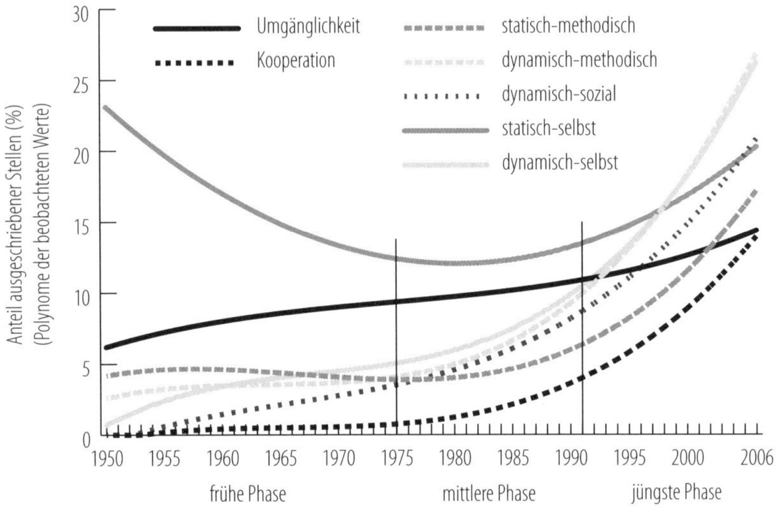

4.2.4 Stellenspezifische Soft Skill-Profile

Im vorangegangenen Abschnitt ging es um die Beschreibung und Erklärung der langfristigen Trends in den Soft Skill-Anforderungen. Mittels einer Reihe von Regressionsmodellen wurden die entsprechenden Zusammenhänge zwischen den als unabhängige Variablen eingeführten Grössen und den geforderten Soft Skills geschätzt. In der folgenden

Querschnittsbetrachtung ändern wir nun die Perspektive und fragen danach, welche Soft Skills bei welcher Art von Stelle in welchem Ausmass verlangt werden. Es geht also um das *Soft Skill-Profil unterschiedlicher Stellenausschreibungen*. Die Grundlage dafür bilden wiederum dieselben Regressionsmodelle. Da bei dieser Betrachtung nicht die Veränderung abgebildet werden soll, wir aber annehmen müssen, dass die darzustellenden Profile sich zu verschiedenen Zeiten unterscheiden, beschränken wir die folgende Analyse auf die dritte der oben dargestellten Entwicklungsphasen, die Jahre 1991–2002.[46] Zusätzlich zur Frage, wie gross die Unterschiede zwischen den verschiedenen Typen von Stellen in Bezug auf die Wahrscheinlichkeit sind, dass eine bestimmte Soft Skill-Kategorien erwähnt wird, interessiert uns auch, wie breit die durchschnittlichen Soft Skill-Anforderungen eines Stellentyps sind. Dabei soll als breites Anforderungsprofil eines gelten, in dem mindestens eine statische und eine dynamische Soft Skill-Kategorie gleichzeitig genannt werden.[47]

Gegliedert ist dieser Abschnitt nach den einzelnen Dimensionen der Beschreibung einer Stelle, die mit unseren unabhängigen Variablen erfasst wurden (vgl. Abbildung 4.3). Dabei wird für jede Dimension danach gefragt, wie die Soft Skill-Anforderungen mit den verschiedenen möglichen Ausprägungen der jeweiligen Variablen variieren und welche Ausprägungen über-, respektive unterdurchschnittliche Anforderungen in welchem Ausmass stellen. Entsprechend der Logik einer multivariaten Modellbetrachtung werden Netto-Effekte dargestellt, also Effekte, die sich statistisch nachweisen lassen, wenn die anderen berücksichtigten Variablen kontrolliert werden. Für die Analyse der Soft Skill-Anforderungen der Berufsgruppen werden zusätzlich Resultate eines Modells mit

---

46 Die Begrenzung in den jüngeren Jahren erfolgt darum, weil – wie bereits erwähnt – die Technologievariable nur bis 2002 verfügbar ist. Die Verschiebung der untern Grenze von 1991 um ein Jahr nach oben oder unten wirkt sich nicht substantiell auf das Resultat aus. Die Datengrundlage für die zwölf berücksichtigen Jahre umfasst 8113 Stellenangebote. Die Resultate der Regressionsmodelle und Angaben zur Signifikanz der jeweiligen Abweichungen vom Durchschnittswert finden sich in Anhang, Tabellen A.5 und A.6.

47 Grundalge dafür ist ein analoges multivariates Regressionsmodell mit einer abhängigen Variablen, welche die Stellen mit kombinierten (= statisch und dynamisch gleichzeitig) Anforderungen identifiziert (Anhang Tabelle A.6). Dabei wurden für dieses Modell nur diejenigen Fälle aus den Jahren 1991–2002 einbezogen, bei denen mindestens eine Soft Skill-Anforderung vorkommt. Dies ist bei 3789 Stellenangeboten der Fall.

der Berufsgruppe als einziger erklärender Grösse gezeigt. Dies erlaubt nicht nur eine differenziertere Interpretation, sondern illustriert auch den Unterschied zur multivariaten Betrachtung. Jeder ausgeschriebenen Stelle kann natürlich gleichzeitig eine spezifische Ausprägung in jeder der erfassten Dimensionen zugeordnet werden, so dass sich für effektiv ausgeschriebene Stellen die auf den einzelnen Dimensionen gezeigten Effekte kumulieren. Dies wird am Ende dieses Abschnitts anhand der Soft Skill-Profile einiger konkreter Stellenausschreibungen illustriert.

a) Die Horizontale Dimension der Berufsrolle

Die horizontale Dimension der Berufsrolle – erfasst in 14 Berufskategorien – ist eine ausgesprochen wichtige Bestimmungsgrössen für die Soft Skills-Anforderungen. Sie wirkt sich signifikant auf die Nennung aller Soft Skill-Kategorien aus und prägt bei den meisten Kategorien zudem wesentlich den langfristigen Entwicklungstrend. Dies entspricht der Erwartung, dass Qualifikationsanforderungen stark von den funktionalen und extrafunktionalen Erfordernissen des konkreten Arbeitszusammenhangs geprägt sind (vgl. dazu oben Abschnitt 2.1.1). Abbildung 4.22 zeigt die Unterschiede zwischen den Berufsgruppen hinsichtlich der Nennung von Soft Skills allgemein: d. h. die relativen Chancen, dass mindestens eine den Soft Skills zugeordnete Kompetenz erwartet wird.[48] Gemäss dem multivariaten Modell erscheinen Soft Skills am häufigsten bei Stellenausschreibungen von Berufen im Handel

48 Dargestellt sind in allen Abbildungen dieses Abschnitts die Werte $d = 100 \times (\exp(B) - 1)$ basierend auf den Regressionsmodellen für die Jahre 1991–2002 (Tabellen A.5 und A.6 im Anhang). Diese d-Werte geben somit die prozentuale Änderung der Chance an, wenn die Variable statt dem Durchschnittswert die jeweilige Aus-prägung annimmt. Chancen („odds") sind im statistischen Sinne definiert als das Verhältnis der Wahrschein-lichkeit, dass ein bestimmtes Ereignis eintritt, geteilt durch die Wahrscheinlichkeit, dass dieses nicht eintritt. Eine Chance von 1 heisst also, dass die Wahrscheinlichkeit, dass ein Ereignis eintritt gleich gross ist wie die, dass es nicht eintritt („50 : 50"). Das eintretende Ereignis, das wir betrachten, ist in unserem Fall die Nennung der betreffenden Soft Skills. Wenn in einer bestimmten Berufskategorie die jeweiligen Soft Skills mit dersel-ben Wahrscheinlichkeit verlangt werden, wie es dem Durchschnitt über alle Berufsgruppen entspricht, erhält diese Berufskategorie den Wert Null in den Abbildungen (d. h. keine Abweichung vm Druchschnittswert). Je häufiger oder seltener nun die Nennung der entsprechenden Soft Skills im Vergleich zum Durchschnitt über al-le Berufe ist, desto positiver respektive negativer der dargestellte Wert. Dabei bedeutet ein Wert von 100, dass die

Abbildung 4.22: Soft Skill-Anforderungen nach Berufsgruppen in verschiedenen Modellen

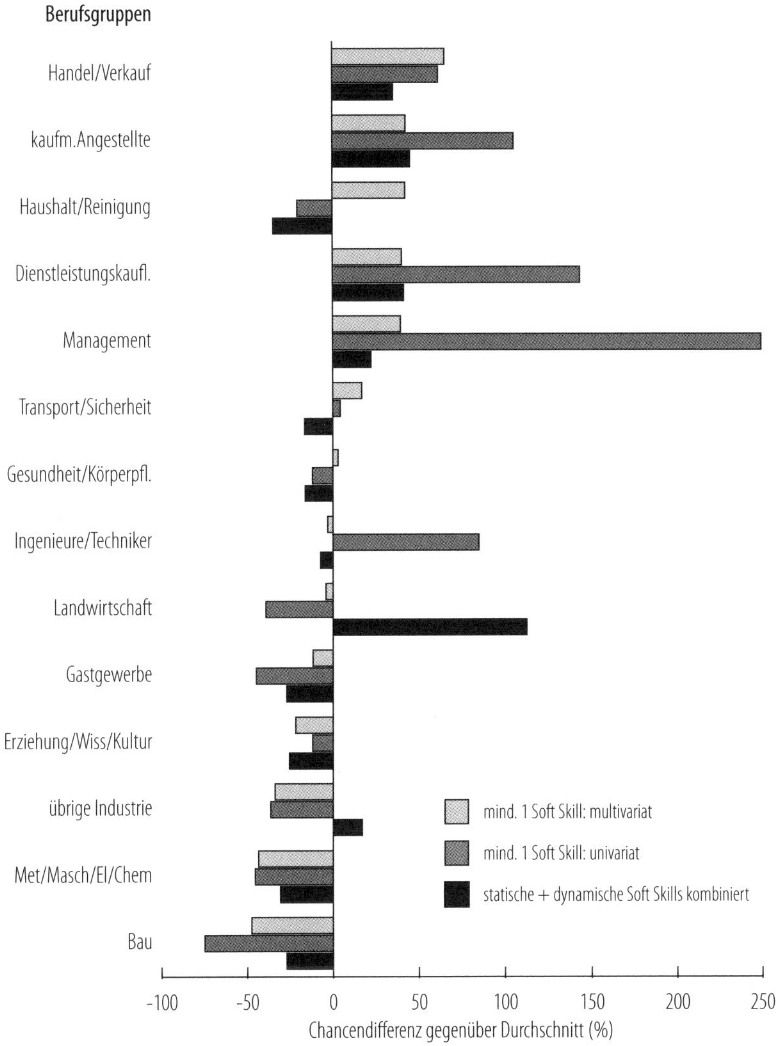

und Verkauf, bei kaufmännischen Angestellten und im Bereich Haushalt und Reinigung sowie –in etwas geringerem Mass – auch bei den Dienstleistungskaufleuten und den Managementberufen, am seltensten

Chance 100% grösser ist (d. h. doppelt so gross), dass die jeweilige Soft Skill-Kategorie angesprochen ist, als im Durchschnitt über alle Berufsgruppen.

bei den industriellen und baugewerblichen Berufen sowie im Bereich Erziehung, Wissenschaft und Kultur.

Ein Vergleich mit der univariaten Betrachtung – wenn also einzig die Berufsgruppe als Variable ins Modell einbezogen wird – zeigt bei einigen Berufen ein stark abweichendes Bild. Auffallend ist dabei insbesondere, dass Berufe, die durchschnittlich sehr hohe Ausbildungsanforderungen stellen (Management, Dienstleistungskaufleute, Ingenieure, kaufmännische Angestellte, der Bereich Erziehung, Wissenschaft und Kultur) in der univariaten Variante sehr viel grössere Soft Skill-Anforderungen zeigen, als im Modell unter Einbezug aller erklärender Variablen. Das Umgekehrte gilt für Berufe mit geringen Ausbildungsanforderungen (etwa Transport, Gesundheitspflege, Landwirtschaft und Gastgewerbe). Hauptverantwortliche Grösse dafür ist das Ausbildungsniveau, welches einen grossen Einfluss auf die Nennung von Soft Skills hat (vgl. unten). Abbildung 4.22 zeigt ausserdem die Differenzen zwischen den einzelnen Berufsgruppen in Bezug auf die kombinierte Nennung von statischen und dynamischen Soft Skills. Die Unterschiede sind auch hier deutlich und folgen in den meisten Fällen dem Muster der multivariaten Modellrechnung für mindestens eine Soft Skill-Nennung. Im Allgemeinen steigt die Wahrscheinlichkeit, dass statische und dynamische Soft Skills gleichzeitig genannt werden also mit der Wahrscheinlichkeit, dass überhaupt Soft Skills verlangt werden. Häufige Soft Skill-Anforderungen in einem Berufsfeld gehen somit Hand in Hand mit breiten Anforderungen. Die Befunde für diejenigen Berufsgruppen, für die das nicht zutrifft, werden in der folgenden Detailbetrachtung besprochen.

Ein differenziertes Bild der jeweiligen Anforderungsprofile lässt sich auf der Ebene der detaillierten Soft Skill-Kategorien zeichnen. Zu diesem Zweck werden analog zur obigen Darstellung (vgl. Anmerkung 51) die Abweichung von der durchschnittlichen Chance für die Forderungen nach Soft Skills für die einzelnen Berufsgruppen und jede Soft Skills-Kategorie berechnet. Aufgrund der unterschiedlichen Soft Skill-Profile lassen sich folgende vier Gruppen von Berufen unterscheiden:

1. *Dienstleistungsberufe mit hohen Anforderungen und Betonung der dynamischen Dimension*

   Die Berufe in Handel und Verkauf, Dienstleistungskaufleute und Managementberufe zeigen deutlich überdurchschnittliche Anforderungen an die Soft Skills der gesuchten Mitarbeiter. Besonders akzentuiert sind hier die Anforderungen bei den dynamischen

Abbildung 4.23: Soft Skill-Profile: Dienstleistungsberufe mit hohen Anforderungen und Dynamikbetonung

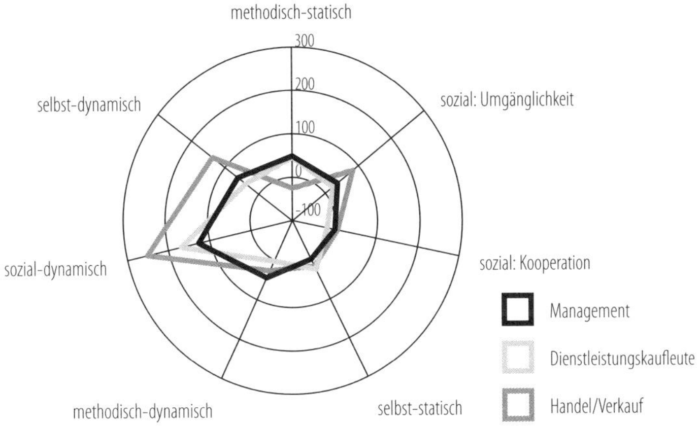

Kategorien, doch auch die statischen Methodenkompetenzen und die statische Sozialkompetenz der Umgänglichkeit werden häufig genannt (Abbildung 4.23). Damit ist das Anforderungsprofil insgesamt sehr breit. Im Handel und Verkauf sowie bei den Dienstleistungskaufleuten trifft dies auch auf der Ebene der einzelnen Stellen zu: Beide Berufsgruppen zeigen einen signifikant positiven Zusammenhang mit der Nennung kombinierter Soft Skills. Gemeinsam ist diesen Tätigkeitsbereichen, dass sie eher in geringem Mass technisch determiniert sind und der Erfolg in besonderer Weise vom individuellen Einsatz und dem Gelingen der zwischenmenschlichen Interaktion abhängt. Einem Einsatz, der gleichzeitig nur in Ausnahmefällen unmittelbar von vorgesetzten Stellen überwacht werden kann. Die Leistungskontrolle erfolgt hier stärker als in anderen Bereichen über die Messung des „Outputs". Zu dieser Einschätzung passt die herausragende Wichtigkeit von der Sozialkompetenzen sowie der dynamischen Selbstkompetenzen, welche Qualitäten des inneren Antriebs zusammenfassen.

Im Verkaufsbereich stehen dafür die dynamischen, leistungsorientierten, verkaufs- und kommunikationsstarken „Verkaufspersönlichkeiten", die auch einen sympathischen Auftritt pflegen sollen. Im Management kommen vermehrt methodisch-dynamische Stärken dazu, wie organisatorische und unternehmerische Qualitäten, während im sozial-dynamischen Bereich insbesondere Führungs- Durchsetzungs- und Motivationskraft verlangt wird. Sehr ähnlich ist das Profil der Dienstleistungskaufleute, wobei hier insbesondere kommunikative Fähigkeiten stark betont werden. Auffallend ist, dass bei allen diesen drei Berufsgruppen der soziale Kompetenzbereich der Kooperationsfähigkeit lediglich mit durchschnittlicher Wahrscheinlichkeit genannt wird. Wenn diese Fähigkeiten auch nicht ausgesprochen selten gefordert werden, weisst dies doch darauf hin, dass die ideale Berufsperson in diesen Tätigkeitsbereichen nicht in erster Linie ein Teamplayer zu sein braucht. Die hervorgehobenen zwischenmenschlichen Fähigkeiten beziehen sich viel eher auf die erfolgreiche Durchsetzung vorgegebener – oder gegebenenfalls auch selbst gesetzter – Ziele.

2. *Dienstleistungsberufe mit hohen Anforderungen und Betonung der statischen Dimension*

Ebenfalls überdurchschnittliche Ansprüche an die Soft Skills von Stellenbewerbern finden sich bei kaufmännischen Angestellten, bei Berufen in Haushalt und Reinigung sowie – etwas schwächer – im Bereich Transport und Sicherheit. Qualitativ unterscheiden sich diese Berufe von den im letzten Abschnitt besprochenen dadurch, dass der Schwerpunkt der Anforderungen nicht bei den dynamischen Selbst- und Sozialkompetenzen

Abbildung 4.24: Soft Skill-Profile: Dienstleistungsberufe mit hohen Anforderungen und Statikbetonung

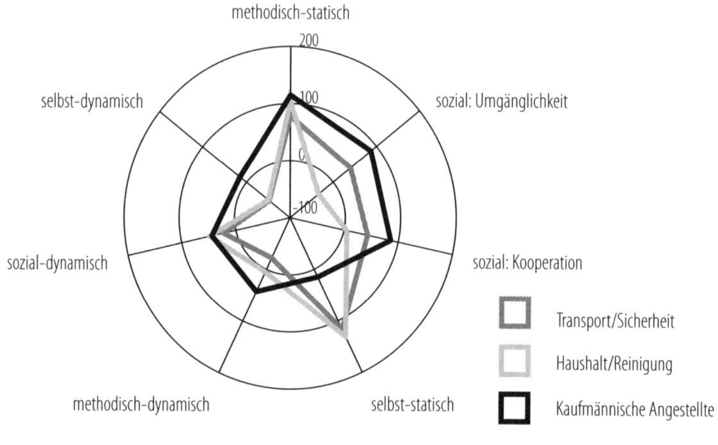

liegt, sondern auf der Seite der statischen Kompetenzen (Abbildung 4.24).

Anforderungsmässig herausragend sind die kaufmännischen Berufe, die ausser bei den zwei Selbstkompetenz-Kategorien überall signifikant über dem Durchschnitt liegende Ansprüche stellen. Der Spitzenwert bei den kombinierten Soft Skill-Anforderungen (der lediglich vom Spezialfall der landwirtschaftlichen Berufe übertroffen wird) bestätigt den Eindruck, dass es sich beim kaufmännischen Bereich um eine Berufsgruppe mit einem ausgesprochen breiten Spektrum an Soft Skill-Anforderungen handelt. Die starke Betonung von Kooperationsfähigkeit und Umgänglichkeit unterstreicht die anders gearteten Erwartungen an Sozialkompetenzen, als bei den Managern und Dienstleistungskaufleuten.

Ein deutlich engeres Profil, mit besonderen Akzentuierung der methodisch- und selbst-statischen sowie der sozial-dynamischen Kompetenzen, zeigen die Berufe in Haushalt und Reinigung sowie Transport und Sicherheit. Der Bereich Haushalt und Reinigung zeichnet sich zudem dadurch aus, dass hier zwar signifikant überdurchschnittlich oft Soft Skills verlangt werden, gleichzeitig aber unterdurchschnittlich statische und dynamische Kategorien gleichzeitig angesprochen sind. Ähnlich, jedoch noch im statistischen Durchschnittsbereich, ist das Soft Skill-Muster der Berufe in Transport und Sicherheit. Die Betonung liegt einseitig bei den statischen Kategorien. Persönlichen Stärken wie Belastbarkeit, Effizienz und Sorgfalt, respektive Einsatzbereitschaft und Zuverlässigkeit verweisen auf den vergleichsweise engen Rahmen, der hier typischerweise das Tätigkeitsgebiet umschreibt. Dies gilt übrigens auch für den kaufmännischen Bereich, bei welchem die häufig genannte „Stressresistenz“ und ähnliche Hinweise die dominierende Fremdbestimmung im Arbeitsalltag hervorheben. Der gestaltungsoffene Raum ist deutlich kleiner, als bei den oben unter Punkt 1 zusammengefassten Berufen. Bei den sozial-dynamischen Kompetenzen ist es fast ausschliesslich die „Kontaktfreudigkeit“, die für die relativ häufigen Nennungen verantwortlich ist und nicht wie oben die Durchsetzungsfähigkeit. Wenn diese doch einmal erwähnt wird, dann im Zusammenhang mit ganz bestimmten Tätigkeiten: Beispielsweise als Schulhausabwart. Auffallend ist schliesslich bei den Berufe in Haushalt und

Reinigung sowie Transport und Sicherheit der signifikant negative Zusammenhang mit dynamischen Selbstkompetenzen: der dynamisch-ehrgeizig-engagierte Manager- oder Verkäufertyp ist hier wenig gefragt. Von einer Putzfrau erwartet man eher Gewissenhaftigkeit, als Initiative, ein Chauffeur hat eher zuverlässig zu sein, als dynamisch, der Mitarbeiter einer Bewachungsgesellschaft eher seriös, als zupackend.

3. *Dienstleistungsberufe mit geringen Anforderungen*

Diese Berufsgruppen zeigen in der multivariaten Betrachtung allesamt eher geringe, meist wenig vom statistischen Durchschnittsbereich abweichende Soft Skill-Anforderungen. Es handelt sich um eine ausgesprochen heterogene Gruppe, so dass die einzelnen Berufskategorien separat betrachtet werden (Abbildung 4.25).

Dass die landwirtschaftlichen Berufe hier (und nicht bei den gewerblichen Berufen) zugeordnet sind, liegt daran, dass im betrachteten Zeitabschnitt Tätigkeiten in der Landwirtschaft im engeren Sinne ausgesprochen selten sind und in dieser Kategorie mit grosser Mehrheit Gärtner und Floristinnen gesucht werden. Die starke Betonung der methodisch- und sozial-dynamischen Kategorien gleicht dann auch eher einem Berufsprofil im Verkauf. Tatsächlich sind vor allem die Stellenangebote für Floristinnen für diesen überraschenden Befund verantwortlich. Kreativität und kommunikative Fähigkeiten sind dabei besonders gefragt. Es sind den auch die Gärtner und Floristinnen, die für die auffällige Häufigkeit verantwortlich sind, mit der kombinierte Soft Skill-Profile vorkommen.

Die Berufe in Gesundheit und Körperpflege zeigen einen signifikant positiven Zusammenhang mit den dynamischen Selbstkompetenzen. Gerade im dabei zahlenmässig dominierenden Pflegebereich ist die Forderung nach (zuweilen sogar „überdurchschnittlichem") Engagement weit verbreitet. Die anderen Soft Skills ragen nicht signifikant aus dem Durchschnittsbereich hinaus.

Ähnlich unauffällig ist das Profil der Berufe in Erziehung, Wissenschaft und Kultur. Den einzigen signifikanten, negativen Zusammenhang findet sich bei den statischen Selbstkompetenzen. Man sucht keine explizit zuverlässigen oder vertrauenswürdigen

Abbildung 4.25: Soft Skill-Profile: Dienstleistungsberufe mit geringen Anforderungen

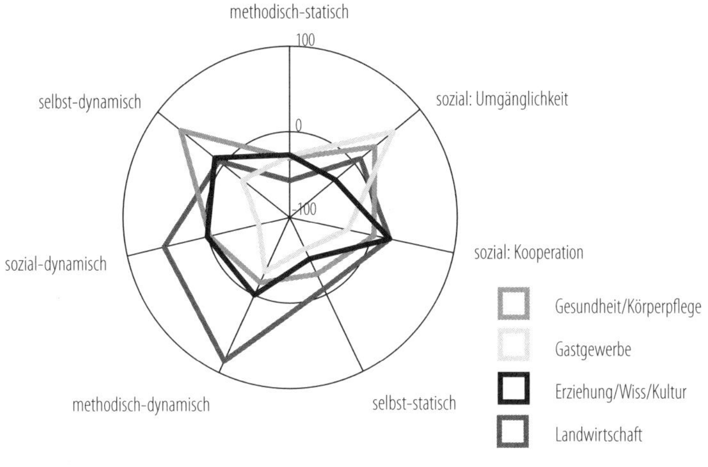

Primarlehrer, Journalisten oder Soziologen. Erstaunlicher ist, dass aber auch bei den anderen Soft Skills nicht wesentlich höhere Anforderungen gestellt werden, obwohl es sich hier um Tätigkeitsfelder handelt, die wenigstens teilweise grosse soziale und methodische Kompetenzen voraussetzen und oft auch mit einem überdurchschnittlichen persönlichen Engagement verbunden sind. Die Erklärung dafür dürfte einerseits darin liegen, dass ein Teil der höheren Anforderungen über die bei diesen Berufen oft sehr hohen Ausbildungsanforderungen vermittelt ist und entsprechend im multivariaten Modell bei der Ausbildung in Erscheinung tritt. Andererseits handelt es sich in der Mehrheit um Berufe, welche stark von einem professionellen Selbstverständnis geprägt sind. Dieses stützt sich zuallererst auf den formalen Bildungsabschluss, oft sogar den akademischen Titel. Dabei wird die Wichtigkeit des objektiven Weltbezugs betont. Ob allerdings die persönlichen Tugenden nicht explizit gemacht werden, weil sie für Absolventen einer anspruchsvollen fachlichen Ausbildung als selbstverständlich oder doch eher als nebensächlich erachtet werden, kann hier nicht beurteilt werden.[49]

---

49 Im akademischen Bereich scheint jedenfalls eine ausgesprochen grosse Zurückhalten in Bezug auf das Explizitmachen von Soft Skill-Anforderungen vorzuherrschen.

Die gastgewerblichen Berufe schliesslich zeigen mit Ausnahme der Umgänglichkeit geringe bis sehr geringe Soft Skill-Anforderungen. Gerade bei den Sozialkompetenzen ist das Profil besonders akzentuiert: Im dynamischen Bereich stark signifikant negativ, bei der Umgänglichkeit positiv. Mit anderen Worten: Eine Serviertochter soll freundlich sein, nicht durchsetzungsfähig.

4. *Industriell-gewerbliche Berufe mit geringen Anforderungen*
Die industriellen und gewerblichen Berufe stellen sowohl in Bezug auf die Häufigkeit, als auch auf die Breite die tiefsten Anforderungen an die Soft Skills der Stellenbewerber. Etwas eine Ausnahme ist der Hochqualifikationsbereich der Ingenieure und Techniker, der – wie wir oben gesehen haben – in der univariaten Betrachtung sogar sehr hohe Anforderungen stellt, die im Wesentlichen aber über das Ausbildungsniveau ins multivariate Modell einfliessen. Als die beiden wichtigsten Bereiche verbleiben die dynamischen Selbstkompetenzen (insbesondere Initiative und Engagement) sowie die Kooperationsfähigkeit (Abbildung 4.26). Dies kann als ein Hinweis darauf verstanden werden, dass selbst bei diesen stark technisch geprägten Tätigkeiten zunehmend die Fähigkeit gefragt ist, erfolgreich im Team zusammenarbeiten zu können.

In allen Kategorien nur durchschnittlich oder sogar signifikant negativ sind die Soft Skill-Anforderungen in den industriellen

Abbildung 4.26: Soft Skill-Profile: Industriell-gewerbliche Berufe

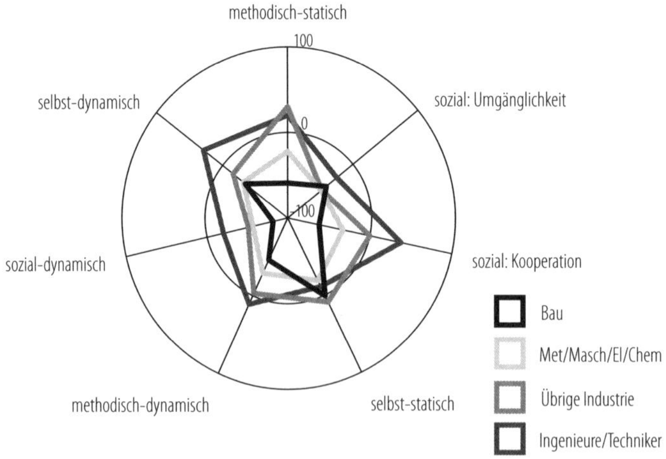

sowie den baugewerblichen Berufen. Hier, wo die technische Determiniertheit des Arbeitsvollzugs mit einem stark eingeschränkten Gestaltungsspielraum zusammenfällt, sind weder soziale noch dynamische Kompetenzen besonders gefordert. Wenn überhaupt sind es die statischen Bereiche, die angesprochen werden. Dabei überrascht höchstens, dass dies nicht häufiger geschieht: Warum soll von einem Schlosser nicht Einsatzfreude, von einem Mechaniker nicht Zuverlässigkeit und von einem Maurer nicht Sorgfalt verlangt werden? Abgesehen davon, dass hier über den konkreten Arbeitszusammenhang hinaus berufsspezifische Traditionen eine Rolle zu spielen scheinen, muss allerdings bei der Interpretation der Ergebnisse auch beachtet werden, dass wir *Unterschiede* zwischen den Berufsgruppen betrachten, keine absoluten Niveaus. Bei diesem Vergleich bilden die Berufe auf dem Bau ganz deutlich des Schlusslicht – und dies, wie wir oben gesehen haben, selbst in der univariaten Betrachtung.

b) *Die Vertikale Dimension der Berufsrolle*

Wie die horizontale, so ist auch die vertikale Dimension der Berufsrolle eine wichtige Einflussgrösse, wenn es um die Frage geht, welche Soft Skills von einem Arbeitnehmer verlangt werden. In unserer Untersuchung ist diese vertikale Dimension mit zwei Grössen erfasst worden, dem Ausbildungsniveau und der betrieblichen Position. Abbildung 4.27

Abbildung 4.27: Soft Skill-Profil nach Anforderungsniveau

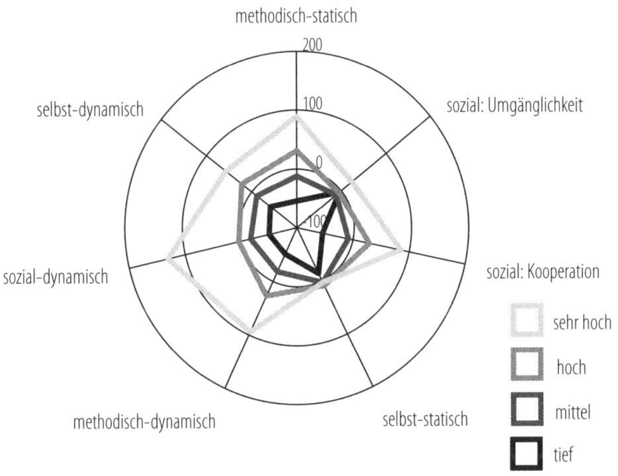

illustriert die Unterschiede nach Ausbildungsniveau. Stellen mit tiefen Ausbildungsanforderungen stellen unterdurchschnittliche Ansprüche an die Soft Skill, während Stellen im Bereich des mittleren Ausbildungsniveaus etwa im Durchschnitt liegen und hohe und insbesondere sehr hohe Ausbildungsanforderungen mit deutlich überdurchschnittlichen Ansprüchen bei den meisten der Soft Skill-Kategorien einhergehen.[50] Besonders stark sind die Unterschiede bei den Anforderungen auf der Seite der dynamischen Soft Skill-Kategorien sowie bei der Kooperationsfähigkeit, während bei der Umgänglichkeit und den statischen Selbstkompetenzen keine oder nur minimale Unterschiede bestehen.

Sehr viel kleiner als zwischen den Ausbildungsstufen sind die Unterschiede je nach betrieblicher Position. Lediglich bei den dynamischen Sozial- und Methodenkompetenzen zeigen sich hier signifikante Unterschiede (Abbildung 4.28).

Mit dem formalen Ausbildungsniveau und der hierarchischen Position steigen auch die Ansprüche an die geforderten – primär dynamischen – Soft Skills. Für die Position entspricht der Befund durchaus den Erwartungen. Viele der in den dynamischen Soft Skill-Kategorien enthaltenen Eigenschaften wie Durchsetzungsfähigkeit, unternehmeri-

Abbildung 4.28: Soft Skill-Profil nach betrieblicher Position

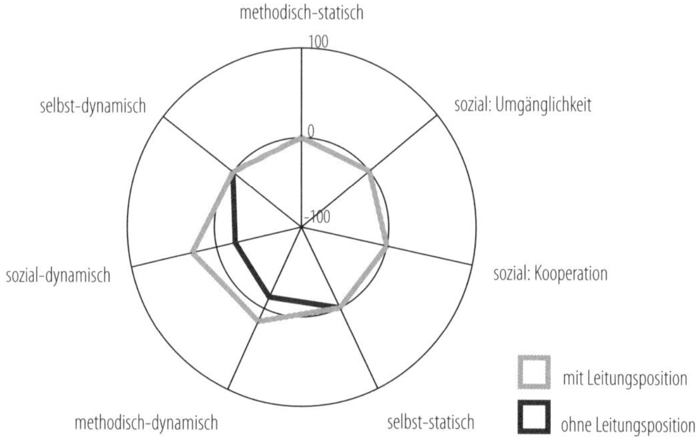

50 Die hier dargestellten Unterschiede zwischen den Ausbildungsniveaus berücksichtigen die Interaktion von Geschlecht und Ausbildung nicht. Diese Interaktionseffekte werden weiter unten beim Einfluss der Geschlechterstereotypen besprochen.

sche Fähigkeiten und Innovationsfähigkeit sind eigentliche Führungsqualifikationen. Ihre Nähe zu Führungspositionen entspricht denn auch der substantiellen Interpretation des Zusammenhangs von Berufsrolle und Anforderungen. Weniger selbstverständlich ist hingegen der überaus deutliche Zusammenhang von Ausbildungsniveau und Soft Skills. Dabei zeigt die multivariaten Analyse, dass die Netto-Auswirkungen des Ausbildungsniveaus deutlich grösser sind als diejenigen der Leitungsposition. Vor dem Hintergrund unserer Überlegungen zum Zusammenhang von Berufsrolle und Anforderungsprofil ist dieser Befund so zu interpretieren, dass die differenzierter erfasste Ausbildungsstufe die Unterschiede in der betrieblichen Funktion besser abbildet als die etwas krude Positionsvariable. Offenbar steigen die qualifikatorischen Ansprüche auch im Soft Skill-Bereich mit der Zentralität der Funktion für den Betrieb. Die starke Parallelität von Soft Skill-Anforderungen und Ausbildungsstufe macht zudem unmissverständlich klar, dass Soft Skills nicht als Ersatzqualifikationen für eine fehlende formale Ausbildung in Frage kommen. Viel eher geht es um eine *Kumulierung der qualifikatorischen Anforderungen*. Einzig zwei Bereiche sind davon weniger betroffen: Zum einen sind es die unter dem Titel der Umgänglichkeit zusammengefassten statischen Sozialkompetenzen. Hier existiert ein Arbeitsmarktsegment, das von Stellenangeboten geprägt ist, die zwar nur geringe formale Anforderungen stellen, dafür aber Freundlichkeit und sympathische Ausstrahlung in den Vordergrund stellen. Primär davon betroffen sind gastgewerbliche Berufe, allen voran die „Serviertochter". Zweitens kommt den statischen Selbstkompetenzen eine ähnliche Funktion zu. Arbeitswilligkeit, Ehrlichkeit und Anständigkeit sind typischerweise mit unqualifizierten Stellen – meist in Privathaushalten, der Landwirtschaft und dem Kleingewerbe – verbunden. Mit dem Rückgang dieser Stellen im Zeitverlauf sinken aber auch die Beschäftigungsmöglichkeiten für Leute, die zwar willig und anständig sind, aber über eine ungenügende formale Ausbildung verfügen.

Angesichts des einseitig dynamikbetonten Profils der Leitungspositionen (Abbildung 4.28) erstaunt es nicht, dass diese nicht besonders häufig statische und dynamische Soft Skill-Anforderungen gleichzeitig stellen. Anders bei der Ausbildung: Mit steigenden Ausbildungsanforderungen werden Ansprüche an die Soft Skill nicht nur wahrscheinlicher, sondern es werden auch sehr viel häufiger Anforderungen aus dem statischen und dynamischen Bereich kombiniert (Abbildung 4.29).

Abbildung 4.29: Kombinierte Soft Skill-Anforderungen nach Ausbildungsniveau

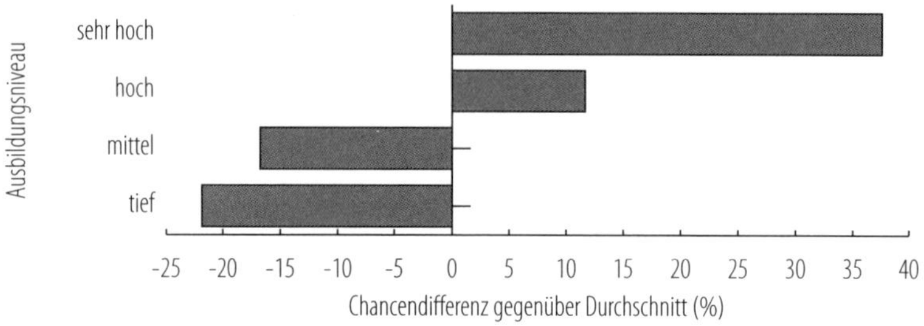

Eine qualitativ spezifische Position im Gefüge eines Betriebes nehmen die Lehrstellen ein. Diese zeigen nur bei den dynamischen Sozialkompetenzen signifikant erhöhte, und sowohl bei den statischen als auch den dynamischen Selbstkompetenzen geringere Anforderungen. Bei den sozial-dynamischen Kompetenzen ist es insbesondere die Kontaktfreude, welche gefordert ist. Die negativen Werte bei den Selbstkompetenzen weisen darauf hin, dass für Lehrstellen persönlicher Einsatz, Fleiss und Zuverlässigkeit entgegen den Erwartungen mit deutlich unterdurchschnittlicher Häufigkeit explizit erwähnt werden.

c) Wirtschaftssektor

Die sektorspezifischen Unterschiede in der Soft Skill-Nachfrage sind vergleichsweise gering, tragen aber bei allen Kategorien ausser bei der Kooperation signifikant zur Modellerklärung bei. Auch der zusätzliche Erklärungsbeitrag an die langfristige Entwicklung durch die Berücksichtigung des Wirtschaftssektors ist klein, aber nicht vernachlässigbar. Die Unterschiede nach Wirtschaftssektor modifizieren den viel gewichtigeren Einfluss der Berufsgruppen auf zwei Arten: Einerseits verstärken die Sektorenwerte die Ergebnisse der Berufe für eine Mehrzahl der effektiv ausgeschriebenen Stellen, wenn der Sektor und die darin am häufigsten vertretenen Berufsgruppen ähnliche Soft Skill-Präferenzen zeigen. Wenn andererseits einzelne Sektoren, in denen dieselbe Berufsgruppe vorkommt, deutlich unterschiedliche Zusammenhangswerte aufweisen, deutet dies daraufhin, dass die Berufe gegebenenfalls stärker zu differenzieren wären.

Abbildung 4.30 fasst die Sektoren mit gesamthaft überdurchschnittlichen Soft Skill-Anforderungen zusammen. Betriebe, die in

Abbildung 4.30: Soft Skill-Profil der Wirtschaftssektoren mit höheren Anforderungen

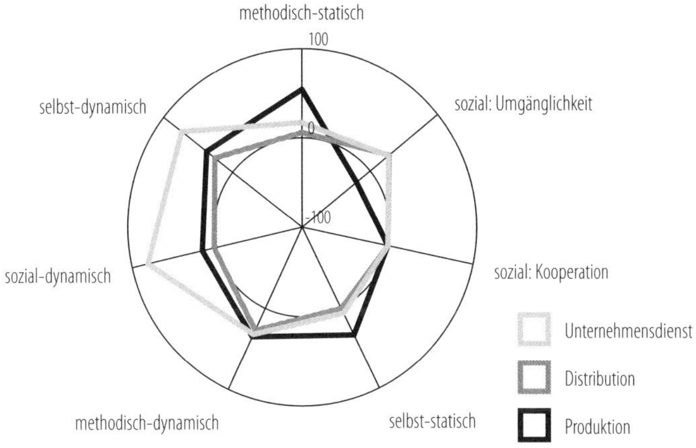

der Distribution tätig sind, stellen signifikant überdurchschnittliche Anforderungen an die Umgänglichkeit. Damit werden die in diesem Bereich bereits hohen Anforderungen für die Verkaufsberufe nochmals erhöht. Im Gegensatz zu den Verkaufsberufen finden wir hier aber keine Häufung von kombinierten Anforderungen (Abbildung 4.32). Im Produktionssektor werden die Methoden- und die Selbstkompetenzen sowohl im dynamischen, als auch im statischen Bereich besonders hervorgehoben – und oft auch gleichzeitig erwähnt. Die oben festgestellten sehr tiefen Werte für industrielle und gewerbliche Berufe werden dadurch wenigstens ein Stück weit ausgeglichen. Wiederum im Einklang mit den hauptsächlichen Berufsgruppen sind die Anforderungen im Sektor Unternehmensdienstleistungen. Signifikant hervorgehoben werden einseitig die Anforderungen bei den dynamischen Sozial- und Selbstkompetenzen.

Abbildung 4.31 zeigt das Profil derjenigen Sektoren, welche geringere Soft Skill-Anforderungen aufweisen. Das Baugewerbe als Branche bestätigt und verstärkt mit seinen geringen Soft Skill-Anforderungen den Befund für die baugewerblichen Berufe. Ganz besonders selten sind in diesem Bereich die unter dem Sammelbegriff der Umgänglichkeit zusammengefassten Eigenschaften. Wenn überhaupt, muss der Lüftungsmonteur oder der Dachdecker mit Kundenkontakt auch nicht explizit freundlich sein, höchstens humorvoll oder aufgestellt.

Abbildung 4.31: Soft Skill-Profil der Wirtschaftssektoren mit geringeren Anforderungen

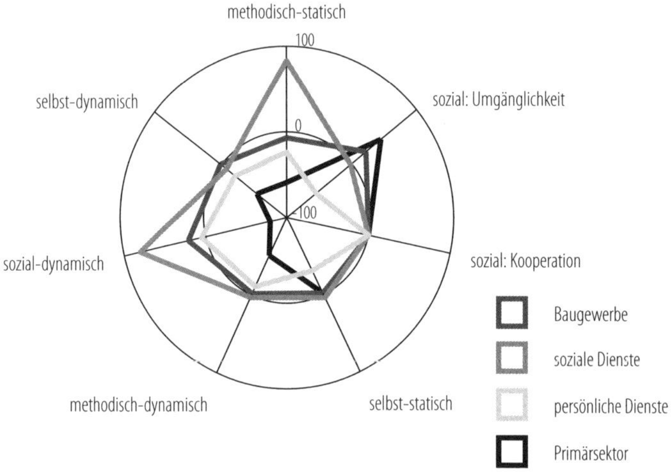

Der Primärsektor zeichnet sich demgegenüber durch einen ausgesprochen stark negativen Zusammenhang im dynamischen Bereich aus. Dies bildet ein gewisses Gegengewicht zum Resultat bei den landwirtschaftlichen Berufen und weist darauf hin, dass es einen Unterschied macht, ob dieser Beruf in einem landwirtschaftlichen Betrieb oder in einem Verkaufsgeschäft (wie die Floristin) ausgeübt wird. Doch auch von Stellen in Privathaushalten – die ebenfalls dem primären Sektor zugeordnet sind – zeichnen sich durch eine grosse Distanz zu dynamischen Kompetenzen aus. Die Einseitigkeit der geforderten Kompetenzen im Primärsektor wird durch den sehr starken negativen Zusammenhang mit kombinierten Soft Skill-Anforderungen nochmals bestätigt

Abbildung 4.32: Kombinierte Soft Skill-Anforderungen nach Wirtschaftssektor

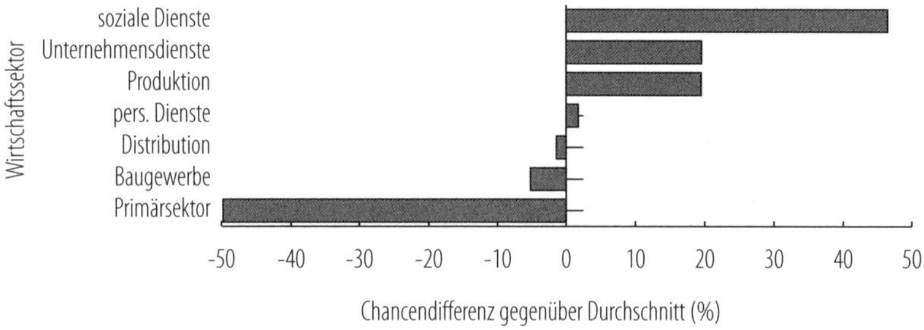

(Abbildung 4.32). Unternehmen im Sektor persönliche Dienste zeigen in keinem Soft Skill-Bereich signifikante Abweichungen von Durchschnittswert. Anderes die sozialen Dienste, welche signifikant häufiger methodisch-statische und sozial-dynamische Fähigkeiten verlangen. Es sind in erster Linie die Belastbarkeit, respektive die kommunikativen Fähigkeiten, die dafür verantwortlich sind, wobei ausgesprochen oft beide Bereiche miteinander kombiniert werden.

d) Betriebsgrösse

Der Einfluss der Betriebsgrösse ist für alle dynamischen Soft Skill-Kategorien und die Kooperationsfähigkeit signifikant. In all diesen Bereichen stellen Kleinbetriebe deutlich unter-, und Grossbetriebe stark überdurchschnittliche Anforderungen (Abbildung 4.33). Dasselbe Muster gilt für kombinierte Soft Skill-Anforderungen: Je grösser der Betrieb, desto grösser die Wahrscheinlichkeit, dass statische und dynamische Kompetenzen gleichzeitig genannt werden (ohne Abbildung; vgl. Anhang Tabelle A.6). Ausschlaggebend dafür ist auf der statischen Seite die Kooperationsfähigkeit, die ausgesprochen oft mit dynamischen Kompetenzen gekoppelt wird.

Angesichts dessen, dass diese deutlichen Unterschiede auch unter Kontrolle der Berufs- und Sektorstruktur gelten, kann gefolgert werden, dass der unmittelbare *organisationelle Kontext* für die Soft Skill-Anforderungen stark prägend ist. Dieser zeichnet sich in Kleinbetrieben (die in unserer Erfassung ja über höchstens 10 Mitarbeitende verfügen und

Abbildung 4.33: Soft Skill-Profile der Betriebsgrösse

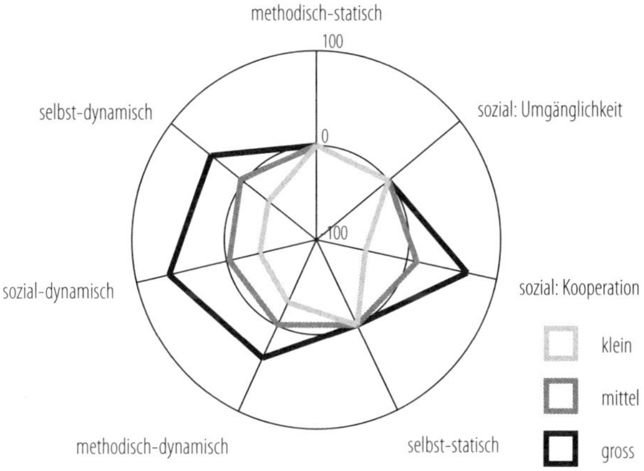

damit eigentlich Kleinstbetriebe sind) dadurch aus, dass er in sozialer Hinsicht wenig komplex ist und die dispositiven Funktionen in der Mehrheit meist bereits durch den Patron selbst besetzt sind, so dass diesbezüglich kaum Entwicklungsmöglichkeiten bestehen. Statisch-adaptive Persönlichkeitseigenschaften werden in diesem Umfeld stärker geschätzt, als dynamisch-expressive Qualitäten. Anders ist es in grösseren Betrieben, mit ihren oftmals sozial komplexeren Arbeitszusammenhängen und den grösseren Anforderungen des internen Arbeitsmarktes. Deutlich erkennbar ist die Parallelität der Soft Skill-Profile in Bezug auf die vertikale Dimension der Berufsrolle und die Betriebsgrösse. In diesem Sinne erfüllen sich auch Erwartungen an erhöhte Soft Skill-Anforderungen für Einstiegspositionen, bei welchen bereits im Hinblick auf eine mögliche künftige interne Karriere selektiert wird (vgl. dazu Abschnitt 2.1.1c).

Der erwartete positive Zusammenhang von Soft Skill-Anforderungen im dynamischen Bereich bei Zentrumsunternehmen mit ihrem besonders grossen internen Arbeitsmarkt, bestätigt sich allerdings nicht. Lediglich die Kooperationsfähigkeit zeigt einen signifikanten Zusammenhang. Dies verweist – wie bei der Betriebsgrösse – auf den komplexeren Arbeitszusammenhang und den entsprechend höheren Abstimmungsbedarf in stark arbeitsteiligen Organisationen. Staatsbetriebe stellen in keiner Kategorie signifikant höhere Soft Skill-Anforderungen, als private Unternehmen. Auch kombinierte Soft Skill-Anforderungen erscheinen nicht häufiger. Die Erwartung, dass im öffentlichen Sektor mit seinem attraktiven internen Arbeitsmarkt bei Einstiegspositionen die Anforderungen an die mitzubringenden Soft Skills stärker betont werden, bestätigt sich also nicht.

e) Arbeitsorganisation / Teamarbeit

Die Erwähnung von Team- oder Gruppenarbeit im Inserat steht bei uns als Indikator für post-fordistische Formen der Arbeitsorganisation. Der Erklärungsbeitrag dieser Variablen im Hinblick auf den langfristigen Trend ist allerdings eher bescheiden. Die relativ starke Zunahme der Teamarbeit über den Erhebungszeitraum (vgl. Abbildung 4.5) wirkt sich also nur beschränkt auf die Entwicklung der Nachfrage nach Soft Skills aus. Berufsstruktur und Technologievariable haben ein viel grösseres Gewicht. Allerdings zeigt die Variable im Querschnitt-Modell durchgehend signifikant positive Zusammenhänge mit allen Soft Skill-Kategorien. Teamarbeit ist damit nicht der herausragende Indikator

Abbildung 4.34: Soft Skill-Profile von Stellen mit und ohne Teamarbeit

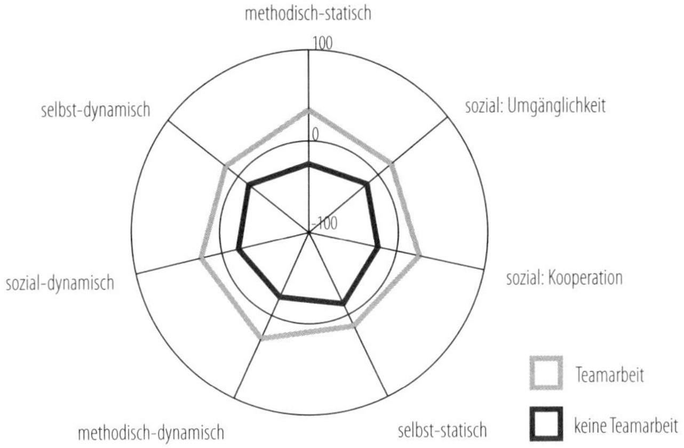

für im postfordistischen Sinne erweiterte Arbeitsrollen, welche die Anforderungen in den dynamischen Bereich verschieben. Viel eher ist die Teamarbeit ein Faktor, der allgemein die *individuellen Anforderungen erhöht* und dabei sowohl die neuen, als auch die klassischen Arbeitstugenden betont (Abbildung 4.34).

Entsprechend kombinieren denn auch Stellen mit Teamarbeit signifikant überdurchschnittlich statische und dynamische Kompetenzanforderungen. Dies entspricht durchaus dem in der Diskussion um neue Formen der Arbeitsorganisation oft vorgebrachten Einwand, dass die Einführung von Teamarbeit keineswegs automatisch mit der Erweiterung des Entscheidungsspielraums und der Selbstverantwortung der Angestellten einhergeht. Im Gegenteil scheint die Verlagerung von Verantwortlichkeiten auf Teamebene den Konformitätsdruck teilweise deutlich zu erhöhen (vgl. etwa Barker 1999; Vallas 1999). Unterstrichen wird diese Einschätzung dadurch, dass in unserem multivariaten Modell der grösste Effekt der Teamarbeit bei den statischen Methodenkompetenzen zu finden ist und hier wiederum bei der Belastbarkeit und der Genauigkeit.

f) Technologieeinsatz / Computerarbeitsplätze

Unser Indikator für die Diffusion moderner Computertechnologie ist in den Trendmodellen die herausragende Grösse, wenn es darum geht, die steile Entwicklung in den 1990er Jahren zu erklären. Er zeigt dort bei allen Soft Skill-Kategorien einen starken, positiv signifikanten Zusammenhang. In der Querschnittsbetrachtung unter Beschränkung auf die Jahre 1991–2002 wird die Bedeutung der Technologievariablen deutlich geringer und beschränkt sich auf die *dynamischen Methodenkompetenzen* und die *Kooperationsfähigkeit* (Tabelle A.5 im Anhang). Dies ist mit eine Folge unserer Operationalisierung der Technologie als Anteil Computerarbeitsplätze pro Jahr und Branche. Bei einer Einschränkung des Zeithorizontes werden die beobachteten Unterschiede zunehmend zu reinen Branchenunterschieden, die im multivariaten Modell zu einem grossen Teil in der Variable des Wirtschaftssektors aufgefangen werden. Was bestehen bleibt, sind die besonders starken Zusammenhänge in den beiden genannten Soft Skill-Bereichen. Es handelt sich dabei um dieselben Kompetenzbereiche, welche auch im umfassenden Modell die deutlichsten Effekte aufweisen.

Dass die mit der Computertechnologie einhergehenden erhöhten Anforderungen am stärksten bei den methodisch-dynamischen und kooperativen Kompetenzen zu beobachten sind, entspricht durchaus den Erwartungen (vgl. Abschnitt 3.2.4). Angesichts der rasanten Entwicklung in diesem Bereich und der inhaltlichen Verdichtung der Arbeit, sind besonders kognitive Kompetenzen sowie die Fähigkeit und Bereitschaft, immer wieder Neues zu lernen gefragt. Auf der anderen Seite unterstreichen die erhöhten Anforderungen an die Kooperationsfähigkeit die gesteigerten Koordinationserfordernisse angesichts der Entlastung der alltäglichen Arbeit von Fleiss- und Routinetätigkeiten.

g) Geschlechterstereotypen

In der multivariaten Betrachtung über den gesamten Erhebungszeitraum 1950-2006 zeigt das semantische Geschlecht der Stellenausschreibung signifikante Zusammenhänge mit allen Soft Skill-Kategorien. Dasselbe gilt für die Interaktion von Geschlecht und Ausbildungsniveau. Wenn wir uns nun für unsere Querschnittbetrachtung auf die Jahre 1991–2002 beschränken, fällt der grösste Teil dieser Zusammenhänge weg. Es besteht auch kein signifikanter Zusammenhang zwischen dem im Inserat gewählten Geschlecht und der Breite der Soft Skill-Anforderungen. Was bleibt, ist ein sowohl beim Geschlecht wie auch der Interaktion mit der Ausbildung signifikanter Effekt bei der Kategorie der Umgänglichkeit und ein lediglich bei der Interaktion mit der Ausbildung knapp signifikanter Erklärungsbeitrag bei den statischen

Selbstkompetenzen. Das Geschlecht verliert also über die Zeit deutlich an Einfluss in Bezug auf die bevorzugten Soft Skill-Anforderungen.

Dass dies keineswegs nur eine Folge der multivariaten Betrachtung ist, zeigt Abbildung 4.35. Dargestellt ist ein Vergleich der Stellenanteile pro Soft Skill-Kategorie und semantischem Geschlecht in drei Zeitperioden, die den drei oben unterschiedenen Phasen in der Entwicklung der Soft Skill-Anforderungen entsprechen.[51] Deutlich erkennbar wird dabei, wie sich die Unterschiede nach Geschlecht über die Zeit stark verringern, meist von Periode zu Periode, immer jedoch im Vergleich vom ersten zur letzten Zeitabschnitt.

Für die erste und zweite Periode entspricht das hier gezeigte Bild (das sich auch in der entsprechenden multivariaten Betrachtung bestätigt) den Erwartungen an die Reproduktion von Geschlechterstereotypen in der Arbeitswelt: Die männlichen Stereotypen sind auf der Seite des dynamischen Modus angesiedelt und zielen damit stärker auf die Verwirklichung selbst (mit)geprägter Projekte, während die als weiblich gesetzten Eigenschaften auf der statischen Seite zu finden sind und die Konformität mit vorgegebenen Verhaltensmustern betonen (Umgänglichkeit, Effektivität und Zuverlässigkeit). Die Zuordnung von Soft Skills nach Geschlecht zeigt also eine deutliche Parallele zur Zuordnung nach hierarchischer Stellung. Die alltägliche Reproduktion von Geschlechterstereotypen, die unter anderem den Frauen tiefer bewertete und abhängige Positionen zuweisen, finden sich in den früheren Perioden also auch in den Details des Qualifikationsprofils.

Für die jüngste Periode gilt dies offensichtlich nicht mehr. Sowohl bei der univariaten Analyse (in Abbildung 4.35), als auch bei Berücksichtigung aller erklärenden Variablen, verbleibt lediglich die *Umgänglichkeit* als Soft Skill-Bereich mit starker und signifikanter geschlechtsspezifischer Prägung. Und dieser Zusammenhang ist zudem abhängig von den Ausbildungsanforderungen der ausgeschriebenen Stelle. In Differenzierung

51 Es handelt sich also um eine univariate Betrachtung. Die auf der x-Achse aufgetragen Werte berechnen sich wie folgt: $x = (m - w) / (m + w)$; wobei m (respektive w) der Anteil aller ausgeschriebenen Stellen in der jeweiligen Periode bezeichnet, der sowohl die entsprechende Soft Skill-Kategorie erwähnt, als auch in männlicher (respektive weiblicher) Form abgefasst ist. Somit bedeutet ein x-Wert von 0, dass die Anteile weiblich und männlich formulierter Stellen gleich gross ist, ein Wert von 1 (respektive –1), dass eine Kategorie nur bei männlich (respektive weiblich) ausgeschriebenen Stellen vorkommt. Nicht einbezogen in diese Betachtung sind die Stellen, welche geschlechtsneutral ausgeschrieben sind.

der stereotypen Zuordnungen von Soft Skills nach Geschlecht hatten wir Unterschiede je nach der vertikalen Position im Unternehmen erwartet.

Abbildung 4.35: Vergleich der Soft Skill-Nennungen nach Geschlecht und Periode

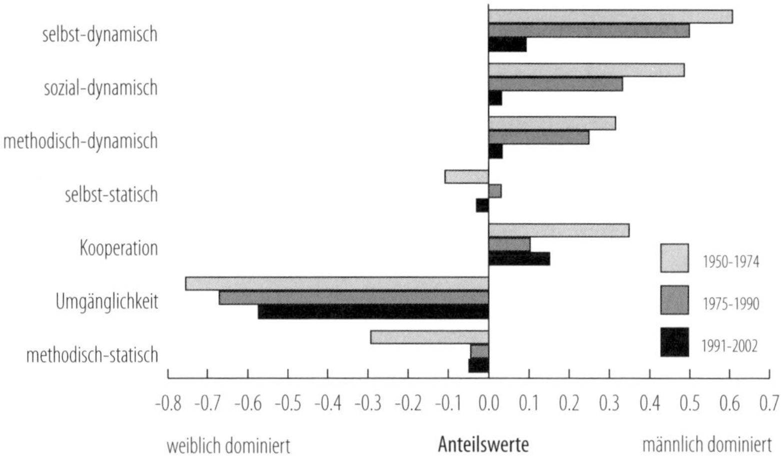

Die aus den wenigen Studien zu dieser Frage (vgl. Abschnitt 2.2.2) vorliegenden Hinweise gehen dahin, dass in Führungspositionen bei Männern und Frauen unterschiedliche persönliche Qualitäten belohnt werden. Um positionsabhängige geschlechtsspezifische Unterschiede in den Soft Skill-Anforderungen auf dem Stellenmarkt aufzugeigen, wurden in die Regressionsmodelle Interaktionsterme eingefügt. Dabei zeigt die Interaktion von Geschlecht und Vorgesetztenposition bei keiner Soft Skill-Kategorie einen signifikanten Zusammenhang – auch nicht im vollständigen Modell über die ganze Erhebungsperiode. Anders bei der Interaktion mit dem Ausbildungsniveau, die im Falle der Umgänglichkeit und der statischen Selbstkompetenzen auch im Querschnittmodell signifikante Werte zeigen.

Was dies bedeutet, illustriert Abbildung 4.36. Um die Auswirkungen der beiden Grössen Geschlecht und Ausbildungsniveau gleichzeitig darstellen zu können, wurden Modellwahrscheinlichkeiten für die Forderung nach Umgänglichkeit berechnet.[52] Dabei zeigt sich,

52 Grundlage ist das Regressionsmodell für die Jahre 1991–2002 gemäss Tabelle A.5 im Anhang. Dargestellt sind Modelwahrscheinlichkeiten für die Nennnung von Soft Skill-Anforderungen nach der Formel $p = 1/(1 + \exp(-z))$; wobei $z = B_0 + B_1x_1 \dots + B_nx_n$. Bi sind die Regressions-

dass mit *steigendem Ausbildungsniveau* die *Unterschiede nach Geschlecht deutlich abnehmen.* Die für die jüngste Periode statistisch signifikanten geschlechtsspezifischen Unterschiede in der Wahrscheinlichkeit, dass die Kategorie der Umgänglichkeit gefordert wird, beschränken sich also auf das tiefe und mittlere Ausbildungsniveau. Ganz konkret heisst dies zum Beispiel, dass Freundlichkeit viel eher von einer Serviertochter explizit verlangt wird, als von einem Kellner, dass aber ein Jurist und eine Juristin mit etwa derselben Wahrscheinlichkeit angenehme Umgangsformen mitbringen sollen. Übrigens gilt die Feststellung, dass die Unterschiede in den Soft Skill-Anforderungen nach Geschlecht mit steigendem Ausbildungsniveau kleiner werden ganz generell auch für die entsprechende Modellrechnung über die Jahre 1950–2006, wo die Geschlechterunterschiede deutlich grösser sind als in der jüngsten Phase.

Im Gegensatz zur Erwartung, dass sich die Anforderungen an Männer und Frauen in Führungspositionen unterscheiden werden, finden wir in den Stelleninseraten nicht nur sehr geringe Unterschiede

Abbildung 4.36: Die Forderung nach „Umgänglichkeit" nach Geschlecht und Ausbildung

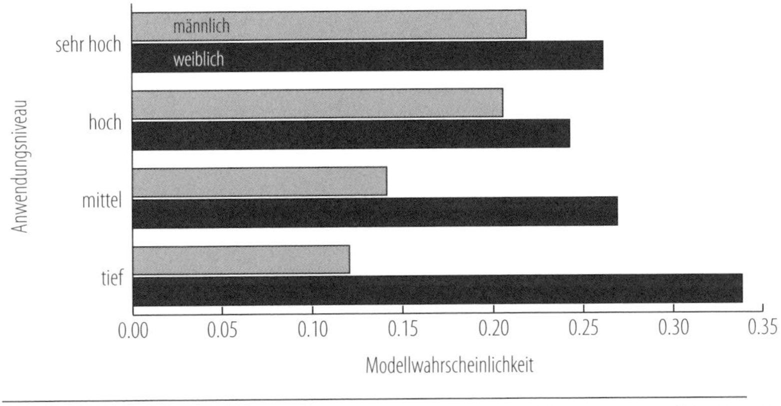

koeffizienten, x_i die jeweiligen Werte für die unabhängige Variable. Für die Berechnung der in den Abbildungen 4.36 dargestellten Wahrscheinlichkeiten wurden folgende Spezifikationen gewählt: eine kaufmännische Stelle ohne Leitungsfunktion in einem mittelgrossen, privatwirtschaftlichen Handelsunternehmen mit einem Inserat ohne die Erwähnung von Teamarbeit und mit der Arbeitsmarktkonjuktur und dem Technologiestand des Jahres 2000. Das Muster der Unterschiede nach Ausbildungsstufe und Geschlecht bleibt sich auch bei anderer Spezifikation gleich, die effektiven Wahrscheinlichkeiten ändern sich damit aber teilweise deutlich.

zwischen den Geschlechtern entlang der vertikalen Dimension der Berufsrolle, sondern diese Unterschiede sind nicht im oberen Bereich der Hierarchie anzutreffen, sondern unten. Wenn auch die Bedeutung des semantischen Geschlechts bei den Stellenausschreibungen dadurch, dass immer mehr Stellen geschlechtsneutral ausgeschrieben werden zusätzlich an Bedeutung verliert, passt diese Beobachtung doch gut zur These eines sich polarisierenden weiblichen Arbeitsmarktes, bei dem die anspruchsvollen Positionen zunehmend ihren geschlechtsspezifischen Charakter verlieren, während die Segregation bei den anspruchsloseren Stellen weiter besteht (Hakim 1996). Obwohl Hakim ihre Polarisierungsthese mit unterschiedlichen Lebensentwürfen von Frauen begründet, scheint sich diese Polarisierung also auch auf der Nachfrageseite des Arbeitsmarktes zu spiegeln – ein Befund, der in einer Detailuntersuchung des sich wandelnden Segregationsmusters im Gastgewerbe bestätigt wird (Salvisberg 2004).

Obwohl von geringerer Bedeutung, soll hier doch noch der zweite signifikante Zusammenhang von Soft Skill-Anforderungen und Geschlecht diskutiert werden. Bei den statischen Selbstkompetenzen zeigt die Interaktion von Geschlecht und Ausbildung einen signifikanten Effekt, welcher einzig auf dem auffallenden Unterschied in der obersten Ausbildungsstufe beruht. Dieser Effekt ist zwar stark und leistet insgesamt einen statistisch signifikanten Erklärungsbeitrag an das Modell. Weil aber nur 0.4% aller Stellen in der betrachteten Periode in diese Kategorie fallen (höchste Anforderungsstufe und weiblich ausgeschrieben: meist handelt es sich dabei um anspruchsvolle Sekretariatsstellen wie „Chefsekretärin“ oder „Assistentin der GL“), ist die quantitative Bedeutung für den Arbeitsmarkt gering und die Unterschiede zwischen den Kategorien lassen sich auch nicht statistisch absichern. Trotzdem zeigt sich hier ein spezifisches weiblich geprägtes Arbeitsmarktsegment, das sehr hohe Ausbildungsanforderungen mit stark eingeschränktem Gestaltungsspielraum verbindet.

h) Arbeitsmarktkonjunktur

Wir hatten die Erwartung formuliert, dass in Zeiten eines ausgetrockneten Arbeitsmarktes die Qualifikationshürden durch die Unternehmen gesenkt werden und umgekehrt bei einer absehbaren Bewerberflut die Anforderungen wachsen werden. Im langfristigen Trendmodell wirkt sich die konjunkturelle Entwicklung insbesondere auf die stark rückläufige Nachfrage nach statischen Selbstkompetenzen in der ersten Hälfte der

Erhebungsperiode aus. Für die Querschnittsbetrachtung schwankt die Gesamtzahl ausgeschriebener Stellen im berücksichtigten Zeitraum von 1991–2002 in viel geringerem Ausmass (vgl. Abbildung 4.7). Trotzdem wirkt sich die konjunkturelle Lage auch hier signifikant negativ auf die Nachfrage nach statischen Selbstkompetenzen aus (Tabelle A.5 im Anhang). Die Betonung von Arbeitswille und Zuverlässigkeit in den Stelleninseraten ist also bis in die jüngste Zeit auch abhängig von der Gesamtsituation auf dem Stellenmarkt. Dabei dürfte sich in Zeiten eines stark reduzierten Stellenangebots kaum ein Stellensuchender durch Forderungen dieser Art von einer Bewerbung abbringen lassen. Ist aber die Nachfrage nach Arbeitskräften gross, muss wieder vermehrt um die attraktivsten Arbeitskräfte geworben werden. In diesem Fall macht es durchaus Sinn, wenn die personalsuchenden Firmen sich bemühen, keine potentiellen Bewerber durch explizite Forderungen in diesem Bereich abzuschrecken.

Auffallend ist, dass die statischen Selbstkompetenzen von allen Soft Skill-Kategorien das insgesamt unschärfste Profil zeigt: Die Unterschiede zwischen den Kategorien der erklärenden Variablen sind verhältnismässig klein und die Gesamterklärungskraft des Modells ist die geringste aller Soft Skill-Bereiche. Aus unserer Perspektive handelt es sich also um die Kategorie mit dem grössten „Willkürfaktor". Mit anderen Worten: Ob nun explizit auf solche in der Arbeitswelt eigentlich als selbstverständlich vorausgesetzten Stärken wie Arbeitswille und Verlässlichkeit hingewiesen wird, erscheint stärker als bei anderen Bereichen vom individuellen Stil des Inserateverfassers mitgeprägt.

i) Personalberater, Mehrfach-Temporärinserate und Nichtnormalarbeitsverhältnisse

Für die Analysen wurden zusätzlich drei Kontrollvariablen einbezogen, von denen wir eine Auswirkung auf die Häufigkeit der Nennung von Soft Skill-Anforderungen annehmen. Entsprechend den Erwartungen stellen Inserate, die von Personalberatungsfirmen stammen, deutlich erhöhte Anforderungen, allerdings nur bei den dynamischen Sozialkompetenzen und bei beiden Kategorien von Selbstkompetenzen. Dass dieser Effekt unter Kontrolle der Stellen- und Betriebsvariablen zu beobachten ist, entspricht der Hypothese, dass professionelle Personalvermittler im Interesse der Sicherstellung der eigenen Definitionsmacht sophistizierte Selektionskriterien anwenden (vgl. dazu Abschnitt 2.1.1 b).

Inserate von Temporärbüros, die gleichzeitig mehrere verschiedene Stellen ausschreiben, stellen erwartungsgemäss klar reduzierte Anforderungen. Dies kann als Eigenheit dieses Inserierungsstils interpretiert werden, wo ausser der Berufsbezeichnung kaum weiter Informationen erscheinen.

Die meisten Soft Skill-Bereiche haben für Nichtnormalarbeitsverhältnisse dieselbe Bedeutung, wie für vollzeitliche und unbefristete Stellen. Es werden diesbezüglich also kaum Abstriche gemacht. Eine Ausnahme sind die reduzierten Anforderungen bei dynamischen Selbstkompetenzen. Es handelt sich dabei um denjenigen Bereich von Soft Skills, welcher am stärksten mit der vertikalen Dimension der Berufsrolle verbunden ist. Der negative Zusammenhang mit Nichtnormalarbeitsverhältnissen kann als Bestätigung dieser Beobachtung interpretiert werden: Je zentraler die Funktion einer Position für den Unternehmenserfolg, desto eher werden dynamische Sozialkompetenzen vorausgesetzt – und umgekehrt.

j) Soft Skill-Profile konkreter Stellen

Bei den oben dargestellten Unterschieden in den Soft Skill-Anforderungen zwischen verschiedenen Arten von Stellen handelt es sich um Nettoeffekte, d. h. um Unterschiede, die unter gleichzeitiger Kontrolle der anderen Variablen zu beobachten sind. Im Soft Skill-Profil konkreter Stellenangebote kumulieren sich aber die Effekte aller berücksichtigten Variablen. Die durch die Modellparameter geschätzte Wahrscheinlichkeit, dass in einem Stellenangebot überhaupt Soft Skill-Anforderungen erscheinen, variiert zwischen 5% und 97%, mit einem Durchschnittswert von 47% (was dem Anteil von Stellen entspricht, welche in der betrachteten Periode von 1991–2002 tatsächlich Soft Skills verlangen). Abbildungen 4.37 und 4.38 zeigen beispielhaft die Soft Skill-Profile einiger in unserer Untersuchung erfasster Stellen. Die Stellenbezeichnungen entsprechen denjenigen in den Inseraten.[53]

Bei der ausgeschriebenen Stelle für den oder die *Teamleiter /in Human Ressources* handelt es sich um eine ausgesprochen anspruchsvolle

53 Dargestellt sind wiederum die Modellwahrscheinlichkeiten gemäss der in der letzten Anmerkung gezeigten Formel. Zu beachten ist, dass hier zwar zur Illustration konkrete Stellenbezeichnungen verwendet werden, dies aber immer für einen Typus von Stelle stehen. Diejenigen Stellen, welche in allen in den Regressionsmodellen berücksichtigten Variablen dieselbe Ausprägung haben, haben auch dieselben Modellwahrscheinlichkeiten für die Erwähung von Soft Skills.

Position. Die Kombination einer Berufsgruppe (Management) und Branche (Unternehmensdienstleister) mit jeweils hohen Soft Skill-Anforderungen, einem Grossbetrieb, sehr hohen Hard Skill-Anforderungen (Hochschulabschluss und Erfahrung) und Vorgesetztenposition führt zu einem Profil, in dem insbesondere die dynamischen Kompetenzen überaus stark betont werden. Der oder die *Wirtschaftsinformatiker /in* entspricht sowohl in Ausbildungsniveau als auch Position dem ersten Beispiel, unterscheidet sich aber durch die horizontale Dimension der Berufsgruppe, womit die Wahrscheinlichkeiten für Anforderungen im dynamischen Bereich und der Kooperation deutlich kleiner werden. Für die *Parfümerieverkäuferin*, die in einem kleinen Verkaufsgeschäft arbeitet und von der ein Lehrabschluss verlangt wird, sind die durchschnittlichen Soft Skill-Anforderungen wesentlich tiefer. Auffallend ist die Betonung der Umgänglichkeit auf der statischen Seite. Ganz ähnlich geformt ist das Profil des *1. Herrenmode-Verkäufers*, der aber eine Leitungsposition in einem mittelgrossen Betrieb innehat und von dem zusätzlich zur Lehre auch einschlägige Erfahrung erwartet wird. Dementsprechend sind die Anforderungen bei den dynamischen Kompetenzen deutlich grösser.

Abbildung 4.37: Beispiele für Soft Skill-Profile für Stellen mit erhöhten Anforderungen

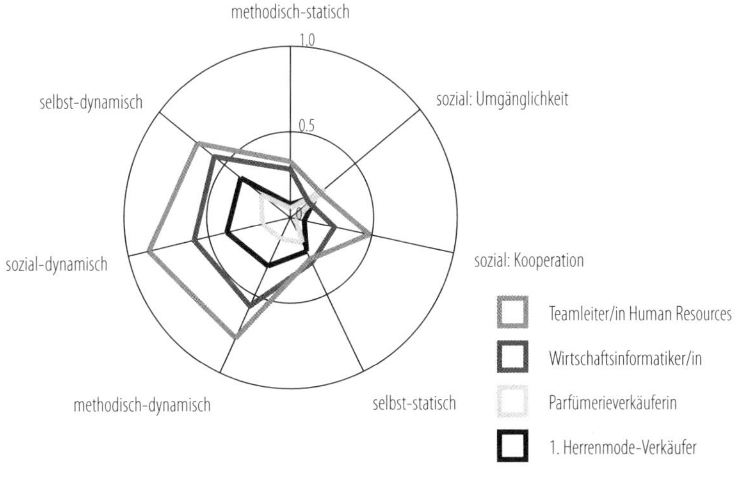

Stellenbeispiele mit geringeren Soft Skill-Anforderungen sind in Abbildung 4.38 zusammengestellt (beachte die unterschiedliche Skala).

Bei der Stelle für eine *Krankenschwester* oder einen *Pfleger* mit mittlerem Ausbildungsniveau in einem mittelgrossen Betrieb der sozialen Dienste findet sich ein vergleichsweise breites Profil mit besonderer Betonung der dynamischen (Engagement!) und statischen (Zuverlässigkeit!) Selbstkompetenzen. Sehr viel einseitiger sind die Profile bei der *Serviertochter* und dem *Au-Pair-Mädchen*. Beide Stellenausschreibungen betonen die Umgänglichkeit, ganz besonders bei der Serviertochter, wo sich die Effekte von Beruf, Wirtschaftssektor, Ausbildung und Geschlecht kumulieren. Beim Au-Pair-Mädchen wiederum ist es das Berufsfeld von Haushalt und Reinigung, welches für den starken Akzent bei den statischen Selbstkompetenzen verantwortlich ist. Ausgesprochen gering ist schliesslich die Wahrscheinlichkeit, dass bei einem Stellenangebot für einen *Maurer* eine Soft Skill-Kategorie angesprochen wird. Wenn überhaupt – und auch dies ist nur in jedem zehnten entsprechenden Inserat zu erwarten – sind es am ehesten statische Selbstkompetenzen (Arbeitswille und Verlässlichkeit), welche explizit gefordert werden.

Abbildung 4.38: Beispiele für Soft Skill-Profile für Stellen mit geringeren Anforderungen

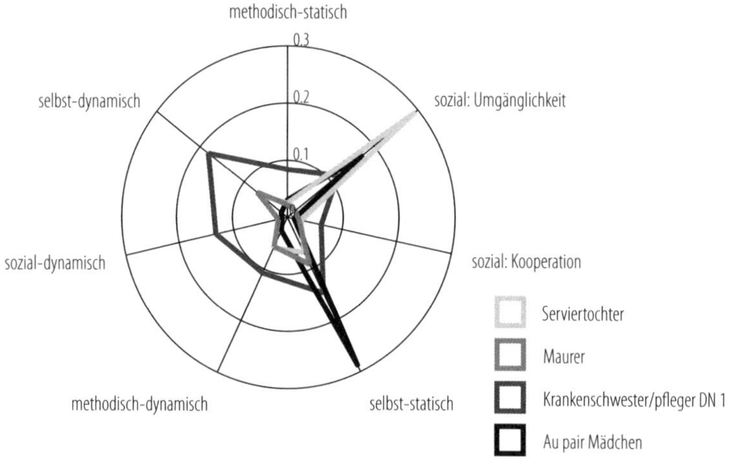

Die gezeigten Beispiele illustrieren die grossen Differenzen zwischen den Soft Skill-Profilen verschiedener Stellen sowohl in quantitativer als auch in qualitativer Hinsicht. Diese Beobachtung entspricht sowohl den in Kapitel 2 theoretisch begründeten Erwartungen, als auch den bereits zitierten Studien zu Soft Skills in Stelleninseraten, welche alle die grossen Unterschiede nach Art der Tätigkeit betonen (Abschnitt 2.2.3). Dabei erlaubt die Modellrechnung unter Einbezug einer Vielzahl von Variablen eine ausgesprochen differenzierte Schätzung der Wahrscheinlichkeit, dass ein bestimmter Kompetenzbereich erwähnt wird.

4.2.5 Modellschätzung und beobachtete Werte

Zu Beginn unserer Untersuchung hatten wir postuliert, dass sich die Stelleninserate dank ihren vielfältigen Informationen zu Stelle, Betrieb und gesuchter Person als Datenquelle für die Analyse der Qualifikationsanforderungen im Zeitverlauf eignen. Tatsächlich bilden die Angaben in den Inseraten nicht nur die Anforderungen im Hard Skill-Bereich ab, sondern erlauben es auch, ein *detailreiches Bild der Nachfrage nach Soft Skills* zeichnen. Wie wir gesehen haben, machen die entsprechenden Analysen vor dem Hintergrund theoretischer Überlegungen und empirischer Studien Sinn, und ergänzen die bestehenden Erkenntnisse in wertvoller Art und Weise. Die grosse statistische Relevanz der berücksichtigten Grössen für die Erklärung des langfristigen Trends und für die Unterschiede zwischen verschiedenen Typen von Stellen stützt denn auch die These der *substantiellen* Bedeutung von Soft Skill-Anforderungen. Abschliessend sollen hier zwei Fragen in Bezug auf die Güte der Modellschätzungen gestellt werden: Erstens wie gut die geschätzten Trendverläufe den beobachteten Trends entsprechen und zweitens wie es um die Voraussagekraft der Modelle im Einzelfall steht.

a) Modelltrends

Wie in Abbildungen 4.15 bis 4.20 zu erkennen ist, nähern sich die geschätzten Modelltrends allgemein gut der beobachteten Entwicklung an. Um die Annäherung der Trendentwicklungen statistisch zu erfassen, werden die Trends der beobachteten Werte den geschätztem Trends gemäss bestem Modell gegenübergestellt und die Differenz auf Signifikanz geprüft (Tabelle 4.8).[54] Dabei zeigt es sich, dass die Modelltrends bei den statischen Soft Skills sehr gut den beobachteten Trends folgen. Die Unterschiede sind nicht signifikant. Bei den dynamischen Soft Skills sind die Differenzen grösser, angesichts der Stichprobengrösse verweisen

54 Mittels einem One-Sample-Chi-Quadrat-Test wird die Verteilung über die Erhebungsjahre der Stellen mit Soft Skill-Anforderungen in der jeweiligen Kategorie gemäss beobachtetem Trend verglichen mit den erwarteten Häufigkeiten gemäss dem Modell mit allen berücksichtigen Variablen (Modell 8).

Tabelle 4.8: Signifikanz der Differenz zwischen beobachtetem und modellgeschätztem Trendverlauf 1950-2002 (Chi-Quadrat Test)

Soft Skill-Kategorien	Signifikanz
Methodisch-statisch	1.000
Methodisch-dynamisch	.034
Umgänglichkeit	.605
Kooperation	.029
Sozial-dynamisch	.000
Selbst-statisch	1.000
Selbst-dynamisch	.021

die Signifikanzwerte von mehr als .01 aber immer noch auf eine recht gute Annäherung. Einzige Ausnahme ist die sozial-dynamischen Kategorie, wo eine hochsignifikante Differenz festzustellen ist. Es in dieser Kategorie vor allem die Forderung nach Kommunikationsfähigkeit, welche über die Zeit stärker zunimmt, als dies durch die Modellvariablen erklärt wird.

b) Aggregierte Muster und individuelle Eigenheiten

Auch im Querschnitt zeigen die gewählten Dimensionen zur Beschreibung der unterschiedlichen Typen von Stellen statistisch signifikante und theoretisch plausible Zusammenhänge. Während damit auf *Aggregatsniveau* durchaus gültige Aussagen über Muster von Soft Skill-Anforderungen möglich sind, sieht das auf der *Ebene der einzelnen Stelle* allerdings anders aus. Wenn wir nicht danach fragen, wie sich verschiedene Stellentypen in Bezug auf die Soft Skill-Anforderungen *unterscheiden*, sondern danach, wie gut sich im Einzelfall einer Stellenausschreibung *voraussagen* lässt, mit welchen Soft Skill-Anforderungen diese gekoppelt ist, ergibt sich ein anderes Bild. Entsprechende PRE-Measures, welche die Verbesserung der Voraussagekraft durch die ins Modell einbezogenen erklärenden Variablen gegenüber einer Schätzung ohne diese Variablen quantifizieren („proportional reduction in error“, vgl. Menard 1995: 27 ff.), zeigen in unserem Fall durchwegs schlechte Ergebnisse (im Bereich von 0 bis 10%). Für eine einzelnen Stelle lässt sich also auch bei Kenntnis der in der Gesamtbetrachtung durchaus relevanten und signifikanten Variablen kaum vorhersagen, ob und welche Soft Skills gefordert sind.

Dieser Sachverhalt soll an einem Beispiel illustriert werden: In unserer Stichprobe finden sich für die Jahre 1950-2002 insgesamt 4141 Stellen in gastgewerblichen Berufen, die für Frauen ausgeschrieben sind. Wenn wir nun danach fragen, welche Soft Skills typischerweise mit solchen Stellen verbunden sind, ist die Antwort recht eindeutig: 28% der Stellen verlangen Eigenschaften, die in der Kategorie der Umgänglichkeit zusammengefasst wurden (gemäss Modellschätzung 27%), 10% verlangen statische Selbstkompetenzen wie Einsatz und Zuverlässigkeit (9% gemäss Modellschätzung) und 4% statische Methodenkompetenzen wie Belastbarkeit (ebenfalls 4% gemäss Modellschätzung), die anderen Soft Skill-Kategorien werden in höchstens 1% der Fälle genannt. Damit ergibt sich – insbesondere im Vergleich mit andern Stellen – ein deutliches Anforderungsprofil, bei dem sich beobachtete und geschätzte Werte zudem gut entsprechen. Allerdings erwähnen aber 64% dieser Stellen überhaupt keine Soft Skills. Aus dem sich daraus ergebenden Umstand, dass die beste Voraussage für ein einzelnes Inserat die ist, dass keine Soft Skills gefordert werden, kann also nicht geschlossen werden, dass sich im Aggregat keine sinnvollen Aussagen über die Art der Soft Skill-Nachfrage für diesen Stellentyp machen lassen.

Während einerseits die Frage danach, welche *durchschnittlichen Soft Skill-Anforderungen* mit einem bestimmten *Typ von Stelle* verbunden werden, aufgrund der Modellrechnungen gut beantwortet werden kann, ist andererseits die Entscheidung darüber, ob und welche Soft Skills im *Einzelfall* erwähnt werden durch den Charakter der ausgeschriebenen Stelle nur unzureichend determiniert. Die schlechte Einzelfall-Prognosekraft unserer Modelle ist so zu interpretieren, dass beim Abfassen von Stelleninseraten wichtige andere Faktoren eine Rolle spielen, die unabhängig von den durch unsere Variablen erfassten Grössen die Entscheidung beeinflussen, ob explizit Qualifikationselemente im Bereich der Soft Skills angegeben werden. Für die vorliegende Untersuchung implizieren diese Überlegungen, dass das absolute *Niveau* der Soft Skill-Anforderungen nur mit Zurückhaltung abgeschätzt werden kann. Die Interpretation der relativen *Unterschiede* zwischen einzelnen Arten von Stellen oder auch die langfristigen *Entwicklungstrends* ist damit nicht in Frage gestellt. Dem entsprechend beziehen sich die Modellschätzungen jeweils auf die Unterschiede zwischen den Wahrscheinlichkeiten. Es ist das Ausmass der *Abweichung vom Durchschnitt*, das als Indikator für die Bedeutung einer Soft Skill-Kategorie zu interpretieren ist.

5 Zusammenfassung und Folgerungen

Ausgangspunkt unserer Untersuchung war die in Fachpublikationen und populärem Diskurs verbreitete Einschätzung einer *grossen* und *wachsenden* Wichtigkeit von Soft Skills in der Arbeitswelt. Ein vertiefter Blick in die einschlägige Diskussion zeigt allerdings, dass bezüglich des *Gegenstandsbereichs* und der *Begrifflichkeit* höchstens eine oberflächliche Einigkeit besteht und insbesondere der *empirische Bezug* meist mangelhaft ist. Die ökonomische und soziologische Arbeitsmarktforschung hat sich wesentlich intensiver und sorgfältiger mit der Bedeutung und den Entwicklungstrends bei der formalen Bildung beschäftigt, als mit Anforderungen an fachunspezifische Fähigkeiten, persönliche Kompetenzen und Arbeitstugenden. Entsprechend wenig weiss man darüber, welche Art von Soft Skills für wen in der Arbeitswelt tatsächlich *relevant* sind, wie sich diese Qualifikationsanforderungen langfristig *verändern* und welche *Triebkräfte* dafür ausschlaggebend sind. Diese *Forschungslücke* öffnet die Diskussion für teilweise wenig fundierte Einschätzungen, die in einem Extrem dem Fach- und Spezialwissen in einer postmodernen Arbeitswelt nur noch eine marginale Bedeutung zubilligen wollen oder auf der anderen Seite das ganze Gerede über Soft Skills letztlich als irrelevant abqualifizieren oder gar als ideologisches Konstrukt glauben entlarven zu müssen. Entsprechend schlecht begründet erscheinen dann auch die darauf aufbauenden Empfehlungen an die Arbeitsmarkt- und Bildungspolitik. Für die soziologische Forschung, insbesondere die Sozialstrukturanalyse, verbindet sich zudem die Frage nach der realen Bedeutung von Soft Skills bei der Allokation von Arbeitsplätzen mit derjenigen nach der gegebenenfalls beschränkten Aussagekraft der formalen Bildung als klassischer Determinante sozialer Ungleichheit in der modernen Gesellschaft. Die vorliegende Studie soll einen Beitrag leisten zur Schliessung der festgestellten Forschungslücke. Zu diesem Zweck wird direkt die *Nachfrageseite* auf dem Arbeitsmarkt erfasst. Als empirisches Material verwenden wir ein für die deutschsprachige Schweiz repräsentatives Sample von knapp 40'000 *Stelleninseraten* aus den Jahren 1950 bis 2006. Damit steht eine Datenbasis zur Verfügung, welche es erlaubt, detailliert die Entwicklungstrends über einen längeren Zeitraum aufzuzeigen und zu analysieren.

Im Folgenden werden die wichtigsten Erkenntnisse zusammengefasst und vor dem Hintergrund der theoretischen Überlegungen und den Ergebnissen aus anderen empirischen Studien diskutiert. Abschliessend sollen einige Folgerungen und Anregungen angefügt werden, die sich daraus für die sozialwissenschaftliche Forschung und die bildungspolitische Diskussion ableiten lassen.

5.1 Zusammenfassung der Ergebnisse

5.1.1 Dynamik des Wandels

a) Steigende Qualifikationsanforderungen auf dem Arbeitsmarkt

In langfristiger Perspektive zeigt sich eine überaus eindrückliche Steigerung der Qualifikationsanforderungen in den ausgeschriebenen Stellen seit 1950. Dies gilt für jede Qualifikationsdimension einzeln, aber auch für die Kombination von Anforderungen. Wir beobachten im Zeitverlauf demnach keine Gewichtsverlagerung zwischen verschiedenen Typen von Qualifikationen, sondern eine deutliche *Kumulation*. Wie viel anspruchsvoller die Nachfrage auf dem Arbeitsmarkt insgesamt geworden ist, illustriert nochmals Abbildung 5.1.[55] Im Verlauf der letzten 50 Jahre ist der Anteil Stellen, die in der Ausschreibung keine qualifikatorischen Elemente nennen, von rund 50% auf unter 20% gesunken. Parallel dazu haben sich hoch kumulierte Anforderungsprofile, die über lange Jahre kaum von Bedeutung waren, stark ausgebreitet. Unterdessen sind gleich viele Stellen in dieser Kategorie zu finden, wie in der anspruchslosesten Gruppe. In dieser Darstellung lassen sich, analog zur Zusammenstellung der Trendverläufe der einzelnen Soft Skill-Kategorien (Abbildung 4.21), drei Abschnitte unterschiedlicher Entwicklung unterscheiden:

- In der frühen Phase von 1950 bis Mitte der 1970er Jahre stellt knapp die Hälfte der Stellen keine expliziten Qualifikationsanforderungen und kumulierte Anforderungsprofile fehlen fast vollständig.
- In der mittleren Phase von etwa 1975 bis Anfangs der 1990er Jahre erwähnen zunehmend mehr Stellen mindestens eine Qualifikationsdimension, während Stellen mit kumulierten Anforderungen zögerlich an Bedeutung gewinnen.

---

55 Dargestellt sind folgende Stellenanteile im Zeitverlauf: Ohne Qualifikationsanforderungen: Stellen, bei denen weder Ausbildung noch Erfahrung oder Soft Skills vorausgesetzt werden. Kumulierte Anforderungen: Stellen bei denen alle vier Qualifikationsdimensionen gleichzeitig verlangt werden (Ausbildung und Erfahrung sowie statische und dynamische Soft Skills). Soft Skills: Stellen, bei denen mindestens eine Soft Skill-Kategorie erwähnt wird.

– In der jüngsten Phase von etwa 1992 bis in die Gegenwart setzt sich der bereits 1975 einsetzende stark rückläufige Trend bei den voraussetzungslosen Stellen fort. Am meisten nehmen nun aber die Stellen zu, welche kumulierte Anforderungen stellen.

Die beobachtete Entwicklung entspricht den Erwartungen an eine Arbeitswelt, in der einerseits im Zuge struktureller Verschiebungen anspruchsvolle Berufsfelder zugunsten anspruchsloserer Tätigkeiten expandieren und andererseits die Arbeitszusammenhänge durch die Einführung neuer Formen der Arbeitsorganisation und neuer Technologien komplexer werden.

Abbildung 5.1: Qualifikationsanforderungen 1950–2006

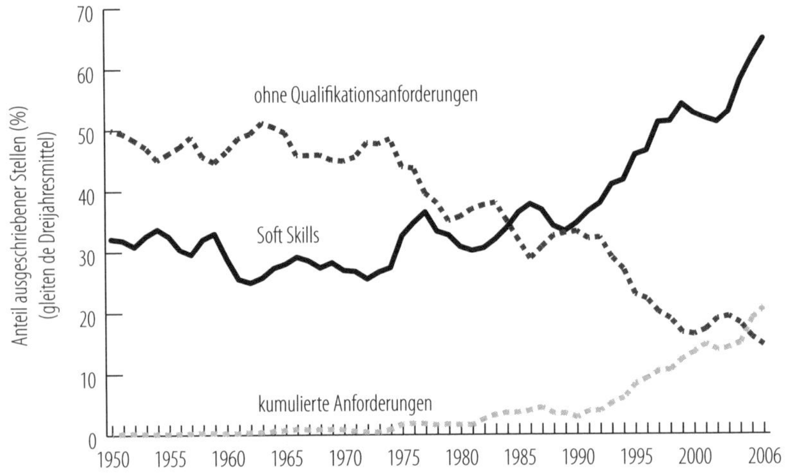

b) Wachsende Verbreitung von Soft Skill-Anforderungen

Soft Skills leisten einen wesentlichen Beitrag zur allgemeinen Steigerung der Qualifikationsanforderungen auf dem Arbeitsmarkt. Auffallend ist insbesondere das starke Wachstum seit den 1990er Jahren, das auch ausschlaggebend ist für die steigende Zahl von Stellen, welche kumulierte Anforderungen stellen (Abbildung 5.1). Die oft geäusserte generelle Erwartung, dass Soft Skills in den letzten Jahren immer wichtiger geworden sind, findet so im Spiegel der Stellenausschreibungen eine eindrückliche Bestätigung.

c) Soft Skills ersetzen keine Hard Skills

Trotz der grossen und immer noch steigenden Wichtigkeit von Soft Skills als arbeitsmarktliche Kriterien, substituieren diese in keiner Art und Weise die Anforderungen an die formale Ausbildung und einschlägige Erfahrung. Im Gegenteil gilt die oben dargestellte Beobachtung im Gesamtarbeitsmarkt auch auf der Ebene der einzelnen Stellen: Haupttrend ist die zunehmende *Kumulierung der Anforderungen*, wobei anspruchsvolle Stellen in jeder Hinsicht anspruchsvoller werden.

d) Konjunkturabhängige Aktualität der klassischen Arbeitstugenden

Als klassische Arbeitstugenden erweisen sich in den Stelleninseraten die statischen Selbstkompetenzen, welche die Verlässlichkeit (zuverlässig, ehrlich, pflichtbewusst etc.) und die Einsatzbereitschaft (einsatzfreudig, fleissig, willig etc.) umfassen. Es sind diese Tugenden, die in der ersten Hälfte der Erhebungsperiode mit Abstand die grösste Verbreitung haben. Dass sie in dieser Zeit kontinuierlich an Wichtigkeit verlieren, ist hauptsächlich eine Folge der Arbeitsmarktkonjunktur. Allgemein treiben die dank des Wirtschaftsbooms in den 1950er und 1960er Jahren eröffneten neuen individuellen Chancen eine kulturelle Entwicklung voran, welche Pflicht- und Akzeptanzwerte zugunsten von Selbstverwirklichungswerten in den Hintergrund drängt (Lalive d'Epinay 1992). Die Verschränkung von ökonomischen und kulturellen Grössen manifestiert sich in den Inseraten auffallend deutlich und bleibt bis in die Gegenwart aktuell. Sinnvoll deuten lässt sich diese Beobachtung als Strategie der Arbeitgeber, angesichts eines austrocknenden Arbeitsmarktes attraktive Arbeitsbedingungen für begehrte Arbeitnehmer anzubieten (vgl. Baethge 1994; Heidenreich 1996). Unterstützt wird diese Einschätzung der Bedeutung statischer Selbstkompetenzen durch die Beobachtung, dass deren Nachfrage weniger stark durch strukturelle Grössen determiniert ist, als die anderer Soft Skill-Bereiche. Klassische Arbeitstugenden zeigen in Arbeitgeberbefragungen eine grosse Aktualität (Abschnitt 2.2.1). Unsere Beobachtungen auf dem Stellenmarkt stützen diese Einschätzung. Dementsprechend ist die in gewissen Zeitabschnitten zu beobachtende Zurücknahme derartiger Forderungen nicht durch innerbetriebliche Umstellungen zu erklären und auch nur in sehr geringem Mass eine Folge des beruflichen Strukturwandels. *Zuverlässigkeit und Fleiss sind in der neuen Arbeitswelt von ungebrochener Wichtigkeit* und werden von den personalsuchenden Unternehmen höchstens aus taktischen Gründen zeitweise weniger in den Vordergrund gerückt.

e) Kein Abbau der Fremdbestimmung

Die Forderung nach Soft Skills, welche die Einordnung in einen vorgegebenen Handlungsrahmen und die Konformität mit traditionellen Rollenerwartungen betonen, haben über die Zeit deutlich an Bedeutung gewonnen. Angesprochen sind damit die stark steigenden Anforderungen an Methoden- und Sozialkompetenzen im statischen Bereich. Die beiden herausragenden Trends in diesem Zusammenhang sind einerseits die Betonung von Belastbarkeit und Stressresistenz und andererseits die Forderung nach Einordnung in den sozialen Arbeitszusammenhang unter dem Titel der Kooperationsfähigkeit. Die Zurücknahme tayloristischer Arbeitsteilung – soweit diese dann überhaupt stattfindet – ist also im Spiegel der Qualifikationsanforderungen nicht als Abbau der Fremdbestimmung am Arbeitsplatz zu lesen. Entsprechende Erwartungen (vgl. Abschnitt 3.2.4) an grundsätzlich anders definierte Rollen in der neuen Arbeitswelt sind deutlich zu relativieren.

f) Beeindruckende Karriere der dynamischen Soft Skills

Die anhaltende Wichtigkeit klassischer Arbeitstugenden und die bis in die Gegenwart wachsende Bedeutung der statischen Soft Skill-Kategorien dürfen nun nicht so interpretiert werden, dass sich inhaltlich kaum etwas verändert. Im Gegenteil: Sämtliche dynamischen Soft Skills, welche in der ersten Hälfte der Erhebungsperiode kaum von Bedeutung sind, zeigen ein überaus starkes Wachstum und liegen in ihrer Verbreitung ab Mitte der 1990er Jahre auf demselben Niveau wie die statischen Bereiche. Die erwartete wachsende Betonung einschlägiger dynamischer Fähigkeiten im methodischen Bereich (insbesondere kognitive Stärken, aber auch unternehmerische und innovative Fähigkeiten), im sozialen Bereich (insbesondere Kommunikations- und Führungsqualitäten) sowie bei den Selbstkompetenzen (insbesondere Initiative und Motivation) entspricht den in Kapitel 3 dargestellten Erwartungen an eine postindustrielle Arbeitswelt.

g) Wandel der Tätigkeitsstruktur als wichtigster Motor der langfristigen Trends

Die Zusammensetzung der ausgeschriebenen Stellen im Hinblick auf die horizontale und vertikale Dimension der Tätigkeit ändert sich im Zeitverlauf beträchtlich. Aufgrund des engen Zusammenhangs von Berufsrolle und Soft Skill-Anforderungen hat dieser Wandel einen grossen Einfluss auf die langfristigen Trends aller Soft Skill-Kategorien mit Ausnahme der Umgänglichkeit. Eine Berufsstruktur, in der sich informationsverarbeitende und soziale Tätigkeiten im Bereich sekundärer Dienstleistungen ausweiten, während produzierende Tätigkeiten und primäre Dienstleistungen abgebaut werden, verlangt im Durchschnitt nach erhöhten Soft Skill-Anforderungen: Am ausgeprägtesten im dynamischen Bereich (wie erwartet), aber darüber hinaus auch bei den meisten statischen Kategorien. Die besonders stark schrumpfenden Berufsgruppen in Landwirtschaft und Industrie sind auch diejenigen, welche am seltensten Soft Skill-Anforderungen stellen, während deutlich expandierende Berufsgruppen (wie Dienstleistungskaufleute, Management, Handel und Verkauf) besonders hohe Anforderungen stellen (vgl. 4.2.4 a). Allerdings gibt es auch Berufsgruppen, die diesem Zusammenhang nicht entsprechen (wie etwa die stark expandierenden Tätigkeiten in Erziehung, Wissenschaft und Kultur, die unterdurchschnittliche Soft Skill-Anforderungen zeigen). Alles in allem reicht der Wandel der Tätigkeitsstruktur nicht aus, den steilen Trend in der Soft Skill-Nachfrage der 1990er Jahre zu erklären.

h) Computertechnologie und Teamarbeit treiben die Anforderungen in die Höhe

Alle Arten von Soft Skills gewinnen ab den 1990er Jahren auffallend stark an Bedeutung, am ausgeprägtesten die dynamischen Bereiche. Als herausragende erklärende Grösse für diese Entwicklung erweist sich die Diffusion der Computertechnologie: Ein wachsender Anteil an Computerarbeitsplätzen führt zu einer steigenden Wahrscheinlichkeit, dass explizit Soft Skill-Anforderungen gestellt werden. Um einiges schwächer – aber immer noch erkennbar – ist der direkte Einfluss der anderen Variable des innerbetrieblichen Wandels, der Ausbreitung von Teamarbeit. Grundsätzlich entsprechen diese Beobachtungen den Erwartungen an zunehmend komplexer werdende Berufsrollen und entsprechend steigende Anforderungen (vgl. Abschnitt 3.2.4). Allerdings erweist sich die Technik als wesentlich folgenreicher als die organisationellen Neuerungen. Während die Diffusion moderner Technologien in beeindruckendem Tempo vor sich geht, vermögen sich auf der anderen Seite die neuen Organisationsprinzipien nur sehr beschränkt auszubreiten (vgl. Abschnitt 3.2.5). Der in unserer Untersuchung verwendete Indikator für die Teamarbeit, der ja einen sehr deutlichen Zuwachs zeigt, bildet denn auch keine umfassenden Reorganisationsmassnahmen ab. Vor diesem Hintergrund legt unsere Trendanalyse die Interpretation nahe, dass auch ohne tiefgreifenden Umbau der Arbeitsorganisation die Einführung der Computertechnologie an sich zu deutlich steigenden Soft Skill-Anforderungen führt. Und dies in allen dynamischen Bereichen, wie auch bei den statischen Methodenkompetenzen und der Kooperationsfähigkeit. Die von Routinearbeit entlastende Technik, die zu einer inhaltlichen, zeitlichen und kommunikativen Verdichtung der Alltagsarbeit führt, schraubt die Anforderungen an das arbeitende Individuum in die Höhe (Baethge & Baethge-Kinsky 1995; Autor, Levy & Murane 2003). Abstrahierende Problemlösungsfähigkeiten sowie kooperative und kommunikative Stärken sind dabei ebenso gefragt wie Stressresistenz und Flexibilität. Die bereits von Dahrendorf (1956) – lange vor Einführung moderner Computer – erwartete Aufwertung „extrafunktionaler" Fertigkeiten als Folge der technologischen Entwicklung, wird also eindrücklich bestätigt, nicht aber die erwartete gleichzeitige Abwertung „funktionaler" Fertigkeiten.

i) Die Zunahme der Soft Skill-Anforderungen in jüngster Zeit übertrifft das erwartete Ausmass

Struktureller und innerbetrieblicher Wandel erklären einen grossen Teil des langfristigen Entwicklungstrends in der Nachfrage nach Soft Skills. Allerdings übertrifft die beobachtete Zunahme der Anforderungen insbesondere bei den dynamischen Sozialkompetenzen in den jüngsten Jahren nochmals die modellmässig erklärte, bereits sehr steile Entwicklung (vgl. Abschnitt 4.2.5). Offenbar spielen *zusätzliche Faktoren* eine Rolle, welche bestehende Trends *verstärken*. Diesbezüglich seien hier zwei Vermutungen angeführt, deren Relevanz im Rahmen der vorliegenden Studie nicht überprüft werden kann:

– Institutionelle Erklärung: Es scheint plausibel, dass sich die Verfasser von Stellenausschreibungen angesichts der wachsenden Verbreitung von Soft Skill-Nennungen und des breit rezipierten einschlägigen Diskurses veranlasst fühlen, vermehrt solche Qualifikationen zu erwähnen. Sie unterstreichen damit nicht zuletzt die Professionalität ihrer Personalauswahl (vgl. dazu Abschnitt 2.1.1 b). Der Umstand, dass Personalvermittler überdurchschnittlich häufig dynamische Sozialkompetenzen und beide Arten von Selbstkompetenzen betonen, stützt diese Einschätzung.
– Individualisierung: Wenn im Zeitverlauf zugeschriebene Kriterien oder „Indices" (Spence 1973) in Bezug auf erwartete Charakteristi-

ka und das Leistungsvermögen der Stellenbewerber an Aussagekraft verlieren, wird damit der statistischen Diskriminierung wenigstens teilweise die reale Grundlage entzogen (vgl. Abschnitt 2.1.1 a). Entsprechend verliert die Zugehörigkeit zu einer gesellschaftlichen Grossgruppe an Bedeutung und die Qualifikationsvoraussetzungen müssen vermehrt am Individuum festgemacht und explizit genannt werden. Dies betrifft insbesondere die Soft Skills. Die in unseren Inseraten beobachtete starke Zunahme von geschlechtsneutralen Stellenausschreibungen seit den 1990er Jahren entspricht dieser Interpretation eines langfristigen Trends der Individualisierung, der im Zuge der Modernisierung die Menschen zunehmend unabhängig vom Geschlecht als Arbeitskraft mit individuellen Qualifikationen in den Arbeitsmarkt einbindet (vgl. zu dieser Argumentation Jackson 1998).

j) Ambivalenz des Wandels

Die Entwicklung der Qualifikationsanforderungen in den Stelleninseraten führt uns eine Arbeitswelt vor Augen, die in den letzten 15 Jahren von einem stark beschleunigten Wandel geprägt ist. Die Betonung dynamischer Soft Skills erscheint dabei – in dem Masse wie sie über den berufsstrukturellen Wandel hinaus weist – als Voraussetzung für den produktiven Umgang mit den erweiterten Kontingenzen eines zunehmend von systemischer Rationalisierung geprägten Arbeitszusammenhangs (vgl. Abschnitt 3.2). Dieser Wandel fordert aber offenbar *gleichzeitig* die Bereitschaft, sich – in durchaus statischer Art und Weise – in einen vorgegeben Handlungsrahmen einzupassen. Einerseits werden in diesem Prozess die Fähigkeiten aktiv mitzudenken, selbstständig Probleme zu lösen, kreativ, kommunikativ und initiativ zu sein, aufgewertet. Doch der dadurch geschaffene persönliche Spielraum wird andererseits relativiert durch die verschärfte Forderung nach Einordnung ins Arbeitsteam, nach Zuverlässigkeit, Belastbarkeit und Einsatzbereitschaft. Letztlich geht es um eine auf das Erreichen des Organisationszieles ausgerichtete Art der Selbststeuerung, welche Autonomie und Unterordnung in optimaler Weise miteinander verbindet.

Diese Einschätzung entspricht den Befunden qualitativer Fallstudien zu den Auswirkungen neuer Formen der Arbeitsorganisation und moderner Computertechnologie (Barker 1999; Frenkel, et al. 1998b; Smith 1996, 1997; Thompson & Warhurst 1998; Vallas 1999). Sehr wohl wird in reorganisierten Arbeitszusammenhängen ein breiterer Einsatz persönlicher Fähigkeiten gefordert. Gleichzeitig erfolgt aber auch eine unmissverständliche Rückbindung an die betrieblich vorgegebenen Leistungsnormen, etwa in Form neuer Instrumente der Arbeitsüberwachung und Leistungskontrolle. Dabei ist weniger dieser Umstand an sich überraschend, als viel eher die Deutlichkeit, wie sich dies in den ambivalenten Anforderungen an die Soft Skills in den Stelleninseraten spiegelt.

k) Soft Skill werden weiter an Bedeutung gewinnen

Im 21. Jahrhundert weisen alle Trendlinien der Soft Skill-Anforderungen in den Stelleninseraten nach oben. Auch bei den genannnten Triebkräften des strukturellen Wandels und dem Einsatz von Computertechnologie zeichnet sich keine Abflachung der Entwicklung ab. Die von der Transnationalisierung der Wirtschaft und dem technologischen Fortschritt angetriebene Verschärfung der Konkurrenzsituation (vgl. Abschnitt 3.2.1) wird den Druck auf die Produktionskosten noch verstärkten und führt mit einiger Wahrscheinlichkeit dazu, dass die Leistungsvorgaben für die Arbeitnehmer in den meisten Tätigkeitsbereichen weiter in die Höhe geschraubt werden. Die Verdichtung der Arbeit dürfte sich deshalb noch fortsetzen und insbesondere die Anforderungen im kognitiven und sozialen Bereich sowie bei der Motivations- und Selbststeuerungsfähigkeit zusätzlich steigern. Es sind zudem die expandierenden Berufsfelder, die auch besonders hohe Soft Skill-Anforderungen – vor allem im dynamischen Bereich – stellen.

5.1.2 Differenzierung der Soft Skill-Anforderungen heute

a) Soft Skill-Anforderungen sind rollenspezifisch

Anforderungen an die Soft Skills künftiger Mitarbeiter spielen zu Beginn des 21. Jahrhunderts eine entscheidende Rolle für die arbeitsmarktliche Rangierung in der Warteschlange von Stellenbewerbern. Soft Skills sind wichtig – aber keineswegs sind alle Soft Skills für alle Arbeitnehmer gleich wichtig. Die Erwartungen an Soft Skills variieren systematisch mit der vertikalen (beruflichen) und der horizontalen (hierarchischen) Position einer Stelle (vgl. dazu die Details in Abschnitt 4.2.4). Dabei lassen sich zwei einflussreiche Bestimmungsgrössen ausmachen: Einerseits die Art des mit einer Tätigkeit verknüpften primären *Weltbezugs* und andererseits die *Kontingenz* und der *Handlungsspielraum* des Arbeitszusammenhangs. Bei Berufsrollen mit primär objektivem

Weltbezug sind Soft Skills von unterdurchschnittlicher Bedeutung; objektiver Weltbezug wird nach wie vor in erster Linie durch die formale Ausbildung oder einschlägige Erfahrung vermittelt. Angesprochen sind damit vor allem industrielle und gewerbliche Berufe. Steigt die Bedeutung des sozialen Weltbezugs, werden soziale Kompetenzen wichtiger. Bleibt dabei der persönliche Handlungsspielraum eng, werden statische Sozialkompetenzen, vor allem die Umgänglichkeit, betont. Mit wachsender Entscheidungsoffenheit der Berufsrolle steigen die Anforderungen an die Soft Skills, und zwar in allen Bereichen und für alle Stellen. Auch in anspruchsvollen technischen Berufen (Ingenieure, IT-Fachleute) steigen damit die Anforderungen etwa an die Kommunikations- und Kooperationsfähigkeit deutlich an, was auf die Aufwertung des sozialen Weltbezugs in diesen Positionen hinweist (mit vergleichbarem Ergebnis: Bott, Hall & Schade 2000). Aber die Anforderungen werden mit steigendem Handlungsspielraum auch breiter, d. h. es werden häufiger gleichzeitig mehrere Kompetenzdimensionen angesprochen werden. Am stärksten wachsen die Anforderungen im dynamischen Bereich, wobei sich die methodisch- und sozialdynamischen Kompetenzen als eigentliche Führungsqualifikationen erweisen. Diese Resultate entsprechen sowohl den theoretischen Überlegungen zur substantiellen Bedeutung des Berufsrolle für die Qualifikationsanforderungen (Abschnitt 2.1.1), als auch den Ergebnissen empirischer Studien (Abschnitt 2.3), welche die Unterschied zwischen Hierarchiestufen und Berufsgruppen in Bezug auf die Soft Skill-Profile betonen. Die Resultate einer Analyse britischer Stellenanzeigen von Jackson (2007) lassen sich ebenfalls gut mit unseren Bestimmungsgrössen der Art des Weltbezugs und der Kontingenz des Arbeitszusammenhangs interpretieren – und weisen darauf hin, dass derartige Zusammenhänge auch in anderen nationalen Kontexten von Bedeutung sein dürften. Die Studie der selben Autorin zu den Determinanten des Arbeitsmarkterfolgs bestätig zudem die Annahme, dass Arbeitgeber diejenigen Persönlichkeitseigenschaften belohnen, die für die Ausübung einer Tätigkeit tatsächlich von Nutzen sind (Jackson 2006).

b) Soft Skill-Anforderungen variieren mit dem unmittelbaren Arbeitszusammenhang

Neben der vertikalen und horizontalen Berufsposition prägt der direkte organisationelle Kontext einer Stelle die Erwartungen an einen perfekten Mitarbeiter. Je höher die Anforderungen einer Tätigkeit in

Bezug auf *Koordination und Zusammenarbeit*, desto eher wird Kooperationsfähigkeit verlangt. Dies ist einerseits bei steigender Betriebsgrösse der Fall, andererseits auch beim Einsatz von Computertechnologie oder Teamarbeit. Ähnlich verhält es sich mit den dynamischen Methodenkompetenzen, wo die mit Betriebsgrösse, Technologie und Teamarbeit wachsenden Anforderungen an Lernbereitschaft und Problemlösungsfähigkeiten sowie Flexibilität und Innovationsfähigkeit auf die *kontingenteren und sich schneller wandelnden Arbeitszusammenhänge* verweisen. Eine mit steigender Betriebsgrösse wachsende Bedeutung funktionsübergreifender Kompetenzen, insbesondere Führungsqualifikationen, findet auch Geser (2003: 12) in seiner Unternehmensbefragung.

c) Teamarbeit ist besonders anspruchsvoll

Folgt man den Angaben in den Stelleninseraten, so stellt Arbeit im Team nicht nur in Bezug auf die „Teamfähigkeit" besondere Anforderungen, sondern wird als *in jeder Hinsicht überdurchschnittlich anspruchsvoll* dargestellt. Die oben bei der Betrachtung des Wandels festgestellte Ambivalenz tritt hier besonders deutlich in Erscheinung. Die mit neuen Formen der Arbeitsorganisation verbundene horizontale und vertikale Integration von Funktionen wertet also nicht nur die im Sinne eines grösseren Handlungsspielraum ausschlaggebenden dynamischen Kompetenzen auf, sondern unterstreicht *gleichzeitig* die Grenzen dieser Freiheiten durch die Betonung des statischen, fremdbestimmten Moments. Wenn auch unser Indikator für die Arbeitsorganisation sehr undifferenziert ist, entspricht dieses Resultat doch den qualitativen Studien, welche die allgemein überdurchschnittliche Belastung der Einzelnen und den verstärkten Konformitätsdruck durch die Verlagerung von Verantwortlichkeiten betonen (etwa Barker 1999; Vallas 1999), wobei offenbar auch Arbeitnehmer die an sie gestellten Anforderungen generell höher einschätzen, wenn neue Formen der Arbeitsorganisation eingeführt werden (Cappelli & Rogovsky 1994; Leigh & Gifford 1999). Offensichtlich – und nicht überraschend – ist die Einführung von Teamarbeit in der Regel keine Strategie zur Attraktivierung der Arbeitsplätze, sondern eine Massnahme zur Produktivitätssteigerung.

d) Eintrittsstellen zu internen Arbeitsmärkten stellen kaum erhöhte Soft Skill-Anforderungen

Weder Grossunternehmen noch Staatsbetriebe mit ihren ausgebauten internen Arbeitsmärkten zeigen – entgegen den Erwartungen (vgl. Abschnitt 2.1.1 c) – signifikant höhere Soft Skill-Anforderungen. Wenn überhaupt, findet die zusätzliche Selektion offenbar erst zu einem späteren Zeitpunkt des Bewerbungsverfahrens statt, etwa in Form eines Assessment-Centers (Kleinmann 1997).

e) Geschlechterstereotype prägen Soft Skill-Anforderungen kaum noch

Mit Ausnahme der Umgänglichkeit bei den ausbildungsmässig anspruchsloseren Stellen, zeigt im jüngsten Zeitabschnitt keine der Soft Skill-Kategorien einen Geschlechter-Bias. Es werden unterdessen also nicht nur rund 50% der Stellenausschreibungen geschlechtsneutral formuliert, sondern auch bei den verbleibenden männlich oder weiblich ausgeschriebenen Stellen finden sich stereotype Zuordnungen von Soft Skills nur noch in Ausnahmefällen. Auch wenn damit auf der Ebene der Stellenausschreibungen eine *Auflösung von Geschlechterstereotypen* zu beobachten ist, bleibt es eine auf anderem Weg empirisch zu klärende Frage, in welchem Ausmass und in welchen Tätigkeitsbereichen das Kriterium des Geschlechts für die Zuordnung von Stellen tatsächlich an Wichtigkeit verloren hat.

5.2 Diskussion und Anregungen

5.2.1 Arbeitsmarktforschung

Unsere Analyse der Qualifikationsanforderungen auf dem Arbeitsmarkt setzte auf der *Mikroebene* an, bei den *Präferenzen* der Arbeitgeber, so wie sie diese in den einzelnen Stellenausschreibungen formulieren. Im *Aggregat* ergibt sich daraus ein Bild der *relativen Wichtigkeit* verschiedener Qualifikationselemente – sowohl im Zeitvergleich, als auch im Vergleich zwischen unterschiedlichen Typen von Stellen. Die zusätzlich in den Inseraten verfügbaren Informationen zu Beruf, Betrieb und Stelle erlauben zudem die Prüfung relevanter *Zusammenhänge*. Trotz methodenbedingter Unschärfen, die mit fehlenden Detailangaben zu Formen der Arbeitsorganisation und der Technologieausstattung der einzelnen Betriebe zu tun haben, erweist sich unser Forschungsansatz als ausgesprochen fruchtbar. Für Längsschnittstudien der Soft Skill-Nachfrage auf dem Arbeitsmarkt stehen bislang kaum andere Quellen zur Verfügung. Paneldaten auf Branchen- oder Firmenebene, die grundsätzlich geeignet erscheinen ähnliche Fragestellungen zu beantworten, decken zeitlich wesentlich kürzere Perioden ab, erheben meist keine Detailinformationen zu den unterschiedlichen Positionen innerhalb eines Industriebereichs oder einer Firma und konzentrieren sich auf Anforderungen an die formale

Ausbildung (vgl. etwa Machin & van Reenen 1998; für die Schweiz Arvanitis 2005 sowie den jeweiligen Literaturüberblick).

Zahlreiche ökonomische Studien, welche die längerfristigen Auswirkungen der technologischen Entwicklung auf die Qualifikationsstruktur untersuchen, diagnostizieren durchgehend einen *Skill Bias des technischen Wandels*, der zu einer schwindenden Nachfrage nach wenig qualifiziertem Personal und einem erhöhten Bedarf an hochqualifizierten Arbeitskräften führt (vgl. auch OECD 1988; OECD 1996a; Berman, Bound & Machin 1998; Chennells & van Reenen 1999; Hamermesh 2001; für die Schweiz Kugler & Spycher 1992; Arvanitis, et al. 2003). Ganz ähnlich, wenn auch mit geringerem Effekt, wird ein *Skill-Bias des organisationellen Wandels* beobachtet (Caroli & van Reenen 2001; Piva, Santarelli & Vivarelli 2005; Arvanitis 2005). Die mit der Einführung moderner Computertechnik einhergehende Entlastung von Routinetätigkeiten und die sich daraus ergebenden komplexeren Problemlösungs- und Kommunikationserfordernisse begünstigen Mitarbeitende mit hohen formalen Qualifikationen (Bresnahan, Brynjolfsson & Hitt 2002; Autor, Levy & Murane 2003). Ähnliches gilt für die Verlagerung von Verantwortlichkeiten im Zuge organisationeller Neuerung (Caroli 2001; Gale, Wojan & Olmsted 2002). Dieselben Einflussfaktoren wie bei den Anforderungen an die formale Ausbildung, ebenfalls mit einer stärkeren Gewichtung der Technologie, finden wir nun auch bei den Anforderungen an die Soft Skills. Die *Komplementarität* von Skills, Technologie und Organisation betrifft offenbar nicht nur die Hard Skills, sondern auch die Soft Skills.

Die zweite Erklärungsgrösse für die langfristige Entwicklung der Qualifikationsanforderungen sind die *strukturellen Verschiebungen*. Einem starken Abbau industrieller Tätigkeiten und einfacher Dienstleistungen vor allem in Privathaushalten, steht die parallele Expansion bei den sekundären – unternehmensbezogenen und sozialen – Dienstleistungen gegenüber. Dies prägt die durchschnittlichen Anforderungen auf dem Arbeitsmarkt. Ganz ähnlich wie bei den Ausbildungsanforderungen (Sacchi, Salvisberg & Buchmann 2005) zeigt sich auch bei den Soft Skills, dass der Strukturwandel *langfristig* den grösseren Teil der zunehmenden Anforderungen erklärt, *in jüngerer Zeit* aber die Folgen der technischen Neuerungen dominieren – ohne dass indessen der sich fortsetzende Strukturwandel bedeutungslos geworden wäre. Um dies im Falle der dynamischen Soft Skills zu illustrieren (vgl. Abbildung 4.14): Über den ganzen Zeitraum von 1950-2002 erklärt der Strukturwandel

(Berufsrollenvariablen und Sektorstruktur) rund 46% der gesamten Zunahme in der Nachfrage, der technologische und organisationelle Wandel zusammen rund 32%, während der Rest (22%) unerklärt bleibt. Für die jüngste Phase ab 1992 erklärt der Strukturwandel noch 34%, der innerbetriebliche Faktor aber 45% (21% unerklärt). Während für die Soft Skill-Nachfrage keine vergleichbaren Zahlen existieren, stellen Autor, et al. (2003: 1302) in Bezug auf die technologieinduzierte Entroutinisierung der Tätigkeiten ebenfalls eine Zunahme der „within industry"-Komponente über die Zeit fest.

In Bezug auf den Wandel der Präferenzen der Arbeitgeber und die relative Bedeutung der einzelnen Soft Skill-Kategorien scheinen unsere Analysen insgesamt zuverlässige und gültige Aussagen liefern. Leider stehen uns aber für die Einschätzung der Auswirkungen von technologischen und organisationellen Neuerungen lediglich sehr generelle Indikatoren zur Verfügung. Entsprechend beschränkt sind die Möglichkeiten für differenziertere Auswertungen – insbesondre in Bezug auf das Zusammenspiel von Technik und Organisation. Hier besteht weiterhin eine Forschungslücke. Detailuntersuchungen über die *Komplementarität von Hard Skills, Soft Skills, Technikausstattung und Arbeitsorganisation* sind eine grosse Seltenheit. Quantitative Studien wie von Autor, et al. (2003) oder qualitative Untersuchungen wie von Frenkel, et al. (1998a) oder Stasz et. al. (1996) stehen für vielversprechende Ansätze. Die einzige uns bekannte Studie mit Daten aus der Schweiz, welche thematisch in diese Richtung geht, ist die von Arvanitis (2005). Die Untersuchungseinheiten sind hier aber die Firmen, was keine differenzierten, im Arbeitszusammenhang der einzelnen Stellen fundierten Aussagen zulässt.

Bei der Analyse der Determinanten der Soft Skill-Anforderungen muss vorläufig auch die Frage unbeantwortet bleiben, wie die über den strukturellen und innerbetrieblichen Wandel hinausgehende Zunahme der Nachfrage im dynamischen Bereich im letzten Jahrzehnt zu begründen ist. Oben (Abschnitt 5.1.1. i) wurden diesbezüglich zwei Hypothesen aufgestellt, deren Relevanz in stärker qualitativ ausgerichteten Studien zu prüfen bleibt. Damit verknüpft ist wiederum die über die reine Nachfragebetrachtung hinaus weisende Frage, ob und insbesondere in welchem Mass die von den Arbeitsgebern geforderten Qualifikationselemente für den Arbeitsvollzug effektiv benötigt werden. Die von unserer Untersuchung, von Unternehmerbefragungen und Studien zum Arbeitsmarkterfolg gestützte Annahme, dass Soft Skills tatsächlich substantiell relevant sind und folglich deutliche Unterschiede je nach Arbeitskontext bestehen, stehen grundsätzlich im Einklang mit qualitativen Untersuchungen (Stasz 1997). Ähnlich wie bei den Anforderungen an die formale Ausbildung (Collins 1979), kann aber auch bei den Soft Skills kaum davon ausgegangen werden, dass die im Arbeitsalltag notwendigen Fähigkeiten vollumfänglich den Qualifikationshürden entsprechen, wie sie bei der Besetzung einer Stelle genannt werden. Detaillierte Arbeitsplatzstudien wären ausserdem geeignet, die oftmals allgemein gehaltenen Bezeichnungen der Soft Skills (wie zum Beispiel Teamfähigkeit, Kreativität oder Flexibilität) weiter zu spezifizieren. Etwas, was insbesondere im Hinblick auf eine verbesserte Integration von Soft Skills in schulische und berufliche Ausbildungsgänge von Bedeutung ist.

In der soziologischen Literatur finden wir eine Reihe von Ansätzen, welche den Wandel in Gesellschaft und Arbeitswelt der letzten 50 Jahre aus einer stark abstrahierenden Makroperspektive erfassen und tiefgreifende qualitative Veränderungen mit einem Übergang in eine *erweiterte liberale Moderne* (Wagner 1995), eine *zweite Moderne* (Beck 1986) oder *Radikalmoderne* (Giddens 1996) postulieren. Dabei wird in der Wirtschaft ein zentraler Ort des Wandels ausgemacht: Dezentralisierung, Flexibilisierung und Demontage verfestigter Strukturen prägen die Arbeitswelt des *postfordistischen* oder *desorganisierten Kapitalismus* (Offe 1985; Halal 1986; Lash & Urry 1987; Harvey 1990), wobei insbesondere die Rolle der Arbeitnehmer neu definiert wird (Hage & Powers 1992; Heidenreich 1996). Empirische Studien auf der Mikroeben einzelner Betriebe kommen dem gegenüber zu sehr viel zurückhaltenderen Folgerungen und betonen alles in allem die *Kontinuität*: Formen postfordistischer Neuorganisation der Arbeit finden nur sehr beschränkt Verbreitung (Appelbaum & Batt 1994; Thompson & Warhurst 1998; Vallas 1999; Huys, et al. 1999), ja teilweise wird sogar eine Rückkehr zum Taylorismus festgestellt (Springer 1999). Aus der Perspektive der *Qualifikations-Anforderungen* finden wir in unserer Analyse seit 1950 eine überaus *starke Zunahme der Ansprüche*, die sich seit den 1990er Jahren nochmals deutlich beschleunigt hat. Soft Skills sind über die Zeit bedeutend aufgewertet worden, zuvorderst im dynamischen Bereich. Gleichzeitig wird das Beharrungsvermögen der traditionellen Forderungen der Arbeitswelt durch die andauernde und teilweise sogar verstärkte Betonung der Anpassungsfähigkeit an vorgegebene Strukturen unterstrichen. Die Welt der Arbeit hat sich in den letzten 50 Jahren *tatsächlich stark verändert.* Aber weniger in dem Sinne, dass traditionelle Orientierungen ihren Wert verloren hätten, sondern dass vielmehr die Anforderungen in mehrfacher Beziehung *stark angestiegen* und *mehrdimensionaler* geworden sind. Zum einen hat dies zur Folge, dass Arbeitnehmer – vor allem in anspruchsvollen Positionen – zunehmend über das fachspezifische Wissen und Können hinaus, als *ganze Persönlichkeit,* in den Arbeitsprozess einbezogen werden. Ein durchaus ambivalenter Prozess, bei dem die Chancen einer *Subjektivierung* der Arbeit den Zwängen einer *Instrumentalisierung* zusätzlicher Dimensionen der Persönlichkeit gegenüber stehen. Zum anderen folgt aus den steigenden Qualifikationsanforderungen, dass der *Zugang zum Arbeitsmarkt* für Personen mit Defiziten bei den Hard- *oder* Soft Skills sehr viel schwieriger geworden ist. Entsprechende Nischen für Stellensuchende, welche dem zeitgenössischen Anforderungsprofil nicht entsprechen – oder nicht entsprechen wollen – sind stark geschrumpft und finden sich fast nur noch in prekären Anstellungsverhältnissen des informellen Arbeitsmarktes. Damit geht die Schere zwischen den anspruchsvollsten und den anspruchslosesten Stellen weiter auseinander: In Bezug auf die Qualifikationsvoraussetzungen, aber auch in Bezug auf Lohn und Arbeitsplatzsicherheit.

Der Arbeitsmarkt gilt in horizontaler (Berufsfelder) und vertikaler (betriebliche Positionen) Hinsicht als geschlechtsspezifisch strukturiert (für einen Überblick vgl. Bradley 1989; Beckmann 1996; für die Schweiz: Heintz, et al. 1997; Charles 1995). Entsprechend von Interesse sind denn auch die dieser Segregation zugrundliegenden Zuweisungsprozesse. Unsere Analyse der Arbeitgeberpräferenzen in den Stellenausschreibungen zeigen einen deutlichen Trend des *Abbaus von geschlechtsstereotypen Zuordnungen.* Inwiefern die Verbreitung geschlechtsneutraler Stellenausschreibungen und die schwindenden Geschlechterunterschiede bei der Zuordnung von Soft Skills Auswirkungen auf die effektive Praxis der Personalauswahl hat, wäre empirisch zu prüfen. Aktuellere Studien zum Geschlechterbias des Prozesses der Stellenbesetzung zeigen etwas widersprüchliche Ergebnisse: Eine Untersuchung über die Personalrekrutierungs- und Anstellungspraxis in einer Norwegischen Grossbank kommt zum Schluss, dass Frauen alles in allem eher bevorzugt angestellt werden, auch für anspruchsvolle Positionen (Petersen & Togstad 2006). Verschiedene Studien aus den USA weisen in dieselbe Richtung (vgl. die Angaben bei Petersen & Togstad 2006: 242 ff.), während andere Autoren diesbezüglich zu einer eher kritischen Einschätzung kommen und das

Fortbestehen geschlechtsspezifischer Zuordnungen betonen (vgl. Kmec 2005; Fernandez & Mors 2008 und die dortigen Literaturangaben).[56] Keine dieser Untersuchungen erlaubt allerdings Aussagen über die langfristigen Entwicklungstrends. Unsere Beobachtung fortbestehender Geschlechterunterschiede bei einigen Soft Skill-Anforderungen in ausbildungsmässig anspruchsloseren Tätigkeitsbereichen entspricht den Erwartungen eines polarisierten weiblichen Arbeitsmarktes. Diese Polarisierung wäre damit allerdings nicht nur in den Lebensentwürfen der Arbeitnehmerinnen begründet (Hakim 1996), sondern zeigt sich auch auf der Nachfrageseite (ähnlich auch Salvisberg 2004).

5.2.2 Ungleichheitsforschung

Die meisten Beschreibungen der sozialen Schichtung in modernen Gesellschaften benutzen den *Beruf* als Kriterium der Zuordnung zu einer *sozialen Position* (für einen Überblick vgl. Bergman & Joye 2001). Dies hat neben historischen und methodischen Gründen auch seine empirische Berechtigung: Die materiellen Lebenschancen eines Grossteils der Menschen hängen nach wie vor direkt (Erwerbseinkommen) oder indirekt (Familieneinkommen, Rentenansprüche) von ihrer aktuellen oder ehemaligen beruflichen Position oder von derjenigen der haupterwerbstätigen Person ihres Haushaltes ab. Von den erwerbstätigen Personen sind rund 85% unselbstständig erwerbend, so dass für die grosse Mehrheit der Erwerbstätigen die Umsetzung ihrer Bildungsinvestitionen in berufliches Prestige und Einkommen direkt über den Arbeitsmarkt erfolgt. Der *Arbeitsmarkt* ist in der modernen Gesellschaft *der* zentrale Ort, an welchem soziale Postionen zugeordnet werden (für die Schweiz vgl. etwa Stamm, et al. 2000). Eine wichtige Frage der Ungleichheits- und Mobilitätsforschung ist denn auch die nach den Zuweisungsprozessen auf dem Arbeitsmarkt. „Who gets ahead?" fragten Jencks und seine Mitarbeiter (1979) und kamen zum Schluss, dass sowohl die familiäre Herkunft, als auch kognitiven Fähigkeiten und die formale Ausbildung alle einen deutlichen Einfluss haben auf das erzielte Einkommen und den beruflichen Status. Ein guter Teil des Arbeitsmarkterfolgs muss aber weichen Faktoren – „noncognitive traits" – zugeschrieben werden. Diese Interpretation entspricht auch anderen Untersuchungen (vgl. Abschnitt 2.3), welche zeigen, dass Soft Skills entscheidende Kriterien bei der Bewertung von Arbeitskräften darstellen.

---

56 Eine entsprechende Untersuchung aus der Schweiz ist mir nicht bekannt.

Unsere Analysen stützt diese Einschätzung. Das Gewicht, welches den Soft Skills bei den in den Inseraten explizit gemachten Präferenzen der Arbeitgeber zukommt, weist darauf hin, dass diese Fähigkeiten *nicht als selbstverständlich* vorausgesetzt werden können, sondern ähnlich wie andere Qualifikationselemente durchaus *ungleich* in der Bevölkerung verteilt sind. Andererseits werden aber Soft Skills nur in beschränktem Mass in formalen Ausbildungsgängen vermittelt. Es ist deshalb kaum anzunehmen, dass die individuelle Ausstattung mit formalen Qualifikationen und jene mit Soft Skills in der Erwerbsbevölkerung perfekt übereinstimmt. Eine Überlegung, die dadurch bestätigt wird, dass Soft und Hard Skills in Modellen zur Erklärung des Erfolges auf dem Arbeitsmarkt eine unabhängige Rolle spielen und auch in den Inseraten, trotz des damit verbundenen Mehraufwandes, beide Grössen benannt werden. Die individuelle Ausstattung mit Soft Skills dürfte demgemäss die Reproduktion sozialer Ungleichheiten über den Arbeitsmarkt stark – und in wachsendem Ausmass – beeinflussen (vgl. Salvisberg 2009).

Empirische Hinweise, die in diese Richtung gehen, finden sich auch in einer Reihe von Studien, welche Evidenzen dafür finden, dass nicht nur generell die Lohndifferenzen eine steigende Tendenz aufweisen, sondern dass damit eine abnehmende Erklärungskraft der formalen Ausbildung einhergeht und insbesondere Unterschiede innerhalb einzelner Berufsgruppen zugenommen haben (Ryscavage & Henle 1990; Katz & Murphy 1992; Juhn, Murphy & Pierce 1993; Sørensen 2000; Autor, Katz & Kearney 2005; Neckerman & Torche 2007).[57] Angesichts der deutlich steigenden Wichtigkeit von Soft Skills als arbeitsmarktliche Bewertungskriterien liegt die Vermutung nahe, dass Unterschiede in der Soft Skill-Ausstattung ein wichtiger Grund dafür sein dürfte, dass innerhalb von Arbeitnehmergruppen mit homogenen Hard Skill-Voraussetzungen die Schere in Bezug auf Lohn und Arbeitsplatzsicherheit zunehmend auseinander geht (Lindbeck & Snower 2000: 373). Britische Studien kommen zum Schluss, dass der Einfluss der Ausbildung auf die Klassenmobilität über die Zeit – entgegen den Erwartungen an eine sich als meritokratisch verstehenden Gesellschaft – eine abnehmende Tendenz

57 Diese Studien beziehn sich auf den US-Amerikanischen Arbeitsmarkt. Eine ähnliche Untersuchung liegt für Deutschland vor (Gernandt & Pfeiffer 2005). Für die Schweiz verfügbare Studien weisen ebenfalls auf eine wachsende Lohnungleichheit hin (Ernst, Gerfin & Leu 2000; Zürcher 2004), machen aber keine Aussagen zur Entwicklung von Lohndifferenzen innerhalb von Berufsgruppen.

zeigt (Breen & Goldthorpe 2001; Goldthorpe & Mills 2004). Offenbar spielen Kriterien, die nicht über die formale Ausbildung vermittelt sind, eine immer wichtiger werdende Rolle bei der arbeitsmarktlichen Statuszuteilung (Jackson, Goldthorp & Mills 2005).

Unsere Stelleninserateanalyse lassen den Schluss zu, dass neben den klassischen Grössen wie Ausbildung, kognitiven Fähigkeiten, Herkunft und Geschlecht auch die persönlichen Kompetenzen im Bereich der Soft Skills für die Ungleichheits- und Mobilitätsforschung im 21. Jahrhundert als erklärende Grössen zu berücksichtigen sind. Die Verfügbarkeit entsprechender Daten wäre ausgesprochen wünschenswert (zum selben Schluss kommt auch Jackson 2007: 382).

5.2.3 Bildungspolitik

Wenn wir aus den vorliegenden Analysen bildungspolitische Anregungen ableiten wollen, sei zuerst nochmals betont, dass unsere Erhebung die *Nachfrageseite auf dem Arbeitsmarkt* untersucht. Es geht hier also weder um den normativen Anspruch an eine umfassende Persönlichkeitsbildung, noch um pädagogische Fragen im Zusammenhang mit der Vermittlung oder Messung von Soft Skills. Auf die entsprechende Fachdebatte soll und kann hier nicht eingegangen werden.

Selbstverständlich haben Stellenbewerber, die in jeder Hinsicht optimal qualifiziert sind, die besten Chancen ganz vorne in den Labor Queues eingereiht zu werden. Diese optimale Qualifikation umfasst – wie die in den Inseraten formulierten Präferenzen der Arbeitgeber deutlich zeigen – neben den *unentbehrlichen Hard Skills* immer mehr auch ein *breites Spektrum von Soft Skills*. Formale Ausbildungsgänge, die sich ausschliesslich auf die Vermittlung von Sach- und Fachwissen beschränken, werden den Ansprüchen der Arbeitswelt nicht gerecht. Das war aber auch in der Vergangenheit nie der Fall: „Fleiss“ und „Betragen“ stehen für traditionelle Arbeitstugenden, auf die in der Schul- und Berufsbildung schon immer Wert gelegt wurde und die entsprechend in Schul- und Arbeitszeugnissen zusätzlich zur Leistung explizit bewertet wurden. Wer sich durch Einsatzwillen und Verlässlichkeit auszeichnet, hatte schon immer die besseren Chancen eine Stelle zu erhalten und zu behalten. Zu Beginn des 21. Jahrhunderts haben diese Tugenden nur wenig an Bedeutung verloren, wohl aber sind *zusätzliche Anforderungen* dazu gekommen: Je nach Arbeitszusammenhang werden eigenständiges Denken und Lernbereitschaft, Initiative und Kreativität, Kommunikations- und Teamfähigkeit, Flexibilität und Organisationsfähigkeit etc.

immer wichtiger. In diesem Sinne entspricht das Ideal der spätmodernen Arbeitskraft mehr als je zuvor dem einer umfassend handlungsfähigen Persönlichkeit. Zu dieser Handlungsfähigkeit gehören aus Arbeitgebersicht aber immer auch der Wille und die Fähigkeit zur Anpassung und Einfügung in einen vorgegebenen Handlungsrahmen. Ein zeitgemässes Bildungsprogramm müsste – aus Arbeitsmarktperspektive – idealerweise *alle sechs Kompetenzfelder* ansprechen und auf die Förderung von kognitiven, sozialen und moralischen Lernprozessen zielen und zwar sowohl im Hinblick auf die statisch-adaptive wie auch auf die dynamisch-expressive Realisierung dieser Kompetenzen.

Natürlich kann dem keine Ausbildung in umfassender Weise gerecht werden. Dies ist aber kein Grund, sich auf die Vermittlung kognitiv-statischen Sachwissens zu konzentrieren und alle anderen Bereiche als Zierwerk einzustufen, das bestenfalls wenig gezielt nebenbei auch noch befördert werden soll. Wichtig scheint mir, dass die *Notwendigkeit* von entsprechenden Lerninhalten *explizit* gemacht wird und dazu *klar definierte, abgestufte Lernziele* oder gar *Bildungsstandards* für *alle* Kompetenzbereiche formuliert werden.[58] So, wie das bei den Hard Skills auch geschieht. Dabei wird es selbstverständlich nicht darum gehen, den Stundenplan durch das Fach „Soft Skills" oder dergleichen anzureichern, sondern das Ziel ist eine sorgfältige Verschränkung von Inhalten der verschiedenen fachlichen und überfachlichen Kompetenzbereiche in entwickelten Formen des Unterrichts (vgl. Berryman & Bailey 1992). In den letzten Jahren wurden bereits einige Schritte in diese Richtung unternommen – mit grosser Berechtigung, wie unsere Analysen zeigen. Das Ausbildungssystem kann zwar keine umfassende autonome Handlungsfähigkeit schaffen, wohl aber die Förderung dieses Metazieles unterstützen. Und zwar nicht nur zu Beginn der obligatorischen Schulzeit, sondern auf jeder Bildungsstufe: Vom vorschulischen Betreuungsangebot bis zur Universität, aber – im Sinne eines lebenslangen Lernens – auch in Weiter- und Zusatzausbildungen. Wir haben festgestellt, dass auf dem Arbeitsmarkt die Anforderungen an die Soft Skills mit steigendem Ausbildungsniveau und steigender hierarchischer Position stark anwachsen. Dem entsprechend müssten fachlich höhere Ausbildungsgänge auch in diesem Bereich höherwertige

58 Zum Begriff der Bildungsstandards vgl Klieme, et al. (2003). Allerdings bleibt dort der Begriff der Soft Skills stark unterbelichtet. Zu sehr ist der in der Klime-Expertise gewählte Ansatz noch geprägt von der pädagogischen Schlüsselqualifikationsdebatte.

Qualifikationen vermitteln. Die Absolutsetzung des objektiven Weltbezugs, wie das besonders in akademischen Ausbildungen weit verbreitet ist, entspricht immer weniger den Erwartungen der Arbeitswelt. Im Bereich der Berufsbildung hat das in der Schweiz dominierende duale System diesbezüglich den Vorteil, dass die Integration von Soft Skills als Ausbildungselemente weniger grosse Schwierigkeiten machen dürfte, als in einem schulbasierten System. Schliesslich beziehen sich viele Soft Skills gerade auf den organisationellen und sozialen Kontext des Arbeitszusammenhangs und werden idealerweise auch in diesem Kontext vermittelt und eingeübt.

Leistungstests wie die PISA-Erhebung (vgl. etwa Buschor, Gilomen & McCluskey 2003; Bundesamt für Statistik 2007b; OECD 2007) versuchen dadurch, dass nicht einfach Wissensbestände abgefragt werden, teilweise den dynamischen Modus der Kompetenzrealisierung einzubeziehen. Allerdings beschränken sich solche Tests bislang auf den kognitiven Bereich.[59] Aus derartigen standardisierten Erhebungen können – trotz methodischer Bedenken (vgl. etwa Jahnke & Meyerhöfer 2007) – durchaus bildungspolitisch relevante Erkenntnisse gewonnen werden. Allerdings besteht die Gefahr, dass die öffentliche Diskussion um Bildungsinhalte auf die Testleistungsfähigkeit in den berücksichtigten Fächern Deutsch, Mathematik und Naturwissenschaften eingeengt wird. In der Folge werden andere, in Privatleben und Arbeitswelt oftmals ebenso relevante Bereiche, in Bildungspolitik und Schulalltag marginalisiert (für dasselbe Argument im US-Amerikanischen Kontext vgl. Heckman 2008). Das Ziel des erwähnten Projekts „Definition and Selection of Competencies" (DeSeCo, vgl. Bundesamt für Statistik 2007a; Rychen & Salganik 2003) ist denn auch, Grundlagen bereit zu stellen für eine angestrebte umfassendere Erfassung von Kompetenzen im PISA-Programm und anderen Studien. In welcher Art und in welchem Umfang eine derartige Ausweitung der Testinhalte schliesslich implementiert wird, bleibt abzuwarten.

Eine zentrales Resultat der genannten PISA-Erhebungen ist die Problematik der mangelnden *Chancengleichheit*: kognitiver Bildungserfolg ist stark herkunftsabhängig. Dass der familiäre und kulturelle

---

59 Der fachunspezifische Aufgabenbereich im PISA-Test nennt sich „Problemlösen". Dieser Bereich wurde bislang allerdings nur 2003 eingesetzt, 2006 fehlte er und es scheint unklar, ob und in welcher Form dieser Bereich überhaupt wieder aufgenommen wird. Für Informationen zu PISA vgl. www.pisa.admin.ch.

Hintergrund für die Vermittlung von Soft Skills eine mindestens ebenso entscheidende Rolle spielt, scheint zumindest plausibel. Die einschlägige empirische Forschung ist hier nachwievor sehr lückenhaft und bezieht sich schwerpunktmässig auf Persönlichkeitseigenschaften im engeren Sinne. Trotzdem verweist die vorhandene Evidenz durchwegs auf einen sehr deutlichen Zusammenhang von sozialer Herkunft, persönlicher Stärken im Bereich von Soft Skills und Erfolg auf dem Arbeitsmarkt (Osborne Groves 2005; Heckman, Stixrud & Urzua 2006; Blanden, Gregg & Macmillan 2007; Borghans, et al. 2008; Heckman 2008). Vor diesem Hintergrund müsste eine dem Ideal der gleichen Startchancen verpflichtete liberale Gesellschaft die gezielte Förderung von Soft Skills unbedingt in die allgemeinverbindlichen Curricula integrieren. Die stark ansteigenden Anforderungen im dynamischen Bereich, verbunden mit dem Umstand, dass diese Kompetenzen besonders in anspruchsvollen Positionen und in zukunftsträchtigen Berufsfeldern gefordert sind, lassen den Schluss zu, dass hier Qualifikationselemente auszumachen sind, die stark *lohn- und beschäftigungsrelevant* sind und dies *in Zukunft noch stärker* sein werden.

Die Forderung nach einer angemessenen Integration von Soft Skills in Ausbildungsgänge jeder Stufe zielt damit nicht allein auf die Förderung des Individuums und die Verbesserung der materiellen und immateriellen Lebenschancen. Gleichzeitig geht es um zwei auch gesellschaftlich bedeutsame Grössen: Die durchaus wohlstandsrelevante Abstimmung der Kompetenzausstattung auf die Bedürfnisse einer hochmodernen Wirtschaft einerseits und die Verbesserung der Chancengleichheit auf dem Arbeitsmarkt andererseits.

Literaturverzeichnis

ACT. 2000. *Workplace Essential Skills: Resources Related to the SCANS Competencies and Foundation Skills (Report presented to the U.S. Department of Labor, Employment and Training Administration, and the U.S. Department of Education, National Center for Education Statistics).* Iowa City: ACT Inc.

Aglietta, Michel. 2000. "Shareholder Value and Corporate Gouvernance: Some Tricky Questions", *Economy and Society*, 29: 1: 146–159.

Alderson, Arthur S. 1999. "Explainig Deindustrialization: Globalization, Failure, or Success?" *American Sociological Review*, 64: October: 701–721.

Alex, Laszlo & Henning Bau (Hg.). 1999. *Wandel beruflicher Anforderungen. Der Beitrag des BIBB zum Aufbau eines Früherkennungssystems Qualifikationsentwicklung.* Bielefeld: Bertelsmann.

Ambrosius, Gerold & Hartmut Kaelble. 1992. „Einleitung: Gesellschaftliche und wirtschaftliche Folgen des Booms der 1950er und 1960er Jahre", pp. 7–32 in Kaelble, Hartmut (Hg.), *Der Boom 1948–1973.* Opladen: Westdeutscher Verlag.

Appelbaum, Eileen & Rosemary Batt. 1994. *The New American Workplace. Transforming Work Systems in the United States.* Ithaca: Cornell University Press.

Arnal, Elena, Wooseok Ok & Raymond Torres. 2001. *Knowledge, Work Organisation and Economic Growth (Labour Market and Social Policy – Occasional Papers No. 50).* Paris: OECD / DEELSA / ELSA.

Arnold, Rolf. 1996. "Von der Skepsis zur Nutzung von Gestaltungschancen – eine berufspädagogische Antikritik zur Kritik der Schlüsselqualifikationen", pp. 129–135 in Gonon, Philipp (Hg.), *Schlüsselqualifikationen kontrovers: eine Bilanz aus kontroverser Sicht.* Aarau: Sauerländer.

Arrow, Kenneth J. 1973. „The Theory of Discrimination", pp. 3–33 in Ashenfelter, Orley & Albert Rees (Hg.), *Discrimination in Labor Markets.* Princeton: University Press.

Arvanitis, Spyros. 2005. "Information Technology, Workplace Organisation and the Demand for Employees of Different Education Levels: Firm-level Evidence for the Swiss Economy", pp. 135–162 in Kriesi, Hanspeter, Peter Farago, Martin Kohli & Milad Zarin-Nejadan (Hg.), *Contemporary Switzerland: Revisiting the Special Case.* Houndmills: Palgrave Macmillan.

Arvanitis, Spyros, Laurent Donzé, Heinz Hollenstein, David Marment & Daniel Staib. 2003. *Technologischer und organisatorischer Wandel, Qualifikationserfordernisse und ihre Auswirkungen auf die Leistungsfähigkeit von Unternehmen.* Zürich: KOF/ETH (Schlussbericht im Rahmen des

SPP „Zunkuft Schweiz" des Schweizerischen Nationalfonds, Modul Arbeitswelt).

Atkinson, John & Nigel Meager. 1986. *Changing Working Patterns: How Companies Achieve Flexibility to Meet New Needs*. London: National Economic Development Office.

Autor, David H., Lawrence F. Katz & Melissa S. Kearney. 2005. *Trends in U.S. Wage Ineqaulity: Re-Assessing the Revisionists*. National Bureau of Economic Research: NBER Working Paper No. 11627.

Autor, David H., Frank Levy & Richard J. Murane. 2003. "The Skill Content of Recent Technological Change: An Empirical Exploration", *Quarterly Journal of Economics*, 118: 4: 1279–1333.

Babbage, Charles. 1999. *Die Ökonomie der Maschine (Erweiterte und redigierte Fassung auf Grundlage der Übersetzung von G. Friedenberg aus dem Jahre 1833 von "The Economy of Machinery and Manufactures")*. Berlin: Kadmos.

Baethge, Martin. 1994. „Arbeit und Identität", pp. 245–261 in Beck, Ulrich & Elisabeth Beck-Gernsheim (Hg.), *Riskante Freiheiten. Individualisierung in modernen Gesellschaften.* Frankfurt/M.: Suhrkamp.

Baethge, Martin & Volker Baethge-Kinsky. 1995. „Ökonomie, Technik, Organisation: Zur Entwicklung von Qualifikationsstruktur und qualitiativem Arbeitsvermögen", pp. 142–156 in Arnold, Rolf & Antonius Lipsmeier (Hg.), *Handbuch der Berufsbildung.* Opladen: Leske + Budrich.

Baethge, Michael & Herbert Oberbeck. 1986. *Zukunft der Angestellten. Neue Technologie und berufliche Perspektiven in Büro und Verwaltung*. Frankfurt, New York: Campus.

Barker, James R. 1999. *The Discipline of Teamwork: Participation and Concertive Control.* Thousand Oaks: Sage.

Barrick, Murray R. & Michael K. Mount. 1991. "The Big Five Personality Dimensions and Job Performance: A Meta Analysis", *Personnel Psychology*, 44: 1–26.

Baumol, William J. 1967. "Macroeconomics of Unbalanced Growth: The Anatomy of Urban Crisis", *American Economic Review*, 57: 3: 415–426.

BBT. 2003. *Reform der kaufmännischen Grundausbildung (Broschüre)*. Bern: Bundesamt für Berufsbildung und Technologie.

Bechtle, Günter. 1994. „Systemische Rationalisierung als neues Paradigma industriesoziologischer Forschung?" pp. 45–64 in Beckenbach, Niels & Werner van Treeck (Hg.), *Umbrüche gesellschaftlicher Arbeit (Soziale Welt – Sonderband 9)*. Göttingen: Otto Schwartz.

Beck, Herbert. 1995. *Schlüsselqualifikationen. Bildung im Wandel*. Darmstadt: Winklers.

Beck, Simon. 2001. *Schlüsselqualifikationen im Spannungsfeld von Bildung und Qualifikation: Leerformel oder Integrationskonzept? Analyse einer berufspädagogischen Debatte*. Stuttgart: IBW Hohneheim.

Beck, Ulrich. 1983. „Jenseits von Stand und Klasse?" pp. 35–73 in Kreckel, Reinhard (Hg.), *Soziale Ungleichheiten (Soziale Welt – Sonderband 2)*. Göttingen: Otto Schwartz.

Beck, Ulrich. 1986. *Risikogesellschaft. Auf dem Weg in eine andere Moderne*. Frankfurt/M.: Suhrkamp.

Beck, Ulrich, Michael Brater & Hansjürgen Daheim. 1980. *Soziologie der Arbeit und des Berufs*. Reinbek bei Hamburg: Rowohlt.

Beckmann, Petra (Hg.). 1996. *Gender Specific Occupational Segregation*. Nürnberg: Institut für Arbeitsmarkt- und Berufsforschung.

Bell, Daniel. 1973. *The Coming of Post-Industrial Society: A Venture in Social Forecasting*. New York: Basic Books.

Bendel, Sylvia, Marlis Buchmann & Stefan Sacchi. 1995. *Personalsuche und Stelleninserate. Kurzbericht zur Firmenbefragung (Manuskript)*. Zürich: Soziologisches Institut der Universität Zürich.

Bendel, Sylvia, Matthias Kunz & Alexander Salvisberg. 2000. *Deutschschweizer Stelleninserate 1950-2000. Ein repräsentativer Datensatz für sozialwissenschaftliche Studien. Dokumentation (Manuskript)*. Zürich: Soziologisches Institut der Universität Zürich.

Bergman, Manfred Max & Dominique Joye. 2001. *Comparing Social Stratification Schemas: CAMSIS, CSP-CH, Goldthorpe, ISCO-88, Treiman, and Wright*. Cambridge: Cambridge Studies in Social Research.

Berman, Eli, John Bound & Stephen Machin. 1998. "Implications of Skill-Biased Technological Change: International Evidence", *Quarterly Journal of Economics*, 113: 4: 1245–1279.

Berryman, Sue E. & Thomas R. Bailey. 1992. *The Double helix of education and the economy* New York: The Institute on Education and the Economy.

Bhagwati, J.N. 1984. "Splittering and Disembodiment of Services and Developing Nations", *World Economy*, 7: 2: 133–144.

Bieber, Daniel. 1992. "Systemische Rationalisierung und Produktionsnetzwerke", pp. 271–293 in Malsch, Thomas & Ulrich Mill (Hg.), *ArBYTE. Modernisierung der Industriesoziologie?* Berlin: Edition Sigma.

Blanden, Jo, Paul Gregg & Lindsey Macmillan. 2007. *Accounting for Intergenerational Income Persistence: Non-Cognitive Skills, Ability and Education (Discussion Paper 2554)*. Bonn: IZA.

Blaschke, Dieter. 1986. "Soziale Qualifikationen am Arbeitsmarkt und im Beruf", *Mitteilungen aus der Arbeitsmarkt- und Berufsforschung*, 4: 536–552.

Blaschke, Dieter. 1987. *Soziale Qualifikationen im Erwerbsleben (Beiträge zur Arbeitsmarkt- und Berufsforschung, 116)*. Nürnberg: Institut für Arbeitsmarkt- und Berufsforschung.

Blasi, Joseph R. & Douglas L. Kruse. 2001. *High Performance Work Practices at Century's End: Incidence, Diffusion, Industry Group Differences and the Economic Environment.* Paper to be presented at the International Association for the Economics of Participation Conference: The Catholic University of Brussels, July 2002.

Boretty, Reiner, Rudolf Fink, Herbert Holzapfel & Ulrich Klein. 1988. *PETRA-Projekt- und transferorientierte Ausbildung.* Berlin: Siemens AG.

Borghans, Lex , Angela Lee Duckworth, James J. Heckman & Bas ter Weel. 2008. *The Economics and Psychology of Personality Traits (Discussion Paper 3333).* Bonn: IZA.

Bott, Peter, Anja Hall & Hans-Joachim Schade. 2000. *Qualifikationsanforderungen im IT-Bereich: Wunsch und Wirklichkeit. Ergebnisse einer Inserentennachbefragung im Rahmen des Früherkennungssystems Qualifikationsentwicklung.* Bonn: Bundesinstitut für Berufsbildung.

Bourdieu, Pierre. 1987. *Die feinen Unterschiede. Kritik der gesellschaftlichen Urteilskraft.* Frankfurt/M.: Suhrkamp.

Bowles, Samuel, Herbert Gintis & Melissa Osborne. 2001a. „The Determinants of Individual Earnings: Skills, Preferences, and Schooling“, *Journal of Economic Literature,* 39: 4: 1137–1176.

Bowles, Samuel, Herbert Gintis & Melissa Osborne. 2001b. „Incentive-Enhancing Preferences: Personality, Behavior, and Earnings“, *American Economic Review,* 91: 2: 155–158.

Boyer, Robert. 1992. "Neue Richtungen von Managementpraktiken und Arbeitsorganisation. Allgemeine Prinzipien und nationale Entwicklungspfade", pp. 55–103 in Demirovic, Alex, Hans-Peter Krebs & Thomas Sablowski (Hg.), *Hegemonie und Staat. Kapitalistische Regulation als Projekt und Prozess.* Münster: Westfälisches Dampfboot.

Bradley, Harriet. 1989. *Men's Work, Women's Work. A Sociological History of the Sexual Division of Labour in Employment.* Minneapolis: University of Minnesota Press.

Braun, Christoph, Martin Gründl, Claus Marberger & Christoph Scherber. 2001. *Beautycheck – Ursachen und Folgen von Attraktivität. Projektabschlussbericht.* Verfügbar unter: http://www.beautycheck.de/bericht/bericht.htm.

Braverman, Harry. 1974. *Labor and Monopoly Capitalism: The Degredation of Work in the Twentieth Century.* New York: Monthly Review Press.

Breen, Richard & John H. Goldthorpe. 2001. "Class, Mobility and Merit: The Experience of Two British Birth Cohorts", *European Sociological Review,* 17: 81–101.

Bresnahan, Timothy F., Erik Brynjolfsson & Lorin M. Hitt. 2002. "Information Technology, Workplace Organization, and the Demand for Skilled

Labor: Firm-Level Evidence", *The Quarterly Journal of Economics*, 112: 1: 339–376.

Brewster, Chris, Lesley Mayne & Olga Tregaskis. 1997. "Flexible Working in Europe", *Journal of World Business*, 32: 2: 133–151.

Bundesamt für Statistik (Hg.). 2007a. *Definition und Auswahl von Schlüsselkompetenzen. Zusammenfassung*. Neuchâtel: BfS.

Bundesamt für Statistik (Hg.). 2007b. *PISA 2006: Kompetenzen für das Leben – Schwerpunkt Naturwissenschaften. Nationaler Bericht*. Neuchâtel: BfS.

Bunk, Gerhard P. 1981. „Technologischer Wandel und antizipative Berufsbildung", *Zeitschrift für Berufs- und Wirtschaftspädagogik*, 77: 4: 257–266.

Bunk, Gerhard P. 1982. *Einführung in die Arbeits- Berufs- und Wirtschaftspädagogik*. Heidelberg: UTB.

Bunk, Gerhard P., Manfred Kaiser & Reinhard Zedler. 1991. „Schlüsselqualifikationen – Intention, Modifikation und Realisation in der beruflichen Aus- und Weiterbildung", *Mitteilungen aus der Arbeitsmarkt- und Berufsforschung*, 2: 365–374.

Burns, Tom & G.M. Stalker. 1968. *The Management of Innovation*. London: Travistock.

Buschor, Ernst, Heinz Gilomen & Huguette McCluskey. 2003. *PISA 2000: Synthese und Empfehlungen*. Neuchâtel: BfS / Schweizerische Konferenz der kantonalen Erziehungsdirektoren (Bildungsmonitoring Schweiz).

Cappelli, Peter. 1995. "Is the 'Skills Gap' Really About Attitudes?" *California Management Review*, 37: 4: 108–124.

Cappelli, Peter & Nikolai Rogovsky. 1994. "New Work Systems and Skill Requirements", *International Labour Review*, 133: 2: 205–21.

Caroli, Eve. 2001. "New Technologies, Organisational Change and the Skill Bias: What Do We Know", pp. in Petit, Pascal & Luc Soete (Hg.), *Technology and the Future of European Employment.* Cheltenham: Edward Elgar.

Caroli, Eve & John van Reenen. 2001. "Skill Biased Organizational Change? Evidence from a Panel of British and French Establishments", *Quarterly Journal of Economics*, 116: 1449–1492.

Castells, Manuel. 1996. *The Rise of the Network Society (The Information Age: Economy, Society and Culture, Vol. 1)*. Oxford: Blackwell.

CEDEFOP. 1999. *Europäische Trends in der Berufs- und Qualifikationsentwicklung (3 Bände)*. Luxemburg: EU.

Charles, Maria. 1995. *Berufliche Gleichstellung – ein Mythos? Geschlechter-Segregation in der schweizerischen Berufswelt*. Bern: Bundesamt für Statistik.

Chennells, Lucy & John van Reenen. 1999. *Has Technology Hurt Less Skilled Workers? An Econometric Survey of the Effects of Technical Change on the*

Structure of Pay and Jobs (Working Paper Series No. W99/27). London: The Institute for Fiscal Studies.

Child, John & Ray Loveridge. 1990. *Information Technology in European Services. Towards a Microelectronic Future*. Oxford: Basil Blackwell.

Clark, Colin. 1940. *The Conditions of Economic Progress*. London: Macmillan.

Cohen, Stephen S. & John Zysman. 1987. *Manufacturing Matters: The Myth of Postindustrial Economy*. New York: Basic Books.

Cohen, Yinon & Jeffrey Pfeffer. 1986. "Organizational Hiring Standards", *Administrative Science Quarterly*, 31: 1–24.

Collins, Randall. 1979. *The Credential Society : An Historical Sociology of Education and Stratification*. New York: Academic Press.

Cotton, Kathleen. 1993. *Developing Employability Skills*. School Improvement Research Series. Regional Educational Laboratory: www.nwrel.org/scpd/sirs/8/c015.html.

Cramer, Ulrich. 1990. "Probleme bei der Besetzung von offenen Stellen. Ergebnisse einer Betriebsbefragung", *Mitteilungen aus der Arbeitsmarkt- und Berufsforschung*, 23: 2: 246–254.

Dahrendorf, Ralf. 1956. „Industrielle Fertigkeiten und soziale Schichtung", *Kölner Zeitschrift für Soziologie und Sozialpsychologie*, 8: 540-568.

Dahrendorf, Ralf. 1964. „Recent Changes in the Class Structures of European Societies", *Daedalus*, 93: Winter: 225–270.

Dahrendorf, Ralf. 1971 (1958). *Homo Sociologicus (10. Auflage)*. Opladen: Westdeutscher Verlag

Dauenhauer, Erich. 1981. *Berufsbildungspolitik*. Berlin etc.: Springer.

De Grip, Andries, Jeroen Hoevenberg & Ed Willems. 1997. „Atypical Employment in the European Union", *International Labour Review*, 136: 1: 49–71.

de Pury, David, Heinz Hauser & Beat Schmid (Hg.). 1995. *Mut zum Aufbruch. Eine wirtschfatspolitische Agenda für die Schweiz*. Zürich: Orell Füssli.

Deeke, Axel. 1991. *Informelle Beziehungen auf dem Arbeitsmarkt. Marktregulierung und Chancenverteilung durch Arbeitsvermittlung*. Frankfurt/M.: Campus.

Deutscher Manager-Verband (Hg.). 2003. *Handbuch Soft Skills*. Zürich: vdf Hochschulverlag ETH.

Diekmann, Andreas & Ben Jann. 2005. „The Erosion of Regular Work: An Analysis of the Structural Changes in the Swiss and German Labour Markets", pp. 190-217 in Kriesi, Hanspeter, Peter Farago, Martin Kohli & Milad Zarin-Nejadan (Hg.), *Contemporary Switzerland: Revisiting the Special Case*. Houndmills: Palgrave Macmillan.

Digman, John M. 1990. "Personality Structure: Emergence of the Five-Factor Model", *Annual Review of Psychology*, 41: 417–440.

Dörig, Rolf. 1994. *Das Konzept der Schlüsselqualifikationen. Ansätze, Kritik und konstruktivistische Neuorientierung auf der Basis der Erkenntnisse der Wissenspsychologie* Hallstadt: Rosch Buch.

Drucker, Peter. 1969. *The Age of Discontinuity: Guidelines to Our Changing Society*. New York: Harper & Row.

Dubs, Rolf. 1995. "Entwicklung von Schlüsselqualifikationen in der Berufsschule", pp. 171–182 in Arnold, Rolf & Antonius Lipsmeier (Hg.), *Handbuch der Berufsbildung*. Opladen: Leske + Budrich.

Dubs, Rolf. 1996. „Schlüsselqualifikationen – werden wir erneut um eine Illusion ärmer?" pp. 49–57 in Gonon, Philipp (Hg.), *Schlüsselqualifikationen kontrovers: eine Bilanz aus kontroverser Sicht*. Aarau: Sauerländer.

Duncan, Greg J. & Rachel Dunifon. 1998. „Soft-Skills and Long-Run Labor Market Success", pp. 123–150 in Polackek, Solomon W. (Hg.), *Research in Labor Economics (Vol. 17)*. Stamford CT: JAI Press.

Dunifon, Rachel & Greg J. Duncan. 1998. "Long-Run Effects of Motivation and Labor-Market Success", *Social Psychology Quarterly*, 61: 1: 33–48.

Edwards, Paul N. 1995. "From 'Impacts' to Social Processes: Computers in Society and Culture", pp. 257–285 in Jasanoff, Sheila, Gerald E. Markle, James C. Peterson & Trevor Pinch (Hg.), *Handbook of Science and Technology Studies*. Thousand Oaks: Sage.

Elbers, Doris, Manfred Heckenauer, Wolfgang Mönikes, Hans Pornschlegel & Heinrich Tillmann. 1975. "Schlüsselqualifikationen – Ein Schlüssel für die Berufsbildungsforschung?" *Berufsbildung in Wissenschaft und Praxis*, 4: 26–29.

Ernst, Carol, Michael Gerfin & Robert E. Leu. 2000. „Inequality Trends in the Swiss Income Distribution", *Schweizerische Zeitschrift für Volkswirtschaft und Statistik*, 136: 289–305.

Eschuk, Graig. 2003. *New Forms of Work Organization, Skills and Training*. Quebec: Human Ressources Development Canada.

Euler, Dieter. 2004. *Sozialkompetenzen bestimmen, fördern und prüfen: Grundfragen und theoretische Fundierung. (Sozialkompetenzen in Theorie und Praxis, Band 1)*. St. Gallen: Institut für Wirtschaftspädagogik der Universität St. Gallen.

European Commission. 1995. *Key / Core Competencies – Synthesis of Related Work Undertaken Within the EUROTECNET Programme (1990-1994)*. Luxembourg: Office for Official Publications of the European Communities.

Eurydice. 2002. *Key Competencies. A developing concept in general compulsory education (Eurydice Survey 5)*. Brussels: Eurydice (The Information Network on Education in Europe).

Falk, Martin & Katja Seim. 1999. "Worker's Skill Level and Information Technology: Evidence from German Service Firms", pp. 79–116 in Bellmann,

Lutz & Victor Steiner (Hg.), *Panelanalysen zu Lohnstruktur, Qualifikation und Beschäftigungsdynamik*. Nürnberg: Institut für Arbeitsmarkt- und Berufsforschung.

Farago, Peter, Claude Hunold & Fredy Kuhn. 1996. *Ausländische Erwerbstätige in der Schweiz. Eine Strukturanalyse*. Bern: Bundesamt für Statistik.

Farkas, George. 2003. "Cognitive Skills and Noncognitive Traits and Behaviors in Stratification Processes", *Annual Review of Sociology*, 29: 541–562.

Felstead, Alan & Nick Jewson (Hg.). 1999. *Global Trends in Flexible Labor*. Houndmills: Macmillan.

Fernandez, Roberto M. & Marie Louise Mors. 2008. "Competing for Jobs: Labor Queues and Gender Sorting", *Social Sci. Res.*, in print: doi:10.1016/j.ssresearch.2007.10.003.

Form, William, Robert L. Kaufman, Toby L. Parcel & Michael Wallace. 1988. "The Impact of Technology on Work Organisation and Work Outcome", pp. 303–328 in Farkas, George & Paula England (Hg.), *Industries, Firms, and Jobs. Sociological and Economic Approaches*. New York: Plenum Press.

Fourastié, Jean. 1952. *Le Grand Espoir du XXe Siècle (édition définitive)*. Paris: Gallimard.

Frenkel, Stephen J., May Tam, Marek Korczynski & Karen Shire. 1998a. „Beyond Bureaucracy? Work Organisation In Call Centres", *The International Journal of HRM*, 9: 6: 958–979.

Frenkel, Stephen J., Marek Korczynski, Karen Shire & May Tam. 1998b. *On the Front Line: Organization of Work in the Information Economy*. Ithaca, NY: Cornell University Press.

Freundlinger, Alfred. 1992. *Schlüsselqualifikationen: Der interaktionsorientierte Ansatz*. Wien: Institut für Bildungsforschung der Wirtschaft.

Froud, Julie, Colin Haslam, Sukhdev Johal & Karel Williams. 2000. „Shareholder Value and Financialization: Consultancy Promises, Management Moves", *Economy and Society*, 29: 1: 80-110.

Gale, H. Frederick Jr., Timothy R. Wojan & Jennifer C. Olmsted. 2002. "Skills, Flexible Manufacturing Technology, and Work Organization", *Industrial Relations*, 41: 1: 48–78.

Gerlach, Knut & Uwe Jirjahn. 1998. "Technischer Fortschritt, Arbeitsorganisation und Qualifikation: Eine empirische Analyse für das verarbeitende Gewerbe Niedersachsens", *Mitteilungen aus der Arbeitsmarkt- und Berufsforschung*, 3: 426–437.

Gernandt, Johannes & Friedhelm Pfeiffer. 2005. *Rising Wage Inequality in Germany (Discussion Paper No. 06-019)*. Mannheim: Zentrum für Europäische Wirtschaftsforschung.

Gershuny, Jonathan. 1978. *After Industrial Society? The Emerging Self-service Economy*. London: MacMillan & Co.

Geser, Hans. 1983. "Qualifikatorische Anforderungsprofile bei wirtschaftlichen Führungspositionen", *Soziale Welt*, 34: 471–499.

Geser, Hans. 2003. *Schlussbericht zu den Projekten „Qualifikationsstruktur und Beschäftigungswandel" und "Trends Toward Flexibility in Swiss Firms. Causal Antecedents and Consequences for Role Qualifications" (Manuskript).* Zürich: Soziologisches Institut der Universität Zürich.

Giddens, Anthony. 1994. "Living in a Post-Traditional Society", pp. 56–109 in Beck, Ulrich, Anthony Giddens & Scott Lash (Hg.), *Reflexive Modernization: Politics, Tradition and Aesthetics in the Modern Social Order.* Cambridge: Polity Press.

Giddens, Anthony. 1996. *Konsequenzen der Moderne*. Frankfurt/M.: Suhrkamp.

Gilbert, Nigel, Roger Burrows & Anne Pollert (Hg.). 1992. *Fordism and Flexibility: Divisions and Change*. Houndmills: Macmillan.

Gittleman, Maury, Michael Horrigan & Mary Joyce. 1998. " 'Flexible' Workplace Practices: Evidence From a Nationally Representative Survey", *Industrial and Labor Relations Review*, 52: 1: 99–115.

Goldthorpe, John H. & Colin Mills. 2004. "Trends in Intergenerational Class Mobility in Britain in the Late Twentieth Century", pp. 195–224 in Breen, Richard (Hg.), *Social Mobility in Europe.* Oxford: Oxford University Press.

Goleman, Daniel. 1996. *Emotionale Intelligenz*. München: Carl Hanser.

Gonon, Philipp (Hg.). 1996. *Schlüsselqualifikationen kontrovers: eine Bilanz aus kontroverser Sicht*. Aarau: Sauerländer.

Goos, Maarten & Alan Manning. 2003. *Lousy and Lovely Jobs: the Rising Polarization of Work in Britain*. Working Paper published by the Center for Economic Performance, London School of Economics and Political Science.

Gossens, Franz & Alfred Degelmann (Hg.). 1952. *Die Praxis der Mitarbeiter Auswahl. Bericht über eine Untersuchung*. München.

Graf, Stefan, Fred Henneberger & Hans Schmid. 2000. *Flexibilisierung der Arbeit: Erfahrungen aus erfolgreichen schweizerischen Unternehmen*. Bern: Haupt.

Grint, Keith & Steve Woolgar. 1997. *The Machine at Work. Technology, Work and Organization*. Cambridge: Polity Press.

Grob, Maja. 2003. *Qualifikationsanforderungen an Lehrlinge. Eine quantitative Analyse von Stelleninseraten mit ergänzenden qualitativen Betriebsbefragungen (Lizentiatsarbeit).* Zürich: Soziologisches Institut der Universität Zürich.

Gross, Peter. 1994. *Die Multioptionsgesellschaft*. Frankfurt/M.: Suhrkamp.

Grote, Gudela. 1996. „Der Konflikt zwischen individuellen und organisationalen Interessen vor dem Hintergrund des ‚Wertewandels' ", pp. 321–333 in Honegger, Claudia, Jürg M. Gabriel, René Hirsig, Johanna Pfaff-Czarnecka & Edo Poglia (Hg.), *Gesellschaften im Umbau. Identitäten, Konflikte, Differenzen. Hauptreferate des Kongresses der schweizerischen Sozialwissenschaften, Bern 1995.* Zürich: Seismo.

Gruber, Katja. 2003. *Schlüsselqualifikationen: Konsensstiftende Leerformel, technokratische Beherrschung des Subjektes oder Indiz für Reformbedarf in der betrieblichen Erstausbildung? (Diplomarbeit in Erziehungswissenschaft / Erwachsenenbildung / Außerschulische Jugendbildung).* Mainz: Johannes Gutenberg-Universität.

Grubitzsch, Siegfried. 1991. *Testtheorie – Testpraxis: Psychologische Tests und Prüfverfahren im kritischen Überblick.* Reinbeck bei Hamburg: Rowohlt.

Habermas, Jürgen. 1988. *Theorie des kommunikativen Handelns.* Frankfurt am Main: Suhrkamp.

Hage, Jerald & Charles H. Powers. 1992. *Post-Industrial Lives. Roles and Relationships in the 21st Century.* Newbury Park: Sage.

Hakim, Catherine. 1996. *Key Issues in Women's Work. Female Heterogenity and the Polarisation of Women's Employment.* London & Atlantic Highlands: Athlone.

Halal, William E. 1986. *The New Capitalism.* New York: Wiley.

Hall, Anja. 2004. *Trends der Qualifikationsentwicklung im Berufsfeld Finanzdienstleistung. Ergebnisse einer Stellenanzeigenanalyse und einer Befragung der inserierenden Betriebe.* Bielefeld: Bertelsmann.

Halmos, Paul. 1970. *The Personal Service Society.* Constable.

Hamermesh, Daniel S. 2001. "Demand for Labor", pp. 3384–3389 in Smelser, Neil J. & Paul B. Baltes (Hg.), *International Encyclopedia of the Social and Behavioral Sciences.* Amsterdam: Elsevier.

Hammer, Michael & James Champy. 1996. *Business Reengineering. Die Radikalkur für das Unternehmen.* Frankfurt/M.: Campus.

Handel, Michael J. 2003. „Skills Mismatch in the Labor Market", *Annual Review of Sociology*, 29: 135–165.

Handelszeitung. 1999. *Top 2000: Die grössten Unternehmen in der Schweiz.* Zürich: Handelszeitung und Finanzrundschau.

Harrison, Bennett. 1994. *Lean and Mean. The Changing Landscape of Corporate Power in the Age of Flexibility.* New York: Guilford Press.

Harvey, David. 1990. *The Condition of Postmodernity. An Enquiry into the Origins of Cultural Change.* Cambridge (MA): Blackwell.

Häussermann, Hartmut & Walter Siebel. 1995. *Dienstleistungsgesellschaften.* Frankfurt/M.: Suhrkamp.

Heckman, James J. 2008. *Scholls, Skills, and Synapses (Discussion Paper 3515).* Bonn: IZA.

Heckman, James J., Jora Stixrud & Sergio Urzua. 2006. "The Effects of Cognitive and Noncognitive Abilities on Labor Market Outcomes and Social Behavior", *Journal of Labor Economics*, 24: 3: 411–482.

Heidenreich, Martin. 1996. "Die subjektive Modernisierung fortgeschrittener Arbeitsgesellschaften", *Soziale Welt*, 1: 24–43.

Heintz, Bettina, Eva Nadai, Regula Fischer & Hannes Ummel. 1997. *Ungleich unter Gleichen. Studien zur geschlechtsspezifischen Segregation des Arbeitsmarktes*. Frankfurt/M.: Campus.

Hirst, Paul & Grahame Thompson. 1996. *Globalization in Question. The International Economy and the Possibilities of Governance*. Cambridge: Polity Press.

Hobsbawm, Eric. 1995. *Das Zeitalter der Extreme. Weltgeschichte des 20. Jahrhunderts*. München: Hanser.

Hoffmann, Dietrich. 1995. *Heinrich Roth oder die andere Seite der Pädagogik : Erziehungswissenschaft in der Epoche der Bildungsreform*. Weinheim: Deutscher Studien-Verlag.

Hoffmann, Edeltraud & Ulrich Walwei. 1998. „Normalarbeitsverhältnis: Ein Auslaufmodell? Überlegungen zu einem Erklärungsmodell für den Wandel der Beschäftigungsformen", *Mitteilungen aus der Arbeitsmarkt- und Berufsforschung*, 3: 409–425.

Hohn, Hans-Willy & Paul Windolf. 1988. „Lebensstile als Selektionskriterien – Zur Funktion ‚biographischer Signale' in der Rekrutierungspolitik von Arbeitsorganisationen", pp. 179–207 in Brose, Hans-Georg & Bruno Hildenbrand (Hg.), *Vom Ende des Individuums zur Idividualität ohne Ende*. Opladen: Leske + Budrich.

Höpflinger, François & Astrid Stuckelberger. 1999. *Alter – Anziani – Viellesse. Hauptergebnisse und Folgerungen aus dem Nationalen Forschungsprogramm NFP32*. Bern: Schweizerischer Nationalfonds.

Hosmer, David W. & Stanley Lemeshow. 1989. *Applied Logistic Regression*. New York: Wiley & Sons.

Hübner, Christoph & Angelika Wachtveitl. 2000. *Vom Facharbeiter zum Prozessgestalter. Qualifikation und Weiterbildung in modernen Betrieben*. Frankfurt/M.: Campus.

Hurrelmann, Klaus. 1975. *Erziehungssystem und Gesellschaft*. Reinbeck: Rowohlt.

Huys, Rik, Luc Sels, Geert van Hootegem, Jan Bundervoet & Erik Henderickx. 1999. „Towards Less Division of Labor? New Production Concepts in the Automotive, Chemical, Clothing, and Machine Tool Industries", *Human Relations*, 52: 1: 67–93.

Inglehart, Ronald. 1977. *The Silent Revolution*. Princeton: Princeton University Press.

Jaccard, James. 2001. *Interaction Effects in Logistic Regression*. Beverly Hills: Sage.

Jackson, Michelle. 2006. "Personality Traits and Occupational Attainment", *European Sociological Review* 22: 2: 187–199.

Jackson, Michelle. 2007. "How far merit selection? Social stratification and the labour market", *British Journal of Sociology* 58: 3: 367–390.

Jackson, Michelle, John H. Goldthorp & Colin Mills. 2005. "Education, Employers and Class Mobility", *Research in Social Stratification and Mobility*, 23: 3–33.

Jackson, Robert M. 1998. *Destined for Equality – The Inevitable Rise of Women's Status*. Cambridge: Harvard University Press.

Jahnke, Thomas & Wolfram Meyerhöfer (Hg.). 2007. *Pisa & Co – Kritik eines Programms*. Hildesheim: Franzbecker.

Jencks, Christopher et.al. 1979. *Who Gets Ahead? The Determinants of Economic Success in America*. New York: Basic Books.

Juhn, Chinhui, Kevin M. Murphy & Brooks Pierce. 1993. "Wage Inequality and the Rise in Returns to Skill", *Journal of Political Economy*, 101: 31: 410-442.

Kalleberg, Arne L. 2003. "Flexible Firms and Labor Market Segmentation: Effects of Workplace Restructuring on Jobs and Workers", *Work and Occupations*, 30: 2: 154–175.

Katz, Lawrence F. & Kevin M. Murphy. 1992. "Changes in relative Wages, 1963–1987: Supply and Demand Factors", *The Quarterly Journal of Economics*, 107: 1: 35–78.

Keller, Rudi. 1994. *Sprachwandel: Von der unsichtbaren Hand in der Sprache*. Tübingen: Francke.

Kelley, Maryellen R. 1990. „New Process Technology, Job Design, and Work Organisation: A Contingency Model", *American Sociological Review*, 55: April: 191–208.

Kern, Horst & Michael Schumann. 1970. *Industriearbeit und Arbeiterbewusstsein*. Frankfurt/M.: Europäische Verlagsanstalt.

Kern, Horst & Michael Schumann. 1984. *Das Ende der Arbeitsteilung? Rationalisierung in der industriellen Produktion*. München: Beck.

Klages, Helmut, Hans Jürgen Hippler & Willi Herbert (Hg.). 1992. *Werte und Wandel. Ergebnisse und Methoden einer Forschungstradition*. Frankfurt/M.: Campus.

Klauder, Wolfgang. 1990. *Ohne Fleiss kein Preis. Die Arbeitswelt der Zukunft*. Zürich: Edition Interfrom.

Kleinmann, Martin. 1997. *Assessment Center: Stand der Forschung – Konsequenzen für die Praxis*. Göttingen: Verlag für angewandte Psychologie.

Klieme, Eckhard, Hermann Avenarius, Werner Blum, Peter Döbrich, Hans Gruber, Manfred Prenzel, Kristina Reiss, Kurt Riquarts, Jürgen Rost, Tenorth, Heinz-Elmar & Helmuth J. Vollmer. 2003. *Zur Entwicklung nationaler Bildungsstandards: Eine Expertise*. Bonn: BMBF.

Klodt, Henning, Rainer Maurer & Axel Schimmelpfennig. 1996. *Tertiarisierung in der deutschen Wirtschaft*. Tübingen: J.C.B. Mohr.

Kmec, Julie A. 2005. „Setting Occupational Sex Segregation in Motion: Demand-Side Explanations of Sex Traditional Employment", *Work and Occupations*, 32: 3: 322–354.

Knoblauch, Hubert. 1996. "Arbeit als Interaktion. Informationsgesellschaft, Post-Fordismus und Kommunikationsarbeit", *Soziale Welt*, 47: 3: 344–368.

Kress, Ulrike. 1998. „Vom Normalarbeitsverhältnis zur Flexibilisierung des Arbeitsmarktes – Ein Literaturbericht", *Mitteilungen aus der Arbeitsmarkt- und Berufsforschung*, 3:

Kugler, Peter & Stefan Spycher. 1992. „Der Einfluss des Technologiewandels auf die Struktur der Arbeitsnachfrage in der Schweiz von 1950–1988", *Schweizerische Zeitschrift für Volkswirtschaft und Statistik*, 128: 4: 617–641.

Kuhn, Hans-Werner. 1980. *Qualifikation und Sozialisation in der beruflichen Bildung : Ein Beitrag zur aktuellen Problematik des Verhältnisses von Bildungssystem und Beschäftigungssystem im Bereich der beruflichen Bildung*. Frankfurt am Main: Diesterweg.

Kuhn, Peter & Catherine Weinberger. 2002. *Leadership Skills and Wages (Discussion Paper 482)*. Bonn: IZA.

Lalive d'Epinay, Christian. 1991. *Die Schweizer und ihre Arbeit. Von Gewissheiten der Vergangenheit zu Fragen der Zukunft*. Zürich: Verlag der Fachvereine.

Lalive d'Epinay, Christian. 1992. „Vom Ethos der Arbeit zum Ethos der Selbstverwirklichung. Der soziokulturelle Wandel in der Schweiz im zwanzigsten Jahrhundert", pp. 160-177 in Zoll, Rainer (Hg.), *Ein neues kulturelles Modell*. Opladen: Westdeutscher Verlag.

Lash, John & Scott Urry. 1987. *The End of Organised Capitalism*. Oxford: Polity Press.

Laur-Ernst, Ute. 1983. "Zur Vermittlung berufsübergreifender Qualifikationen. Oder: warum und wie lernt man abstraktes Denken?" *Berufsbildung in Wissenschaft und Praxis*, 12: 6: 187–190.

Laur-Ernst, Ute. 1990. „Schlüsselqualifikationen – innovative Ansätze in den neugeordneten Berufen und ihre Konsequenzen fürs Lernen", pp. 36–55 in Reetz, Lothar & Thomas Reitmann (Hg.), *Schlüsselqualifikationen. Dokumentation des Symposiums in Hamburg »Schlüsselqualifikationen – Fachwissen in der Krise?«*. Hamburg: Feldhaus.

Lechner, Ferdinand. 1985. *Geschlechtsspezifische Diskriminierung am Anzeigenmarkt. Inhaltsanalyse von Stellenanzeigen und Bewerbungsexperiment.* Wien: Institut für höhere Studien Wien (Forschungsbericht).

Leigh, Duane E. & Kirk D. Gifford. 1999. „Workplace Transformation and Worker Upskilling: The Perspective of Individual Workers", *Industrial Relations*, 38: 2: 174–191.

Levinson, Richard M. 1975. "Sex Discrimination and Employment Practices: An Experiment with Unconventional Job Inquieries", *Social Problems*, 22: 533–543.

Lindbeck, Assar & Dennis J. Snower. 2000. "Multitask Learning and the Reorganisation of Work: From Tayloristic to Holistic Organisation", *Journal of Labor Economics*, 18: 3: 353–376.

Lombard, Matthew, Jennifer Snyder-Duch & Cheryl Campanella Bracken. 2002. "Content Analysis in Mass Communication: Assessment and Reporting of Intercoder Reliability", *Human Communication Research*, 28: 587–604.

Lüde, Rolf v. 1996. *Die Reorganisation der Fabrik und die Wiederentdeckung der Arbeit. Perspektivn für Bildung und Qualifizierung in der Industriegesellschaft.* Opladen: Westdeutscher Verlag.

Machin, Stephen & John van Reenen. 1998. „Technology and Changes in the Skill Structure: Evidence from Seven OECD-Countries", *Quarterly Journal of Economics*, 113: 4: 1215–1244.

Mangold, Hans. 1985. *Allgemeine Systematik der Wirtschaftszweige. Amtliche Statistik der Schweiz, Heft 40.* Bern: Bundesamt für Statistik.

Mayer, John D. & Casey D. Cobb. 2000. „Educational Policy on Emotional Intelligence: Does It Make Sense?" *Educational Psychology Review*, 12: 2: 163–183.

Meierhans, Jürg. 1998. *Angestellte: Funktionsübergreifende Kompetenzen sind gefordert.* socio.ch/work/jm/01.html.

Meierhans, Jürg. 1999. *Funktionsübergreifende Qualifikationsprofile. Eine Analyse der aktuellen Situation mit Blick in die Zukunft.* socio.ch/work/jm/04.html.

Menard, Scott. 1995. *Applied Logistic Regression Analysis.* Thousand Oaks: Sage.

Merten, Klaus. 1995. *Inhaltsanalyse. Einführung in Theorie, Methode und Praxis (2. Auflage).* Opladen: Westdeutscher Verlag.

Mertens, Dieter. 1974. „Schlüsselqualifikationen: Thesen zur Schulung für eine moderne Gesellschaft", *Mitteilungen aus Arbeitsmarkt und Berufsforschung*, 7: 36–43.

Meyer, John W. & Brian Rowan. 1977. „Institutionalized Organizations: Formal Structure as Myth and Ceremony", *American Journal of Sociology*, 83: 2: 340-363.

Mohler, Peter & Cornelia Züll. 1990. *TEXTPACK PC Release 4.0.* Mannheim: Zentrum für Umfragen, Methoden und Analysen.

Morris, Daniel & Joel Brandon. 1994. *Revolution im Unternehmen. Reengeneering für die Zukunft.* Landsberg/Lech: Verlag Moderne Industrie.

Moser, Urs. 2004. *Jugendliche zwischen Schule und Berufsbildung: Eine Evaluation bei Schweizer Grossunternehmen unter Berücksichtigung des internationalen Schulleistungsvergleichs PISA.* Bern: Schweizerischer Nationalfonds (NFP 43: Synthesis 20).

Moss, Philip & Chris Tilly. 1996. „Soft Skills and Race: An Investigation of Black Men's Employment Problems", *Work and Occupations,* 23: 3: 252–276.

Murnane, Richard J. & Frank Levy. 1996. *Teaching the New Basic Skills: Principles for Educating Children to Thrive in a Changing Economy.* New York: Free Press.

Natriello, Gary. 1989. *What Do Employers Want in Entry-Level Workers? An Assessment of the Evidence (NCEE Occasional Paper No. 7).* New York: Teachers College, Columbia University.

NCEQW. 1995. *First Findings from the EQW National Employer Survey.* Philadelphia PA: University of Pennsylvania (National Center on the Educational Quality of the Workforce).

Neckerman, Kathrin M. & Florencia Torche. 2007. "Inequality: Causes and Consequences", *Annual Review of Sociology,* 33: 335–57.

Nyhus, Ellen K & Empar Pons. 2002. "The Effects of Personality on Labour Market Participation and on Earnings", *Paper Presented at the Annual Meeting of the European Society for Population Economics, Bilbao,*

OECD. 1988. "Technology and Employment", *Employment Outlook,* 6: 173–193.

OECD. 1992. "Recent Labour Market Developments and Prospects", *Employment Outlook,* 10: 3–40.

OECD (Hg.). 1996a. *The OECD Jobs Strategy. Technology, Productivity, and Job Creation.* Paris: Organisation for Economic Co-Operation and Development.

OECD. 1996b. *Technology, Productivity and Job Creation (Vol.2: Analytical Report).* Paris: OECD.

OECD. 2002. *Definition and Selection of Competences (DeSeCo): Theoretical and Conceptual Foundations. Strategy Paper.* DEELSA/ED/CERI/CD(2002)9.

OECD. 2007. *PISA 2006 – Schulleistungen im internationalen Vergleich. Naturwissenschaftliche Kompetenzen für die Welt von morgen.* Paris: OECD / Bertelsmann.

Offe, Claus. 1970. *Leistungsprinzip und industrielle Arbeit: Mechanismen der Statusverteilung in Arbeitsorganisationen der industriellen Leistungsgesellschaft.* Frankfurt/M.: Europäische Verlagsanstalt.

Offe, Claus. 1985. *Disorganised Capitalism.* Cambridge: Polity Press.

Ortner, Lorelies. 1999. „Stellenanzeigen und Geschlecht: Sprachwandel in österreichischen Zeitungen des 20. Jahrhunderts", pp. 325–359 in Pümpel-Mader, Maria & Beatrix Schönherr (Hg.), *Sprache – Kultur – Geschichte. Sprachhistorische Studien zum Deutschen (Hans Moser zum 60. Geburtstag).* Innsbruck: Insbrucker Beiträge zur Kulturwissenschaft; Germanistische Reihe.

Osborne Groves, Melissa. 2005. „Personality and the Intergenerational Transmission of Economic Status", pp. 208–231 in Bowles, Samuel, Herbert Gintis & Melissa Osborne Groves (Hg.), *Unequal Chances: Family Background and Economic Success.* Princeton, NJ: Princeton University Press.

Osterman, Paul. 1994. "How Common is Workplace Transformation and Who Adopts It?" *Industrial and Labor Relations Review*, 47: 2: 173–188.

Pervin, Lawrence A. 2000. *Persönlichkeitstheorien.* München: Ernst Reinhardt.

Petersen, Trond & Thea Togstad. 2006. „Getting the Offer: Sex Discrimination in Hiring", *Research in Social Stratification and Mobility*, 24: 239–257.

Phelps, Edmund S. 1972. "The Statistical Theory of Racism and Sexism", *The American Economic Review*, 62: 4: 659–661.

Pinchot, Gifford. 1985. *Intrapreneuring: Why You Don't Have to Leave the Corporation to Become an Entrepreneur.* New York: Harper & Row.

Piore, Michael J. & Charles F. Sabel. 1984. *The Second Industrial Divide: Possibilities for Prosperity.* New York: Basic Books.

Piva, Mariacristina, Enrico Santarelli & Marco Vivarelli. 2005. "The Skill Bias Effect of Technological and Organisational Change: Evidence and Policy Implications", *Research Policy*, 34: 141–157.

Pohl, Hans-Joachim. 1975. "Stigmatisierung älterer Mitarbeiter im Industriebetrieb", pp. 109–123 in Brusten, Manfred & Jürgen Hohmeier (Hg.), *Stigmatisierung 1: Zur Produktion gesellschaftlicher Randgruppen.* Darmstadt: Luchterhand.

Postel, Gert. 2001. *Doktorspiele. Geständnisse eines Hochstaplers.* Frankfurt/M.: Eichborn.

Reetz, Lothar. 1989. „Zum Konzept der Schlüsselqualifikationen in der Berufsbildung", *Berufsbildung in Wissenschaft und Praxis*, 18: 5 (Teil 1); 6 (Teil2): 3–10 und 24–30.

Reetz, Lothar. 1990. „Zur Bedeutung der Schlüsselqualifikationen in der Berufsbildung", pp. 16–35 in Reetz, Lothar & Thomas Reitmann (Hg.), *Schlüsselqualifikationen. Dokumentation des Symposiums in Hamburg*

»Schlüsselqualifikationen – Fachwissen in der Krise?«. Hamburg: Feldhaus.

Reetz, Lothar. 1999. „Zum Zusammenhang von Schlüsselqualifikationen – Kompetenzen – Bildung", pp. 32–51 in Tramm, Tade, Detlef Sembill, Fritz Klauser & Ernst. G.John (Hg.), *Professionalisierung kaufmännischer Berufsbildung: Beiträge zur Öffnung der Wirtschaftspädagogik für die Anforderungen des 21. Jahrhunderts (Festschrift zum 60. Geburtstag von Frank Achtenhagen)*. Frankfurt/ M: Peter Lang.

Reetz, Lothar & Thomas Reitmann (Hg.). 1990. *Schlüsselqualifikationen. Dokumentation des Symposiums in Hamburg »Schlüsselqualifikationen – Fachwissen in der Krise?«*. Hamburg: Feldhaus.

Reyher, Lutz, Eugen Spitznagel & Gerhard Kretschmer. 1990. „Das gesamtwirtschaftliche Stellenangebot", *Mitteilungen aus der Arbeitsmarkt- und Berufsforschung*, 23: 3: 347–372.

Rief, Hermann. 1959. *Die Qualifikation leitender Führungskräfte. Eine Analyse aus Zeitungsinseraten*. München: Uni-Druck (Schriftenreihe der Forschungsstelle für Betriebswirtschaft und Sozialpraxis).

Riffe, Daniel, Stephen Lacy & Frederick G. Fico. 1998. *Analyzing Media Messages. Using Quantitative Content Analysis in Research*. Mahwah: Lawrence Erlbaum.

Roth, Heinrich. 1971. *Pädagogische Anthropologie. Band 2: Entwicklung und Erziehung*. Hannover: Schroedel.

Rowthorn, Robert E. & John R. Wells. 1987. *De-Industrialization and Foreign Trade*. Cambridge: University Press.

Rychen, Dominique Simone & Laura Hersh Salganik (Hg.). 2003. *Key Competencies for Successful Life and a Well-Functioning Society*. Göttingen: Hogrefe & Huber.

Ryscavage, Paul & Peter Henle. 1990. "Earnings Inequality Accelerates in the 1980's." *Monthly Labor Review*, 113: 12: 3–16.

Sacchi, Stefan. 2003. "Diffusionsmuster von Computerarbeit in der Schweiz – Eine Forschungsnotiz", *Schweizerische Zeitschrift für Soziologie*, 29: 3:

Sacchi, Stefan, Alexander Salvisberg & Marlis Buchmann. 2005. „Long-Term Dynamics of Skill Demand in Switzerland from 1950-2000", pp. 105–134 in Kriesi, Hanspeter, Peter Farago, Martin Kohli & Milad Zarin-Nejadan (Hg.), *Contemporary Switzerland: Revisiting the Special Case*. Houndmills: Palgrave Macmillan.

Salvisberg, Alexander. 2001. "Freizeitinteressen und die Verortung des Selbst 1900–2000", *Schweizerische Zeitschrift für Soziologie*, 27: 2: 297–327.

Salvisberg, Alexander. 2004. „Muster geschlechtsspezifischer Segregation im Wandel: Frauen- und Männerstellen im Gastgewerbe 1950–2000", pp. 9–30 in Nollert, Michael, Hanno Scholtz & Patrick Ziltener (Hg.),

Wirtschaft in soziologischer Perspektive. Diskurs und empirische Analysen. München: Lit-Verlag.

Salvisberg, Alexander. 2008. Sozialkompetenzen und arbeitsmarktliche Ungleichheitsstrukturen. In: Karl-Siegberg Rehberg (Hg.). *Die Natur der Gesellschaft. Verhandlungsband des 33. Kongresses der Deutschen Gesellschaft für Soziologie in Kassel 2006* (CD-ROM). Frankfurt/Main: Campus.

Salvisberg, Alexander, Urs Klarer & Stefan Sacchi. 2001. „Ungleicher Einsatz von Homepages in der Schweizer Wirtschaft", *Die Volkswirtschaft*, 74: 7: 54–60.

SCANS, The Secretary's Commission on Achieving Necessary Skills. 1991. *What Work Requires From Schools: A SCANS Report for America 2000.* Washington DC: U.S. Department of Labor.

SCANS, The Secretary's Commission on Achieving Necessary Skills. 1992. *Learning a Living: A Blueprint for High Performance: A SCANS Report for America 2000.* Washington DC: U.S. Department of Labor.

Schade, Hans-Joachim. 2002. *Qualifikationsanforderungen der Betriebe an neue Mitarbeiter/innen im Bereich Gesundheit/Wellness. Ergebnisbericht für die Betriebe.* Bonn: BIBB.

Schulz, Bernd. 1990. „Schlüsselqualifikationen in der betrieblichen Ausbildung am Beispiel der ‚Projekt- und transferorientierten Ausbildung' (PETRA) dargestellt (Siemens AG)", pp. 56–65 in Reetz, Lothar & Thomas Reitmann (Hg.), *Schlüsselqualifikationen. Dokumentation des Symposiums in Hamburg »Schlüsselqualifikationen – Fachwissen in der Krise?«.* Hamburg: Feldhaus.

Schulze, Gerhard. 1992. *Die Erlebnisgesellschaft. Kultursoziologie der Gegenwart.* Frankfurt/M.: Campus.

Schumann, Michael, Volker Baethge-Kinsky, Martin Kuhlmann, Constanze Kurz & Uwe Neumann. 1994a. „Der Wandel der Produktionsarbeit im Zugriff neuer Produktionskonzepte", pp. 11–45 in Beckenbach, Niels & Werner van Treeck (Hg.), *Umbrüche gesellschaftlicher Arbeit (Soziale Welt – Sonderband 9).* Göttingen: Otto Schwartz.

Schumann, Michael, Volker Baethge-Kinsky, Martin Kuhlmann, Constanze Kurz & Uwe Neumann. 1994b. *Trendreport Rationalisierung. Automobilindustrie, Werkzeugmaschinenbau, Chemische Industrie.* Berlin: Edition Sigma.

Schumann, Michael, Volker Baethge-Kinsky & Uwe Neumann. 1990. „Breite Diffusion der Neuen Produktionskonzepte – Zögerlicher Wandel der Arbeitsstrukturen", *Soziale Welt*, 41: 1: 47–69.

Schumpeter, Joseph A. 1949. „Economic Theory and Entrepreneurial History", *Change and the Entrepreneur*, 63–84 (Reprinted in: Essays. On Entrepreneurship, Innovations, Business Cycles, and the Evolution of Capitalism. 1989. New Brunswick: Transaction Publishers. Pp.253–271).

Schweizerische Bundeskanzlei. 1991. *Sprachliche Gleichbehandlung von Frau und Mann in der Gesetzes- und Verwaltungssprache*. Bern: Schweizerische Bundeskanzlei.

Sengenberger, Werner (Hg.). 1978. *Der gespaltene Arbeitsmarkt. Probleme der Arbeitsmarktsegmentation*. Frankfurt/M.: Campus.

Sengenberger, Werner. 1987. *Struktur und Funktionsweise von Arbeitsmärkten. Die Bundesrepublik Deutschland im internationalen Vergleich*. Frankfurt/M.: Campus.

Singlemann, Joachmin. 1978. *From Agriculture to Services. The Transformation of Idustrial Employment*. London: Sage.

Smith, Vicki. 1996. "Employee Involvement, Involved Employees: Participative Work Arrangements in a White-Collar Service Occupation", *Social Problems*, 43: 2: 166–179.

Smith, Vicki. 1997. "New Forms of Work Organziation", *Annual Review of Sociology*, 23: 315–339.

Sørensen, Aage B. 1977. "The Structure of Inequality and the Process of Attainment", *American Sociological Review*, 42: December: 965–978.

Sørensen, Aage B. 2000. "Toward a Sounder Basis for Class Analysis", *American Journal of Sociology*, 105: 6: 1523–58.

Spence, Michael. 1973. "Job Market Signaling", *The Quarterly Journal of Economics*, 87: 3: 355–374.

Spenner, Kenneth. 1983. "Deciphering Prometheus: Temporal Changes in the Skill Level of Work", *American Sociological Review*, 48: 824–837.

Spenner, Kenneth. 1988. "Technological Change, Skill Requirements, and Education: The Case for Uncertainty", pp. 131–184 in Cyert, Richard M. & David C. Mowery (Hg.), *The Impact of Technological Change on Employment and Economic Growth.* Cambridge (Mass.): Ballinger.

Springer, Roland. 1999. *Rückkehr zum Taylorismus? Arbeitspolitik in der Automobilindustrie am Scheideweg*. Frankfurt/M.: Campus.

Stamm, Hanspeter, Markus Lamprecht, Rolf Nef, Dominique Joye & Christian Suter. 2000. „Die Ungleichheitsstruktur der Schweiz an der Schwelle zum 21. Jahrhundert", pp. 9–51 in Farago, Peter (Hg.), *Analysis of Comparative and Longitudinal Data. 3 Contributions Using ISSP, Eurobarometer and Household Panel Data (SPP Working Paper 6).* Bern: SNF.

Stasz, Cathleen. 1997. "Do Employers Need the Skills They Want?: Evidence from Technical Work", *Journal of Education and Work*, 10: 3: 205–23.

Stasz, Cathleen, Kimberly Ramsey, Rick Eden, Elan Melamid & Tessa Kaganoff. 1996. *Workplace Skills in Practice: Case Studies of Technical Work*. Pittsburgh: RAND-Report (MR-722-NCRVE/UCB).

Stooss, Friedemann & Inge Weidig. 1990. "Der Wandel der Tätigkeitsfelder und -profile bis zum Jahr 2010", *Mitteilungen aus der Arbeitsmarkt- und Berufsforschung*, 1: 34–51.

Szydlik, Mark. 1996. „Ethnische Ungleichheit auf dem deutschen Arbeitsmarkt", *Kölner Zeitschrift für Soziologie und Sozialpsychologie*, 48: 4: 658–676.

Then, Werner. 1994. *Die Evolution in der Arbeitswelt. Anregungen für soziale und organisatorische Innovationen in Wirtschaft und Gesellschaft*. Bonn: Innovatio.

Thom, Norbert, Adrian Blum & Robert J. Zaugg. 1996. *Ausgewählte Trends der Personalmanagements in der Schweiz*. Bern: Institut für Organisation und Personal der Universität Bern.

Thompson, Paul & Christ Warhurst (Hg.). 1998. *Workplaces of the Future*. Houndmills: Macmillan.

Thurow, Lester C. 1969. *Poverty and Discrimination*. Washington D.C.: Brookings Institution.

Thurow, Lester C. 1975. *Generating Inequality*. New York: Basic Books.

Touraine, Alain. 1969. *La société post-industrielle*. Paris: Denoël.

Trinczek, Reiner. 1999. „"Es gibt sie, es gibt sie nicht, es gibt sie, es..." – Die Globalisierung der Wirtschaft im aktuellen sozialwissenschaftlichen Dsikurs", pp. 55–75 in Schmidt, Gert & Reiner Trinczek (Hg.), *Globalisierung. Ökonomische und soziale Herausforderungen am Ende des zwanzigsten Jahrhunderts (Soziale Welt – Sonderband 13)*. Baden-Baden: Nomos.

Utter, Robert F. 1947. „Relation of Personality and Charakter Requirements to Jobs in a Civil Service Agency", *Journal of Applied Psycholgy*, 31: 4: 651–654.

Vallas, Steven P. 1999. "Rethinking Post-Fordism: The Meaning of Workplace Flexibility", *Sociological Theory*, 17: 1: 68–101.

van Zolingen, Simone J. 2002. "The Role of Key Qualifications in the Transition from Vocational Education to Work", *Journal of Vocational Education Research*, 27: 2: 217–242.

Vincens, Jean. 1978. "Bildung und Arbeitsmarktsegmentation in Frankreich", pp. 225–256 in Sengenberger, Werner (Hg.), *Der gespaltene Arbeitsmarkt. Probleme der Arbeitsmarktsegmentation*. Frankfurt/M.: Campus.

Voss, Günter G. & Hans J. Pongratz. 1998. „Der Arbeitskraftunternehmer. Eine neue Grundform der Ware Arbeitskraft?" *KZfSS*, 1: 131–158.

Wagner, Peter. 1994. *A Sociology of Modernity. Liberty and Discipline*. London: Routledge.

Wagner, Peter. 1995. *Soziologie der Moderne. Freiheit und Disziplin*. Frankfurt/M.: Campus.

Wahren, Heinz-Kurt E. 1994. *Gruppen- und Teamarbeit in Unternehmen*. Berlin: De Gruyter.

Weber, Hajo. 1994. „Die Evolution von Produktionsparadigmen: Craft Production, Mass Production, Lean Production", pp. 22–44 in Weber,

Hajo (Hg.), *Lean Management – Wege aus der Krise. Organisatorische und gesellschaftliche Strategien.* Wiesbaden: Gabler.

Weichselbaumer, Doris. 2004. „Is it Sex or Personality? The Impact of Sex Stereotypes on Discrimination in Applicant Selection", *Eastern Economic Journal*, 30: 2: 159–186.

Wenger, Ludwig. 1991. "Qualifikation als Gegenstand unterschiedlicher Forschungsdisziplinen", pp. 193–208 in Aschenbrücker, Karin & Ulrich Pleiss (Hg.), *Menschenführung und Menschenbildung : Perspektiven für Betrieb und Schule (Festschrift für Ernst Wurdack zum 65. Geburtstag).* Hohengehren: Schneider.

Wicki, Martin. 1998. *Qualifikationsbedarf auf dem Arbeitsmarkt. Zusatzauswertung einer Firmenbefragung in den Regionen Biel-Seeland und Oberaargau.* Bern: Koodinationsstelle für Weiterbildung, Universität Bern.

Wiesenthal, Helmut. 1999. „Globalisierung als Epochenbruch – Maximaldimensionen eines Nichtnullsummenspiels", pp. 503–533 in Schmidt, Gert & Reiner Trinczek (Hg.), *Globalisierung. Ökonomische und soziale Herausforderungen am Ende des zwanzigsten Jahrhunderts (Soziale Welt – Sonderband 13).* Baden-Baden: Nomos.

Williams, Karel. 2000. „From Schareholder Value to Present-Day Capitalism", *Economy and Society*, 29: 1: 1–12.

Williams, Karel, Tony Cutler, John Williams & Colin Haslam. 1987. "The End of Mass Production? (Review on Piore and Sabel: The Second Industrial Divide. 1984)", *Economy and Society*, 16: 3: 405–439.

Williamson, Oliver E. 1981. "The Economics of Organization: The Transaction Cost Approach", *American Journal of Sociology*, 87: 548–577.

Winston, Norma. 1988. "Sex-Bias Response to Telephoned Job Inquiries; Tampa, 1987", *Social Science Research*, 72: 121–124.

Womack, James P., Daniel T. Jones & Daniel Roos. 1990. *The Machine that Changed the World.* New York: Rawson.

Zammuto, Raymond F. & Edward J. O'Connor. 1992. "Gaining Advanced Manufacturing Technologies' Benefits: The Roles of Organization Design and Culture", *Academy of Management Review*, 17: 4: 701–728.

Zink, Klaus J. 1994. "Quality Management und neue Formen der Organisation", pp. 45–60 in Weber, Hajo (Hg.), *Lean Management – Wege aus der Krise. Organisatorische und gesellschaftliche Strategien.* Wiesbaden: Gabler.

Zürcher, Boris A. 2004. „Income Inequality and Mobility: A Nonparametric Decomposition Analysis by Age for Switzerland in the 80s and 90s", *Schweizerische Zeitschrift für Volkswirtschaft und Statistik*, 140: 2: 265–292.

Anhang

Tabelle A.1: Kategorisierung der Berufsgruppen

Nr.	Berufsgruppe	Häufigkeit
1	**Landwirtschaftliche Berufe**	**850**
111	Berufe der Landwirtschaft	551
112	Landwirtschaftliche Spezialberufe	6
113	Tierzüchter/-innen und verwandte Berufe	43
114	Gärtner/-innen und verwandte Berufe	207
115	Berufe der Forstwirtschaft, Jagd und Fischerei	20
241	Berufe der Förderung von Bodenschätzen	13
	Andere oder nicht genauer zuordenbare Berufe*	10
2	**Berufe des Bau- und Ausbaugewerbes**	**4322**
231	Berufe des Bauhauptgewerbes	1478
232	Berufe des Ausbaugewerbes	2321
242	Berufe der Steinbearbeitung	10
295	Maschinisten/Maschinistinnen (295.02 und 295.03)	180
384	Berufe des Kunsthandwerks	12
	Andere oder nicht genauer zuordenbare Berufe*	321
3	**Berufe der Metall-, Masch.-, El.-, und chemischen Industrie**	**4513**
251	Berufe der Metallerzeugung	21
252	Berufe der Metallbearbeitung, -verformung, -veredelung sowie -härtung	479
253	Berufe des Metallbaus sowie der Metallverbindung	1034
254	Berufe des Maschinenbaus sowie -unterhalts	1329
255	Berufe der Elektrotechnik und Elektronik	309
256	Berufe der Uhrenindustrie	69
257	Berufe des Fahrzeug- und Gerätebaus und -unterhalts	787
281	Berufe der Chemieverfahren	167
282	Berufe der Kunststoffherstellung und -verarbeitung sowie der Gummibearbeitung	22
	Andere oder nicht genauer zuordenbare Berufe*	296
4	**Übrige industrielle und gewerbliche Berufe**	**3235**
211	Berufe der Lebensmittelherstellung und -verarbeitung	660
212	Berufe der Getränkeherstellung und -verarbeitung	10
214	Degustierer/-innen und verwandte Berufe	2
221	Berufe der Textilherstellung	164
222	Berufe der Textilverarbeitung	562
223	Berufe der Lederherstellung, Leder- und Fellverarbeitung	88
243	Berufe der Baustoff- und Bausteinherstellung	9
244	Berufe der Keramik- und Glasverarbeitung	9
261	Berufe der Holzverarbeitung	728
262	Berufe der Holzoberflächenveredelung	12

263	Berufe der Papierherstellung sowie -verarbeitung	49
271	Berufe der Druckvorbereitung	67
272	Drucker/-innen und Vervielfältiger/-innen	123
273	Buchbinder/-innen	63
295	Maschinisten/Maschinistinnen (alle ausser 295.02 und 295.03)	194
384	Berufe des Kunsthandwerks (v.a. Dekorateure, Tapezierer)	88
	Andere oder nicht genauer zuordenbare Berufe*	407
5	**Ingenieure und technische Spezialisten**	**2102**
291	Ingenieurberufe	403
292	Techniker/-innen	319
293	Technische Zeichnerberufe	513
294	Technische Fachkräfte	459
333	Berufe der Informatik	408
6	**Verkaufs- und Handelsberufe**	**4242**
311	Einkäufer- und Verkäuferberufe	4108
	Andere oder nicht genauer zuordenbare Berufe*	134
7	**Kaufmännische Angestellte**	**3997**
332	Kaufmännische und administrative Berufe	3613
351	Post- und Fernmeldeberufe (v.a. Telefonistinnen)	247
	Andere oder nicht genauer zuordenbare Berufe*	137
8	**Dienstleistungskaufleute**	**801**
321	Bank- und Versicherungsfachleute	395
322	Berufe der Werbung und des Marketings	108
323	Tourismusfachleute	63
324	Treuhänder/-innen	93
325	Vermittler/-innen, Verleiher/-innen und Versteigerer/-innen	58
362	Berufe des Rechtswesens	64
	Andere oder nicht genauer zuordenbare Berufe*	20
9	**Managementberufe**	**852**
331	Unternehmer/-innen, Direktoren/Direktorinnen, leitende Beamte, Personalfachleute	852
10	**Berufe in Transport, Lager und Sicherheit**	**2240**
341	Schienen- und Seilbahnverkehr	69
342	Berufe des motorisierten Strassenverkehrs	690
343	Berufe des Wasserverkehrs	5
344	Berufe des Luftverkehrs	28
345	Übrige Transport- und Verkehrsberufe, Kuriere/Kurierinnen	627
361	Sicherheitsberufe	228
461	Übrige Berufe (461.01 bis 461.03)	561
	Andere oder nicht genauer zuordenbare Berufe*	32
11	**Hauswirtschafts- und Reinigungsberufe**	**4017**
392	Hauswirtschaftsberufe	2988
411	Berufe der Reinigung und des Unterhalts	999
412	Berufe der öffentlichen Hygiene	13
	Andere oder nicht genauer zuordenbare Berufe*	17

12	**Berufe in Gesundheit und Körperpflege**	**1274**
413	Berufe der Körperpflege	398
421	Berufe der Humanmedizin und Pharmazie	159
422	Berufe der Therapie und der medizinischen Technik	89
423	Berufe der Zahnpflege	68
424	Berufe der Tiermedizin	1
425	Pflegeberufe	559
13	**Berufe in Erziehung, Wissenschaft und Kultur**	**1168**
371	Wort-, Bild- und Printmedienschaffende	71
372	Bibliothekare/Bibliothekarinnen, Konservatoren/Konservatorinnen u.ä.	17
373	Berufe des Theaters sowie der Ton- und Bildmedien	17
381	Tonkünstler/-innen	23
382	Darsteller/-innen und verwandte Berufe	52
383	Künstlerische und sonstige Gestalter/-innen	26
431	Berufe der Fürsorge und Erziehung	441
432	Berufe der Seelsorge	22
441	Lehrer/-innen an Hochschulen und höheren Fachschulen	23
442	Mittelschullehrer/-innen	11
443	Oberstufenlehrer/-innen	34
444	Primarlehrer/-innen	109
445	Lehrer/-innen des Vorschulunterrichts	41
446	Berufs-, Fach- und Sonderschullehrer/-innen	83
447	Übrige Lehrkräfte und Pädagogen	96
451	Berufe der Wirtschafts- und Sozialwissenschaften, Berufsberater, Psychologen	41
452	Berufe der Geisteswissenschaften	1
453	Berufe der Naturwissenschaften	44
	Andere oder nicht genauer zuordenbare Berufe*	16
14	**Gastgewerbliche Berufe**	**6350**
391	Berufe des Gastgewerbes und der Hotellerie	6324
	Andere oder nicht genauer zuordenbare Berufe*	26
	Total	39'963

* Andere oder nicht genauer zuordenbare Berufe: hier fehlt im Stelleninserat eine eindeutige Berufsbezeichnung, die eine direkte Zuordnung zu einer dreistelligen Kategorie erlaubt. Oft handelt es sich um Bezeichungen wie Arbeiter, Mitarbeiter, Hilfskraft o.ä. Diese Stellen wurden wenn möglich aufgrund anderer Information im Inserat einer der 14 groben Berufskategorien zugeordnet. 279 Fälle, bei denen gar keine Zuordnung möglich war, wurden von den Auswertungen ausgeschlossen.

Die dreistelligen Nummern entsprechen den Berufsgruppen gemäss der Nomenklatur der Volkszählung 1990.

Tabelle A.2: Kategorisierung der Wirtschaftssektoren

Nr.	Sektoren	Häufigkeit
1	**Primärsektor**	**3109**
14	Land- und Forstwirtschaft	613
15	Tierzucht, Gartenbau	155
13	Privathaushalte	2341
2	**Produktion**	**9225**
11	Energie- und Wasserversorgung	210
12	Bergbau	1
21	Nahrungsmittel	532
22	Getränke	98
23	Tabakwaren	11
24	Textilien	409
25	Kleider	645
26	Holzverarbeitung, Möbel	680
27	Papier	137
28	Graphische Erzeugnisse, Verlage	622
29	Lederwaren und Schuhe	88
31	Chemische Erzeugnisse	439
32	Kunststoff- und Kautschukwaren	288
33	Verarbeitung von Steinen und Erde	240
34	Metallbe- und -verarbeitung	1202
35	Maschinen- und Fahrzeugbau	2217
36	Elektrotechnik, Elektronik, Optik	979
37	Uhren, Bijouteriewaren	129
38	Sonstiges Gewerbe	19
	Produktion (falls nicht näher bestimmbar)	279
3	**Baugewerbe**	**5387**
41	Bauhauptgewerbe	3199
42	Ausbaugewerbe	2188
4	**Distributive Dienste**	**7838**
55/56	Handel	6408
58	Reparaturgewerbe	417
61	Bahnen	191
62	Strassenverkehr	445
63	Schiffahrt	31
64	Luftfahrt	69
651	Spedition, Verpackung, Lagerhaus	109
66	Nachrichtenübermittlung	168

5	**Unternehmensdienste**	**2710**
71	Banken, Finanzgesellschaften	527
72	Versicherungen	483
73	Immobilien	150
74	Vermietung, Leasing	8
652	Reisebüros, Verkehrsvermittlung	48
751	Rechts- und Wirtschaftsberatung	269
752	Technische Beratung und Planung	485
754	Sonstige kommerzielle Dienste	379
755	EDV, Informatik	242
87	Interessenvertretung	119
6	**Soziale Dienste**	**3192**
81	Unterrichtswesen	495
82	Forschung, Hochschulen	105
83	Gesundheitswesen	779
84	Umweltschutz	21
85	Heime, Wohlfahrtspflege	690
86	Kirchliche Vereine	70
91	Öffentliche Verwaltung	1009
92	Sozialversicherung	23
7	**Persönliche Dienste, Freizeit**	**8502**
76	Persönliche Dienstleistungen	1559
57	Gastgewerbe	6617
88	Kultur, Sport, Erholung	326
	Total	**39'963**

Die zwei- und dreistelligen Nummern entsprechen den Branchencodierung gemäss der allgemeinen Systematik der Wirtschaftszweige (ASWZ 85).

Tabelle A.3 Bestimmungsgrössen der Soft Skill-Nachfrage 1

(Regressionskoeffizienten B)

Detaillierte Soft Skill-Kategorien; Jahre 1950–2002; alle gültigen Fälle (N = 37'357)

	Methodenkomp.		Sozialkompetenzen			Selbstkomp.	
	statisch	dynam.	umgänglich	kooperativ	dynam.	statisch	dynam.
Beruf							
Landwirtschaft	**−1.275**	0.218	−0.395	0.762	−0.336	**0.345**	−0.419
Bau	**−0.753**	**−0.676**	**−1.119**	**−0.999**	**−1.675**	**−0.307**	**−0.749**
Metall/Maschinen/Elektro/Chemie	−0.017	**−0.339**	**−0.927**	**−0.497**	**−0.963**	**−0.438**	**−0.816**
übrige Industrie	**0.329**	−0.086	**−0.903**	−0.351	**−0.873**	**−0.166**	**−0.520**
Ingenieure/Techniker	0.199	**0.293**	**−0.481**	0.224	−0.090	**−0.396**	**0.223**
Handel/Verkauf	−0.086	**0.280**	**1.046**	0.218	**1.642**	**0.391**	**1.222**
Kaufmännische Angestellte	**0.730**	**0.502**	**0.482**	**0.550**	**0.555**	**0.308**	**0.427**
Dienstleistungskaufleute	0.204	**0.293**	0.299	−0.406	**0.974**	0.182	**0.511**
Management	**0.405**	**0.625**	**0.515**	−0.027	**0.853**	0.046	**0.615**
Transport/Sicherheit	**0.777**	−0.144	0.153	0.360	−0.026	**0.633**	**−0.506**
Haushalt/Reinigung	0.058	**−0.396**	0.048	−0.088	−0.062	**0.698**	**−0.934**
Gesundheit/Körperpflege	**−0.495**	−0.041	**0.279**	0.353	**0.433**	−0.209	**0.871**
Erziehung/Wissenschaft/Kultur	−0.073	0.134	0.176	0.274	**0.374**	**−0.629**	**0.483**
Gastgewerbe	−0.004	**−0.663**	**0.826**	**−0.372**	**−0.806**	**−0.458**	−0.408
Ausbildungsstufe 4: tief (R)							
1: sehr hoch	**1.364**	**1.312**	0.185	**1.441**	**1.132**	0.167	**0.954**
2: hoch	**0.936**	**0.980**	0.067	**1.096**	**0.491**	0.156	**0.765**
3: mittel	**0.764**	**0.749**	**0.203**	0.835	0.319	0.327	0.505
Leitungsposition	–	**0.599**	–	–	**0.818**	**0.279**	**0.368**
Lehrstelle	**−0.581**	**1.385**	**−0.660**	–	–	**−0.723**	–
Sektor Primärsektor	**−0.975**	**−0.926**	0.126	−0.362	**−0.748**	0.089	−0.499
Produktion	**0.516**	**0.265**	**−0.244**	0.099	0.145	0.049	0.129
Baugewerbe	−0.294	−0.190	**−0.447**	−0.314	−0.222	**−0.280**	−0.057
Distribution	**0.222**	**0.345**	**0.248**	0.256	−0.006	−0.016	**0.373**
Unternehmensdienste	**0.246**	0.122	0.025	−0.259	**0.292**	0.056	**0.268**
soziale Dienste	**0.541**	**0.285**	−0.008	0.199	**0.463**	**0.169**	−0.185
persönliche Dienste	−0.257	0.098	**0.299**	**0.380**	0.076	−0.067	−0.029
Betriebsgrösse							
mittel	–	−0.001	**−0.180**	**0.181**	0.033	−0.073	0.084
klein	–	**−0.250**	**0.292**	**−0.694**	**−0.442**	**0.166**	**−0.352**
gross	–	**0.251**	−0.112	**0.513**	**0.409**	−0.093	**0.268**
Zentrumsunternehmen	–	–	–	**0.326**	–	–	–
Staatsbetrieb	–	**−0.348**	–	–	–	–	**−0.305**
Technologie (m)	1.080	2.256	1.385	2.742	1.815	0.370	1.763
Teamarbeit	**0.588**	**0.598**	**0.422**	**0.647**	**0.540**	**0.351**	**0.454**

Geschlecht neutral (R)							
männlich	0.074	**0.286**	**−0.406**	−0.251	0.108	**0.581**	0.095
weiblich	**0.682**	−0.070	**0.894**	**−1.018**	**−0.735**	**0.306**	**−1.035**
Geschlecht x Ausbildungsstufe							
männlich x Stufe 1	**−0.662**	−0.211	**0.678**	0.058	−0.025	**−0.618**	0.182
männlich x Stufe 2	−0.358	−0.109	**0.651**	−0.016	0.125	−0.105	**0.272**
männlich x Stufe 3	**−0.622**	**−0.397**	**0.379**	−0.103	0.152	**−0.467**	**0.354**
weiblich x Stufe 1	**−0.968**	0.565	−0.601	**1.556**	**0.968**	**0.600**	**1.461**
weiblich x Stufe 2	**−0.625**	**0.413**	−0.092	**0.948**	**0.574**	−0.045	**0.898**
weiblich x Stufe 3	**−0.742**	−0.009	**−0.355**	0.453	**0.467**	**−0.421**	**0.456**
Arbeitsmarktkonjunktur (m)	−0.001	−0.001	–	–	–	−0.001	−0.001
Personalberater	0.400	0.564	0.338	–	0.692	–	0.500
Mehrfach-Temporärinserat	–	−0.642	−0.932	−0.839	−1.150	−0.836	−1.396
Nichtnormalarbeitsverhältnis	–	–	−0.417	–	–	−0.403	–
Konstante	−3.477	−3.512	−3.082	−4.798	−3.772	−1.714	−3.142
Nagelkerke R^2	0.139	0.245	0.205	0.252	0.319	0.082	0.268

Tabelle A.4: Bestimmungsgrössen der Soft Skill-Nachfrage 2

(Regressionskoeffizienten B)

Kombinierte Soft Skill-Kategorien; Jahre 1950–2002; alle gültigen Fälle (N = 37'357)

	beliebige Soft Skills	statische Soft Skills	dynamische Soft Skills	kombiniert (stat.+ dyn.)
Beruf				
Landwirtschaft	0.110	**0.250**	−0.139	−0.198
Bau	**−0.754**	**−0.539**	**−0.934**	**−0.944**
Metall/Maschinen/Elektro/Chemie	**−0.688**	**−0.543**	**−0.738**	**−0.756**
übrige Industrie	**−0.452**	**−0.261**	**−0.474**	**−0.273**
Ingenieure/Techniker	**−0.259**	**−0.352**	0.043	0.002
Handel/Verkauf	**0.599**	**0.468**	**1.027**	**1.064**
Kaufmännische Angestellte	**0.375**	**0.377**	**0.578**	**0.721**
Dienstleistungskaufleute	**0.398**	0.132	**0.757**	**0.568**
Management	**0.478**	0.098	**0.718**	**0.455**
Transport/Sicherheit	**0.211**	**0.452**	**−0.421**	−0.049
Haushalt/Reinigung	**0.319**	**0.345**	**−0.442**	**−0.477**
Gesundheit/Körperpflege	−0.183	**−0.220**	**0.379**	**0.370**
Erziehung/Wissenschaft/Kultur	**−0.262**	**−0.382**	0.190	0.032
Gastgewerbe	0.109	0.175	**−0.543**	**−0.516**
Ausbildungsstufe 4: tief (R)				
1: sehr hoch	**1.248**	**0.870**	**1.264**	**0.944**
2: hoch	**0.703**	**0.530**	**0.736**	**0.575**
3: mittel	**0.464**	**0.396**	**0.540**	**0.464**
Leitungsposition	0.438	0.181	0.751	0.552
Lehrstelle		−0.712	0.876	
Sektor				
Primärsektor	−0.033	0.012	**−0.691**	**−0.614**
Produktion	**0.127**	0.079	**0.205**	0.126
Baugewerbe	**−0.214**	**−0.274**	−0.052	−0.188
Distribution	**0.134**	**0.106**	**0.306**	**0.236**
Unternehmensdienste	0.074	0.008	0.160	0.036
Soziale Dienste	0.014	**0.112**	0.149	**0.382**
Persönliche Dienste	−0.102	−0.042	−0.076	0.023
Betriebsgrösse				
mittel	**−0.126**	**−0.145**	0.001	−0.006
klein	**0.130**	**0.185**	**−0.338**	**−0.343**
gross	−0.004	−0.039	**0.337**	**0.349**
Zentrumsunternehmen	–	–	–	**0.216**
Staatsbetrieb	–	–	**−0.254**	**−0.357**
Technologie (m)	1.700	1.210	2.538	2.253
Teamarbeit	**0.607**	**0.488**	**0.683**	**0.680**

Geschlecht neutral (R)				
männlich	**0.391**	**0.359**	**0.235**	0.080
weiblich	**0.520**	**0.665**	**–0.526**	**–0.357**
Geschlecht x Ausbildungsstufe				
männlich x Stufe 1	**–0.527**	**–0.663**	–0.098	–0.140
männlich x Stufe 2	–0.164	**–0.328**	0.202	0.140
männlich x Stufe 3	**–0.343**	**–0.460**	0.020	–0.008
weiblich x Stufe 1	–0.384	–0.507	**0.964**	**0.880**
weiblich x Stufe 2	–0.224	**–0.328**	**0.593**	**0.527**
weiblich x Stufe 3	**–0.447**	**–0.536**	0.245	0.061
Arbeitsmarktkonjunktur (m)	–0.001	–0.001	–0.001	–0.001
Personalberater	0.578	0.271	0.670	0.482
Mehrfach-Temporärinserat	–1.058	–0.768	–1.345	–0.804
Nichtnormalarbeitsverhältnis	**–0.419**	**–0.426**	–	–
Konstante	–1.071	–1.293	–2.531	–2.970
Nagelkeke R^2	0.167	0.124	0.340	0.267

Tabelle A.5: Bestimmungsgrössen der Soft Skill-Nachfrage 3

(Regressionskoeffizienten B)

Detaillierte Soft Skill-Kategorien; Jahre 1991–2002; alle gültigen Fälle (N = 8113)

	Methodenkomp.		Sozialkompetenzen			Selbstkomp.	
	statisch	dynam.	umgänglich	kooperativ	dynam.	statisch	dynam.
Beruf							
Landwirtschaft	−0.841	0.617	0.090	0.198	0.433	−0.073	0.068
Bau	**−0.882**	**−0.625**	−0.530	**−0.965**	**−1.698**	0.014	−0.428
Metall/Maschinen/Elektro/Chemie	−0.246	**−0.337**	**−0.669**	−0.399	**−0.846**	−0.208	**−0.384**
Übrige Industrie	0.263	−0.029	**−0.656**	0.005	**−0.709**	0.090	−0.18
Ingenieure/Techniker	0.182	0.108	−0.285	0.323	−0.225	−0.113	0.254
Handel/Verkauf	−0.292	0.242	**0.603**	0.078	**1.254**	0.155	**0.868**
Kaufmännische Angestellte	**0.767**	**0.359**	**0.625**	**0.620**	**0.361**	0.139	0.142
Dienstleistungskaufleute	0.379	0.030	0.204	−0.180	**0.990**	0.224	0.328
Management	**0.397**	**0.369**	0.316	0.018	**0.822**	−0.015	**0.481**
Transport/Sicherheit	**0.578**	−0.249	0.335	0.361	0.205	**0.773**	**−0.741**
Haushalt/Reinigung	**0.714**	0.048	−0.408	0.047	0.394	**0.836**	−0.685
Gesundheit/Körperpflege	−0.368	−0.169	0.270	0.033	−0.018	−0.305	**0.499**
Erziehung/Wissenschaft/Kultur	−0.318	−0.004	−0.360	0.200	0.010	**−0.619**	0.123
Gastgewerbe	−0.333	−0.359	**0.466**	−0.336	**−0.972**	**−0.898**	−0.345
Ausbildungsstufe 4: tief (R)							
1: sehr hoch	**1.413**	**1.373**	0.378	**1.400**	**1.537**	0.367	**0.983**
2: hoch	**1.048**	**0.953**	0.120	**1.036**	**0.739**	0.217	**0.727**
3: mittel	**0.649**	**0.514**	0.196	**0.697**	**0.517**	**0.477**	**0.416**
Leitungsposition	–	**0.301**	–	–	**0.487**	–	–
Lehrstelle	–		–	–	**0.496**	**−1.172**	**−0.807**
Sektor Primärsektor	−0.904	−0.708	0.370	–	**−1.613**	−0.018	−0.8
Produktion	**0.429**	**0.300**	−0.225	–	0.156	**0.295**	**0.322**
Baugewerbe	−0.276	−0.119	**−0.802**	–	0.053	−0.371	−0.231
Distribution	0.058	0.236	**0.243**	–	0.032	0.008	0.232
Unternehmensdienste	0.159	0.277	0.237	–	**0.594**	0.071	**0.555**
Soziale Dienste	**0.606**	0.030	−0.021	–	**0.587**	0.037	−0.088
Persönliche Dienste	−0.072	−0.016	0.199	–	0.192	−0.021	0.010
Betriebsgrösse							
mittel	–	**−0.310**	–	**−0.613**	**−0.463**	–	**−0.413**
klein	–	**0.319**	–	**0.512**	**0.495**	–	**0.369**
gross	–	−0.009	–	0.101	−0.032	–	0.044
Zentrumsunternehmen	–	–	–	**0.357**	–	–	–
Staatsbetrieb	–	–	–	–	–	–	–
Technologie (m)	–	**0.840**	–	**1.064**	–	–	–
Teamarbeit	**0.588**	**0.490**	**0.344**	**0.459**	**0.429**	**0.271**	**0.33**

Geschlecht neutral (R)							
männlich	–	–	-0.378	–	–	0.177	–
weiblich	–	–	**0.938**	–	–	0.219	–
Geschlecht x Ausbildungsstufe							
männlich x Stufe 1	–	–	0.334	–	–	-0.584	–
männlich x Stufe 2	–	–	0.514	–	–	0.045	–
männlich x Stufe 3	–	–	-0.015	–	–	-0.452	–
weiblich x Stufe 1	–	–	-0.748	–	–	0.657	–
weiblich x Stufe 2	–	–	**-0.588**	–	–	-0.028	–
weiblich x Stufe 3	–	–	**-0.526**	–	–	-0.508	–
Arbeitsmarktkonjunktur (m)	–	–	–	–	–	**-0.002**	–
Personalberater	–	–	–	–	0.508	0.414	0.528
Mehrfach-Temporärinserat		-1.066	-0.993	-1.126	-1.100	-0.656	-1.716
Nichtnormalarbeitsverhältnis	–	–	–	–	**-0.292**	–	–
Konstante	-3.279	-2.669	-2.476	-3.788	-2.930	-1.512	-2.378
Nagelkeke R^2	0.167	0.205	0.136	0.174	0.296	0.087	0.199

Tabelle A.6: Bestimmungsgrössen der Soft Skill-Nachfrage 4

(Regressionskoeffizienten B)

Kombinierte Soft Skill-Kategorien; Jahre 1991–2002; alle gültigen Fälle für beliebige Soft Skills (N = 8'113), nur Fälle mit mind. einer Soft Skill-Nennung für kombinierte Nennungen (N = 3'789)

	beliebige Soft Skills		kombiniert
	multivariat	univariat	(stat.+ dyn.)
Beruf			
Landwirtschaft	−0.042	−0.494	0.754
Bau	**−0.644**	**−1.371**	−0.313
Metall/Maschinen/Elektro/Chemie	**−0.569**	**−0.605**	−0.364
Übrige Industrie	**−0.410**	**−0.450**	0.156
Ingenieure/Techniker	−0.031	**0.614**	−0.075
Handel/Verkauf	**0.501**	**0.478**	**0.302**
Kaufmännische Angestellte	**0.354**	**0.718**	**0.372**
Dienstleistungskaufleute	0.338	**0.888**	0.346
Management	0.333	**1.249**	0.201
Transport/Sicherheit	0.156	0.043	−0.178
Haushalt/Reinigung	**0.352**	−0.227	−0.420
Gesundheit/Körperpflege	0.030	−0.126	−0.175
Erziehung/Wissenschaft/Kultur	−0.244	−0.126	−0.292
Gastgewerbe	−0.124	−0.592	−0.313
Ausbildungsstufe 4: tief (R)			
1: sehr hoch	**1.532**		**0.566**
2: hoch	**0.709**		**0.357**
3: mittel	**0.630**		0.064
Leitungsposition	0.351		–
Lehrstelle	−0.307		–
Sektor			
Primärsektor	−0.052		−0.688
Produktion	**0.303**		0.178
Baugewerbe	−0.248		−0.054
Distribution	**0.253**		−0.014
Unternehmensdienste	0.112		0.179
soziale Dienste	−0.204		**0.382**
persönliche Dienste	−0.162		0.017
Betriebsgrösse			
mittel	**−0.182**		0.031
klein	**0.250**		**−0.384**
gross	−0.068		0.416
Zentrumsunternehmen	–		–
Staatsbetrieb	–		–

Technologie (m)	0.931		–
Teamarbeit	0.545		**0.410**
Geschlecht neutral (R)			
männlich	0.033		–
weiblich	0.448		–
Geschlecht * Ausbildungsstufe			
männlich*Stufe 1	–0.484		–
männlich*Stufe 2	0.053		–
männlich*Stufe 3	–0.277		–
weiblich*Stufe 1	–0.744		–
weiblich*Stufe 2	–0.086		–
weiblich*Stufe 3	**–0.512**		–
Arbeitsmarktkonjunktur (m)	–		–
Personalberater	0.420		–
Mehrfach-Temporärinserat	–1.130		–
Nichtnormalarbeitsverhältnis	–		–
Konstante	–0.990	–0.101	–0.544
Nagelkeke R^2	0.237	0.136	0.121

Für die Darstellungen in Tabelle A.3 bis A.6 gilt:

- – Variable nicht im Modell (da kein signifikanter Modellerklärungsbeitrag)
- (R) Referenzkategorie
- (m) metrische Variable; alle anderen Variablen sind kategorial oder dichothom

Hochsignifikante B-Werte (p<.01) sind **fett gedruckt**

Für Berufsgruppe, Sektor und Betriebsgrösse wurde eine Effektkodierung gewählt, so dass die B-Werte hier die Abweichung vom Gesamtdurchschnitt zeigen. Bei Ausbildungsstufe und Geschlecht beziehen sich die B-Werte auf die Referenzkategorie.

Tabelle A.7: Dissimilaritätsindices der Trendmodelle

Dissimilaritätsindices	Sammelkategorien		Methoden-kompetnezen		Sozialkompetenzen			Selbstkompetenzen	
	statisch	dyna-misch	statisch	dyna-misch	Umgäng-lichkeit	Koope-ration	dyna-misch	statisch	dyna-misch
Modell 1: Kontrollvariablen	7.0	26.5	17.2	29.5	8.4	50.2	33.0	7.7	26.9
Modell 2: +Berufsrolle	5.7	15.5	11.7	19.2	6.9	33.4	18.7	6.0	15.2
Modell 3: +Betrieb	5.5	15.2	11.9	18.6	6.4	32.2	17.7	5.7	14.9
Modell 4: +Teamarbeit	4.8	13.0	10.9	16.3	5.5	28.3	15.5	5.5	13.1
Modell 5: +Technologie	2.3	6.1	6.2	7.6	4.0	14.9	10.2	4.7	6.6
Modell 6: +Team+Technologie	2.4	5.4	6.5	7.0	3.6	13.6	9.4	4.8	6.1
Modell 7: +Geschlecht	2.4	5.2	5.9	7.1	4.5	12.7	9.0	4.8	5.7
Modell 8: +Konjuktur	1.2	5.1	4.2	6.7	4.6	12.4	9.0	2.2	5.3
Nullmodell	5.3	27.2	17.8	30.9	9.2	48.7	35.3	5.6	28.3